U0113283

新时代国际经济发展与合作

|"一带一路"倡议|

[印]阿马蒂亚·森　刘民权　夏庆杰　等◎编

中国人民大学出版社

· 北京 ·

2016 年是联合国 2030 年可持续发展目标的开局之年。在世界上实现消除一切形式的贫穷和可持续发展，这是人类社会有史以来最值得期待的目标。为了实现这一宏伟目标，需要构建更加包容和开放的全球发展合作伙伴关系。在国际社会不断讨论如何提高国际发展援助的有效性之际，新兴国家的投资、贸易和援助正在成为发展领域的重要力量。中国适时提出"一带一路"倡议，建立亚洲基础设施投资银行和"丝路基金"，这些国际发展领域的重大举措，备受国际社会关注。从实现 2030 年可持续发展目标的视角来看，可以说今后的发展中国家和世界可能比以往任何时刻都更需要"一带一路"倡议。

近十多年，国际社会发生的一些重大事件，可能给 2030 年可持续发展目标的实现带来了不确定性和挑战。西亚与北非一些国家的混乱、内战和恐怖事件不断，由此产生数以百万计的难民潮水般涌向欧洲各国。一些学者认为，难民潮和恐怖事件击碎了欧洲人的国际化梦想，导致了欧洲各国民粹主义和民族主义的抬头，直接后果是英国脱欧以及其他欧盟成员国的可能脱欧。拉美地区也不同程度地出现了一些政治上的不稳定，进而影响到经济增长和发展目标的实现。此外，一些学者认为，特朗普当选后的美国要重振美国制造业和强化贸易保护主义。这些事件都可能导致 2016 年后的欧美国家更加内卷化，它们有可能减少对发展中国家的关注和援助，转而更加集中力量解决自身的经济治理问题。

第二次世界大战结束以来成立了很多帮助发展中国家发展和摆脱贫困的国际组织，如世界银行、国际货币基金组织、联合国开发计划署等，还有一些区域性发展机构，如亚洲开发银行、美洲开发银行、非洲开发银行等。此外，各主要发达国家还有各自的政府双边援助机构。可以说，这些旨在促进发展中国家经济社会转型并消除极端贫困的机构，在全球发展与贫困治理中扮演了极其重要的角色。然而，当人们面对当前依然约有十亿人口生活在极端贫困线以下，他们缺医少药、食不果腹的现实时，自然会反思发达国家主导的国际发展援助的有效性。针对发达国家主导的国际发展援助的低效，一些西方发展专家如威廉·伊斯特利（William Easterly）教授甚至宣布了西方国家援助政策的彻底失败。援助是否有效是一个有待实证评估和检验的问题，但毫无疑问，面对共同的发展目标和挑战，我们需要建立更加广泛而平等的发展合作伙伴关系。

中国自 20 世纪 70 年代实施改革开放政策以来，经济高速增长，2010 年超越日本成为世界第二大经济体和世界工厂。8 亿多中国人口成功摆脱极端贫困。中国取得增长和减贫"双重奇迹"。诺贝尔经济学奖获得者哈佛大学教授阿马蒂亚·森于 2016 年 2 月 25 日在北京大学发表演讲时曾指出："我认为，世界能从中国获得的最大收益就是向中国学习。中国提供了许多经验，但实际上没有被注意到，有时我认为这些经验甚至在中国也没有得到认可，所以我们应该强调这一点。"从制度安排角度来看中国的发展经验，至少有以下几点值得重视和关注：(1) 强有力的中央政府以及地方政府的治理能力，为社会经济发展提供了安全稳定的国内外环境；(2) 在社会政治经济架构中允许各种所有制的工商企业和企业家的存在和发展；(3) 农村土地的公平分配，以及劳动力相对自由流动和劳动力市场的繁荣；(4) 大众教育体系提供了工业社会所需要的大量白领职工（技术职工、管理人员、销售人员、工程师、科学家、会计师、律师等）；(5) 产品市场的存在和正常运行；(6) 一定程度的产权保护；(7) 相对稳定的金融体系等。中国的成功发展经验为众多发展中国家提供了一条切实可行的发展道路。

在实现联合国 2030 年可持续发展目标面临诸多新的挑战的今天，中国和众多发展中国家之间的南南合作以及"一带一路"倡议成为广大发展中国家共同进步的一个现实途径。工农业发展依然是发展中国家人民彻底摆脱贫困的唯一途径。然而，大多数发展中国家不仅工农业发展落后，工农业生产赖以存在的基础设施（教育、医疗、交通、通信、电力、能源）也严重落后。中国在其探索发展道路的过程中，一直强调基础设施建设应该优先发展。正是基于中国自身的发展经验，先期发展起来的中国也希望通过"一带一路"倡议加强基础设施互联互通，与其他国家实现合作共赢。除了中国之外，其他新兴国家也积累了丰富的发展知识和经验。只有充分总结和分享人类社会关于发展合作的知识财富，才能更加有效地实现可持续发展目标。

自 2015 年起，旨在促进南南发展合作的"南南合作金融中心"和北京大学刘民权教授、夏庆杰教授主持的"北京大学经济与人类发展研究中心"开始就南南合作问题进行合作研究。2016 年 2 月 25 日在北京大学举办（北京大学经济与人类发展研究中心承办）的"构建包容高效的国际发展援助与合作体系"国际研讨会上，诺贝尔经济学奖获得者、哈佛大学阿马蒂亚·森教授就中国发展经验做了主旨演讲。在 2015 年 11 月 4—6 日北京论坛经济分论坛上，北京大学经济与人类发展研究中心邀请的很多专家学者，如英国国际发展部的首席经济学家兼牛津大学教授斯特凡·德尔康（Stefan Dercon）和前任首席经济学家牛津大学阿德里安·伍德（Adrian Wood）教授、南南合作金融中心副主席兼总干事吴忠博士、中国国务院扶贫办信息中心王小林教授、中国农业大学李小云教授、印度尼西亚 Trisakti 大学 Tulus H. Tambunan 教授、北京大学刘民权教授、北京大学夏庆杰教授、亚洲开发银行前官员 Venkatachalam Anbumozhi 博士和 Biswanath Bhattacharyay 博士、德国发展研究所（German Development Institute）Christine Hackenesch 博士等，纷纷就国家发展合作问题进行了学术发言。为反映国际发展合作特别是南南合作方面的权威研究成果，南南合作金融中心决定资助北京大学经济与人类发展研究中心将以上重要研究成果集结起来出版一本集子。这就是本书的由来。

吴　忠

南南合作金融中心副主席兼总干事

2018 年 1 月

第一章　作为世界发展典范的中国及其面临的问题 …… 001

第二章　对于贫困国家的灾难的回应：目前反思

　　　　和未来展望 ……………………………… 009

第三章　世界各国结构转型差异：模式、原因

　　　　和寓意 …………………………………… 019

第四章　构建公平有效的国际发展援助及合作

　　　　体系 ……………………………………… 061

第五章　绿色国际援助的发展及我国对策 ………… 083

第六章　论"全球有效发展合作伙伴"议程的演化

　　　　与前景 …………………………………… 121

第七章　东盟—中国贸易与投资关联 ……………… 141

第八章　亚洲与非洲官员对中国国家形象的认知 …… 165

第九章　在经济新常态下驱动梦想：加强区域可持续

　　　　合作 ……………………………………… 179

第十章　区域与国际机构在加强亚洲基础设施联结性

　　　　中的突出作用 …………………………… 187

第十一章　中国与非洲：欧盟发展政策改革面临怎样的

　　　　挑战？ …………………………………… 211

第十二章　如何确定贫困线对于时间和空间的

　　　　敏感度？ ………………………………… 231

第十三章　农村贫困：新背景下的老问题 ………… 265

第十四章　前瞻性最优救助资金分配方案 ………… 289

第十五章　国际发展融资理念演变分析 …………… 303

第十六章　城市化与贫困：文献综述与概念框架 …… 319

CONTENTS

目　录

第一章

作为世界发展典范的中国
及其面临的问题 *

我认为，此时是中国思考它与世界关系的一个重要时间点，G20 峰会将于 2016 年 9 月初在中国杭州召开是原因之一。在这个背景下，关于中国在建设国际体系中所发挥的作用会有很多讨论。可以从不同的角度来看待这一问题，显然在这一很短的时间内，我无法进行充分的讨论。但我想我可以从援助和贸易两个角度来讨论这一问题。中国作为一个相对富裕的国家，在国际援助上有它所关心的问题，这很正常。在国际贸易方面，具体来说在如何开发工具、如何更好地利用贸易机会、将名声不佳的全球化转变为积极变革的动力等方面，中国是一个领导者。

各方面期待中国为 G20 提供一个领导作用。这种领导作用开始于 2009 年的英国。英国所起的是一个非常不同的领导作用。当时，我们确实需要那个领导作用。我们不应该忘记，当时全球经济正处于自由落体式的下行状态，在英

　　* 本文是诺贝尔经济学奖获得者、哈佛大学教授阿马蒂亚·森（Amartya Sen）于 2016 年 2 月 25 日在北京大学举办的"构建包容高效的国际发展援助与合作体系"国际研讨会上所做的主旨演讲。阿马蒂亚·森的发言首先由卡沙·凯尔卡（Kasha Kelkar）根据录音整理成英文稿，北京大学经济学院博士研究生唐琦把英文演讲稿译成中文，最后刘民权教授、夏庆杰教授对翻译稿进行了校对并为本文加了标题。

国首相戈登·布朗的干涉下，2009年4月的会议在很大程度上阻止了世界经济下滑。

现在世界已经改变了，一些欧洲的思维模式不太适用于中国。例如，欧洲经济体一直痴迷于削减债务占GDP的比率。当英国的债务占GDP的比率达到70％时，戈登·布朗被指责抵押了整个英国的未来。人们不应该忘记，当英国开始建设福利国家和国家卫生服务体系时，它的债务占GDP的比率是225％，因而70％并不是一个很高的比例。一个极大的区别是当时的欧洲正在增长之中，它有一个增长哲学。欧洲有降低比率的信心。当哈罗德·麦克米伦告诉英国人"你的处境从来没有这么好"的时候，英国的债务占GDP的比率高于130％。现在中国的债务占GDP的比率也有点高，不过我个人认为这并不是一个问题。中国也不应该把它看成是一个问题。这与我的朋友印度储备银行行长拉古拉姆·拉詹（Raghuram Rajan）所关心的事不同。拉詹一直在考虑银行体系获得充足资本的问题。公共债务问题是一个不同的问题，特别是因为公共债务在很大程度上与提供的公共服务有关。我认为，在许多方面，对中国而言重要的是如何通过公共服务能够发挥重要作用的领域（如教育、医疗等）来驾驭经济增长。

我认为，世界能从中国领导作用获得的最大收益就是向中国学习。中国提供了许多经验，但实际上没有被注意到，有时我认为这些经验甚至在中国也没有得到认可，所以我们应该强调这一点。我认为，从历史的角度看，中国的经济发展不是完全不可思议的。毕竟，中国是历史上"地处中央的国家"。我来自印度，这是一个西方的王国，不是主要事件的发生地，主要的故事正是发生在这里！正如中国道教思想家曾提到的："一个像佛陀这样伟大的思想家怎能在西方王国出生？如果一个伟大的想法出现，它应该出生在中国。"所以我认为，这是大家需要正视的历史，这是一个伟大的历史；中国一直建立在教育和启蒙的基础之上。在某些方面，关于佛的问题是非常模糊的。因为佛陀也是启蒙人物，虽然来自西方王国，但他被纳入中国的儒、释、道体系之中。

现在，我们来看看中国已经发生的变化。开始时在采纳市场经济上犹豫——毛泽东虽然相信教育和医疗的重要性，但不相信市场经济——这也给后来人留下了改革的机会，即1978年的改革开放。而在很长一段时间里，卫生部门的作用被低估了，虽然现在已不再是这样，不过好在教育部门的作用从未被低估。所以，在20世纪80年代，中国的农业增长速度比世界上任何历史时期都快。

从20世纪90年代开始，中国人在全球化的世界里开始了显著的工业化进程。然而，这一进程无疑是由受过学校教育的有技能的劳动力驱动的。我认为对这一点必须有充分的认识；唯有如此，才能清楚世界其他国家包括印度应该向中国学习什么。世界变化很快。中国人突然能够生产世界上的任何商品。这就像亚当·斯密所说的，这是一种技能形成。如果你们有基本的技能、受过基本的教育，那么当你们面临挑战时，就可以解决它。随意挑选一种商品，中国人都可以制造。中国是怎么做到的呢？因为中国人能够阅读和学习，并了解什么是质量控制，这在印度、印度尼西亚和其他一些国家从来没有实现过。

日本也属于这一类。1868年明治维新后，日本的重点就是发展教育。我们必须认识到，中国和日本这方面的思想是一脉相承的。我认为理解中国这个"中央王国"的一种方式是观察公元604年的日本人。那时日本人在圣德太子（日本第一位女皇推古天皇的摄政王）的统治下，宣布《十七条宪法》，其中要求任何决定都要通过咨询，这是（英国）《大宪章》出台600年前的事情了。圣德太子的一个抱怨是：由于佛教是通过韩国来到日本的，大量的中国佛教文献在日本是未知的。所以虽然他因为《十七条宪法》而被铭记，但他最应该被记住的是他组织了对中国佛教文献的最大规模的翻译活动。由于有这样的联系，在明治维新之后的教育扩张中也有很多中国的痕迹。

中国从"文化大革命"的磨难中走出来后就朝（现在）这个方向发展。在20世纪80年代，中国首先在农业领域取得了巨大的成功。很明显，在中国，教育不仅是社会变革的重要力量，而且是工业变革的推动力。我认为，如果不把中国工业革命与中国的教育发展成就联系起来，就不能理解中国的成功。虽然这不是关于印度的讨论，但是如果说印度在发展过程中有什么经验需要铭记的话，就是下面这一点：在拥有受到良好教育和身体健康的劳动力群体之前，印度实现工业化是不现实的。印度可以生产的商品数量非常有限。虽然印度人在全球贸易中也做得非常好，比如制药、信息技术和汽车零部件，但是不像中国，你拿给中国一个商品，要求某个工厂生产，几年内在中国就可以做到批量生产。在这方面，巴西的进展相当缓慢，墨西哥学得也相当缓慢，但中国却可以很快大规模地生产出产品。所以这是我理解工业世界的一种方式：从一个很小的故事看出背后的大故事，但这只是基本知识。另一方面，教育本身也正在改变中国社会的基本状况，使更多的人识字和社会更加开化；与此同时，中国的传统也将得到保留。从1979年到2002年期间，尽管中国人的预期寿命迅速提高，但如果不是这一期间中国的卫生健康系统还不够健全，中国在这方面的成绩会更显著。

现在我知道，中国人都会对学校教育的方方面面提出一些批评。如果没有这些批评，中国就不会很好地秉承它的传统。但这背后的大背景就是，在中国发生的学校教育变革从来没有在世界上任何其他地方发生过，学校教育影响了工业生产、社会生活、预期寿命和其他一切事情。学校教育也影响着出生率。我记得《纽约时报》说过，把荣誉归于一孩政策是一个错误。不过，在20世纪60年代末，中国家庭的生育率高于5。但在计划生育政策实施前的十年中，中国的生育率已经从5下降到3以下。是什么因素导致这种变化？显然这不是计划生育政策所致,因为它还没有实施。其实根本原因是越来越多的中国女性接受教育和就业。其内在的联系是这样的:过多的怀孕和照看孩子对年轻女性而言是一项非常繁重的劳动,所以任何增加年轻女性关于家庭事务决策权的机会都会导致生育率下降。这种现象在跨国比较中也可以看到。我们在印度做了详细的研究,比较了超过 450 个地区的生育率变化状况,结论也是如此。只有两个因素可以解释生育率下降:女性所受教育和女性的有报酬的就业。

中国女性生育率在计划生育政策实施前就已经大幅下降。当计划生育政策开始实施时,中国女性的生育率已经是 2.8,现在是 1.7。而在 1968 年和今天之间有一个缓慢的变化。在计划生育政策正式实施前的十几年里,中国基础教育水平大幅提高。

印度的一些邦已经降低了生育率,我所在的西孟加拉邦是 1.6,这个比率稍低于中国和其他一些国家。较低的生育率与女性的教育和有报酬的就业直接相关。

那么,现在这些问题是什么呢?请让我先说一个不是问题的问题,接下来再说两个重要的问题。

这个不是问题的问题是:我不相信任何所谓的"中等收入陷阱"。没有什么特别的原因可以解释一个国家会突然卡在那里。整个比喻是错误的,如果你想知道,我很乐意谈论它并告诉你们为什么我不相信它。我不担心中国的增长速度放缓问题。1995 年中国的 GDP 是整个世界 GDP 的 2%,而 2015 年是 12%。如果现在中国经济增长速度不慢下来,那将是惊人的。它(经济增长)不是一种细菌传播,可以被看作能够实现的事。我并不认为消费存在瓶颈。中国的消费一直在稳定增长,只是相对于快速增长的收入来说,消费收入比似乎正在下降。自 1983 年以来,几乎每年我都会到中国来。中国的消费水平发生了巨大变化，这是我在任何其他地方几乎从来没有见过的。我不认为这是一个瓶颈问题；它肯定不是供给侧的瓶颈问题——任何商品，中国人都可以生产出来。这是一个经济调整的问题，它需要税收制度、财政政策、激励结构和各种各样的政策措施，在这些问题上我可以使用我的一些技术经济学来分析，但我不会这样做。我真的不认为这是一个问题。我认为可以使消费收入比迅速上升。

接下来我将谈到两个重要问题，对此我没有答案，这主要是因为我不知道答案。一个问题是：中国人在社会发展与经济发展上已经取得了巨大的成就，成功地以世界没有见过的方式实现了经济发展，但是，中国能否将高收入转化为辅助社会发展的动力？我在这里提出疑问。拿一个像泰国这样比中国贫困得多的国家来说，中国人的预期寿命是 77 岁，泰国人是 78 岁；中国婴儿的死亡率是 11，泰国是 11；中国孕产妇的死亡率是 1.7，泰国是 1.4……我还可以继续列举出许多这类例子。现在泰国遵循的教育政策与印度和佛教有关。但是，我想问的问题是，中国结合良好的市场政策、对经济的良好理解，已经取得了很大成就，在经济上变得更富足了，为什么中国在社会（发展）某些方面的表现反而不如泰国？现在，有一些问题，没有人比卢迈教授更明白问题的所在，诸如学前教育、学校营养等。所以寻找答案的一个方法就是观察社会部门的影响力，但这里有一个更大的问题：中国是否可以更多地利用现有的经济成就（促进其社会发展）？

第二个问题也是一个大问题，并且我始终百思不得其解。我认为中国的生育率降低是因为中国女性。中国女性取得了其他国家女性无法实现的成功，但是对于男孩的偏好在中国为何仍然如此强烈？这是一个特殊的因素。在世界上的任何地方都是怀男孩的概率明显高于女孩。30 年前我花了些时间才从医学角度搞清楚这个问题。粗略地说，怀孕时性别（男女）比例为 108 比 100。但是他们出生的时候，性别比例却是 105 比 100，或者是 95 个女孩比 100 个男孩。① 在德国、英国、美国及其他地方都是这个比例。这一比例在 94 到 96 之间波动，大约是 95。在印度，它是 92.6，但是在中国，却是 84.7，这完全是由于选择性堕胎所致。既然中国女性在教育和就业方面都取得了较大的成功，为什么中国仍存在异常的出生性别比例？在印度或其他国家，人们通常认为女性并不被如此看重，她们不能像中国女性一样在生活中取得如此大的成功。毫无疑问，这里有一个文化问题。即使韩国的出生性别比例（90.9）也在印度以下。印度各地的出生性别比例也有差异，这很奇怪。如果你去东部和南部，如阿萨姆邦、孟加拉邦、奥里萨邦、安得拉邦、卡纳塔克邦、泰米尔纳德邦、喀拉拉邦，这个比例是欧洲水平的，在 94 到 95 之间。如果你再看看北部，如克什米尔邦、哈里亚纳邦、旁遮普邦、拉贾斯坦邦、中央邦、马哈拉施特拉邦和莫迪先生所在的古吉拉特邦，这些邦的出生性别比例低得多，低于 90，有时甚至低于中国的 84.7。为什么中国的出生性别比例与印度最落后的地区相似，而不是和印度比较发达的地区一致呢？为什么促使中国女性决定小家庭模式的同样理性思维却没有改变她们偏好男孩的生育模式呢？

关于中国出生性别比例较低的问题是一个重要问题，每次我来到北京大学，我都想知道这一问题的答案，也了解了一些情况。我希望下次我再来的时候能够得到关于这个问题的答案。所以这不是一个惊喜测试，而是一个我留给北大的同人们帮我解决的问题。更为重要的是，它不仅对中国，而且对整个亚洲都很重要。尤其奇怪的是，中国香港和新加坡的出生性别比例也都略低于欧洲。为什么？我们能观察到的其中有文化因素，但中国在过去克服了许多不同种类的文化障碍，为什么不能克服这个障碍呢？我给你们留下这个问题，而这

---

① 本章后面所指的性别比例皆是指每出生百名男婴的出生女婴数，与通常用女婴数量为 100 时所对应的男婴数来表示出生性别比例的方法恰好相反。——编辑注

个问题发生在一个已经取得伟大成就的国家里。在发展方面，没有任何一个国家取得了与中国同样的成就。我认为中国在 20 国集团中的主要贡献将是中国这么一个超级人口大国却实现了经济社会发展。我可以告诉你，没有中国，印度的经济改革就不会发生。虽然有中国香港和新加坡的成功经验在前，但中国是完全不同的，任何人都阻止不了。中国自 20 世纪 80 年代开始向市场化方向发展之后，整个印度的议题就发生了变化。

所以我认为中国真的很重要。这两个问题无论是对于中国，还是对于世界，都很重要，因为世界可以从中国学到很多很多。谢谢大家。

第二章

对于贫困国家的灾难的回应：
目前反思和未来展望*

今天能在这里做演讲是我的荣幸。我想要谈谈在与贫困国家进行国际合作中的某一方面的问题：人道主义援助，也就是在一些极端灾害例如地震、洪水、干旱、流行病等中我们给予的帮助。最近几年我们从全世界其他国家学习了很多与人道主义援助相关的经验，而人道主义援助也是我们共同的责任。今天能在北京与你们分享这一话题是一个很棒的机会。在 2014 年，我们看到中国的医护人员在塞拉利昂帮助阻止埃博拉病毒，我们也看到近期中国在尼泊尔地震的援助中起到了很大的作用。我的问题是：我们能从我们应对灾害的方式中学到什么？国家怎样才能更好地应对灾害？国际组织可以做些什么？

一、全世界的抗贫动力

在我试图回答这三个问题之前，我想把对答案的讨论放在发展的大背景

* 本文是英国国际发展部首席经济学家、牛津大学教授斯特凡·德尔康（Stefan Dercon）在 2015 年北京论坛上的主旨演讲。作者简介：斯特凡·德尔康，牛津大学布拉瓦尼克（Blavatnik）政治学院经济政策教授、非洲经济研究中心主任，同时也是英国国际发展部首席经济学家。他和丹尼尔·克拉克合著了《灾难应对不力？如何提前规划》，并由牛津大学出版社出版。

下，更具体地来说是放在对抗极端贫困的进展这一背景下。当我们讨论极端贫困的人时，我们觉得他们是缺少最基本的食品、身体不好并且缺少教育机会的人群。我们都知道，全世界有非常多的人处于极端贫困当中，但是总的来说，我们看到了这一人数的下降。请允许我与你们简单地分享一下世界银行数据库中的相关数据和分析。世界银行采用了一种简单但是覆盖广泛的比较方法来分析全球贫困水平。具体来说，我们把每天生活费用小于 1.9 美元的人归为贫困人群，并且在全球范围内依据每个国家的购买力水平对贫困标准进行修正。现在，他们预估全世界有 9 亿人生活在贫困线下，这一数量还是非常大的。但是，虽然全世界人口在不断增长，贫困人数自 1990 年以来还是在不断下降，1990 年大约有 20 亿人生活在相同的贫困线下。你们大多数人都知道，贫困人数的下降很大一部分可以归因于中国和其他东亚国家抗贫的进步。在南亚，贫困人数也在减少，但是速度相对慢一些——虽然最近几年，贫困人数的下降速度也有所提升。在非洲，仍然有 40％ 的人口可以被归为极度贫困人群，并且近年来贫困人数几乎没有下降：超过 3 亿人口属于贫困人群。

通过对该现象成因进行的众多分析，我们发现了减轻贫穷的国家的共同特征。第一，这些国家设法从包含穷人的经济增长着手，创造就业机会并提高国民收入，关键之处是国家强势地介入经济活动和投资中的私有部门。第二，这些国家具有发达的公有部门系统，例如医疗健康、教育和基本福利系统，这些系统不仅对国民本身有利，而且可以使穷人利用经济增长和新机会。最终，当灾难状况恶化时，这些国家的社会保障体系——如果你喜欢的话也可以称为安全网，可以避免人们遭遇恶性循环，并且能够通过最小限度的保护措施帮助人们渡过难关。后面将会讨论到，在巨大灾害的冲击中，这些社会保障体系已经被证明是保障社会和政府能够应对灾害的重要措施，我在后面还会谈到这一点。

二、政治和国家的角色

需要强调的是，我已经说明的成功减轻贫穷的三个共同特征（例如包含增长的私有部门、公有部门系统和社会安全网），并不能解释它们是如何成功达到减轻贫穷的目的的。因为没有一个起作用的单一因素，这将会成为经济学家和历史学家未来争论的焦点。必须承认的是，虽然学者一直试图找到能够促使进步和阻止进步的单一因素，但是已有经验具有很大的差异性。我们清楚地认识到存在着广泛的差异性，例如根据已有的成功政治制度，具有自由公开的选举体系的国家和不具有这种体系的国家都能够促进增长和减轻贫穷。同样地，我们发现强有力地引领经济的国家可以促进增长和减轻贫穷，但是同时没有明显领导特征的国家取得了更多的成功，这一点突出表现在中国上。

总的来说，简单的诸如"选举"和"国家领导力"或者更普遍的说法如"国家对抗自由市场"或"自由选举对抗独裁制度"并不能够充分地解释经济增长和减轻贫穷。这不意味着政治和它的制度基础没有作用。一些学者如道格拉斯·诺思或者最近的达龙·阿西莫格鲁和詹姆斯·罗宾逊认为，因为规范和价值观念是政治和经济发展进程的推动力，所以经济增长和制度发展是重要的。在发展中的环境下，我倾向于思考究竟主流的规范、价值观念和它们的潜在承诺是否能够领导一个向前发展的社会。换言之，经济增长和减轻贫穷的进程与执政阶级为发展做出的基本承诺是紧密相连的。我们发现尽管有些政党对发展做出了稳健的承诺，但不是全世界的政治家都做出这种承诺。可以肯定的是，政治精英做出的基本承诺以及来源合法性的发展是东亚国家在现今发展中的一个普遍特征。

仅仅由政治精英做出发展承诺不同于他们有能力实现这个承诺。我们很容易就会认为应当由国家来保证实现这种承诺。但并不是每个国家都拥有这些能力，如果国家期望经济飞速发展，就未免有些天真了。在中国，国家能力的强大已经有很长的历史，因此对于过去 35 年领导人承诺过的关键性的进步和发展是可以实现的。在其他国家，这种国家能力并不存在。这不意味着国家不能取得发展进步。孟加拉国就是一个有趣的例子。实际上，孟加拉国的状况很糟糕，政治动荡，几乎没有有效交易。然而，它在减贫方面取得了实质性的进展，包括在这个穆斯林占大多数人口的国家中，对女孩的教育和健康方面进行了巨大的改进。事实上，尽管孟加拉国的状况如此糟糕，但是它也通过经济增长和农村贫困的有效减少而获得了发展。从某种意义上说，孟加拉国是一个实行"自由放任"政策的成功案例，即国家允许私营部门至少在一个行业（服装和纺织）取得成功，这不仅是经济增长的关键因素，而且创造了就业机会，同时国家允许当地非政府部门［如孟加拉国农村发展委员会（BRAC），世界上最大的非政府组织］向农村地区提供服务，部分服务是由国外援助的，这也取得了成功。

三、政治承诺与灾害应对

那么，政治承诺与思考灾难应对又有什么联系呢？首先，在许多国家处于大灾难时，如果说政治阶层对大灾难的准备缺乏承诺，甚至有时试图利用这些灾害获取政治利益，是导致干旱、洪水等此类灾害期间人们遭受极大痛苦的主要驱动因素，这听起来一点也不为过。如果没有这种政治承诺，我们将不会进步。其次，如果我们能获取这种政治承诺，我们就可以学习更广泛的发展进步的经验，以确保我们在国内和国际上都有更好的准备。尤其是，我们可以确保反应系统加强到足以保护人们的财产。

地震、洪水、旱灾、流行病无疑将持续地在世界各地的许多国家中造成巨大的压力。特别是在最贫穷的国家，它们将会对穷人和弱势群体造成严重的后果。随着气候变化的临近，极端天气现象将变得更加频繁，进一步地造成压力。

在 20 世纪，绝大部分食品、营养方面的危机与政治和冲突以及其他极端事件相关，天气或其他事件通常会引发这类危机。首先，有很多例子说明大规模灾难在很大程度上是由于战争冲突。比如，1944 年的荷兰饥荒与第二次世界大战直接相关。其次，有时候饥荒甚至被当作一种武器被运用在战争中。1984—1985 年发生于埃塞俄比亚的饥荒主要是由于埃塞俄比亚政府对抗叛军而引发的，后者在一次当地的干旱中被封锁进入人口密度高的区域，此事件导致了 40 万～100 万人遇难。最后，缺乏政治认同危机也造成了很多痛苦。英国殖民政府的行为强烈地导致了 1943 年在印度孟加拉湾的饥荒，当时数以百万计的人死于这个极端事件，而且这种方式被政府操纵和部分忽视。[①]

四、政治、信息和灾难

不仅仅是政治因素导致了不良反应，但这确实是一个重要的因素。更好地实现对极端事件和灾难的应对的一个关键是信息自动流动和立即反应。举个例子，在干旱和洪水灾害中避免失去生命至关重要的就是有效信息的提供及尽早回应。较弱的灾难反应的一个普遍特征就是信息要么传递不畅，要么对信息的反应延迟了。第一种情况在大量的政治封闭社会可以被观察到。在 1984—1985 年期间，埃塞俄比亚政府试图否认干旱的存在以及北方地区的一些危机。观察者们时不时地质疑朝鲜压制有关危机的信息来呈现特定的国际形象，直到

---

① 这并不意味着灾难没有冲突或政治因素就不会导致大量的死亡。然而，埃博拉疫情的死亡率仍然大大低于这些数字——尽管 13 300 人的死亡大部分本可以通过早期反应得以避免。在尼泊尔地震中，有超过 8 000 人死亡——又一次是大多可以避免但却没有避免的。最近主要的例子是印度洋海啸大规模的死亡人数。

为时已晚。诺贝尔奖的获得者阿马蒂亚·森长期主张自由的新闻报道是避免灾难和饥荒广泛传播的关键方式。由于这倾向于推动信息迅速地到达公众领域，因而可以对政府的早期反应行为施加压力。

信息对决策很重要，但仅掌握信息是不够的。面临灾难时，我们不仅需要预警，更需要提前采取行动，而由政府控制的信息并不能实现这一点。令人惊讶的是，即使人们可以获取信息，也不会及时采取行动，埃博拉疫情便是典型的例子。2014 年 2 月，很多人已经知道埃博拉病毒已在西非肆虐。倘若政府或世界卫生组织当时就采取了强有力的行动，疫情的传播就可以被抑制，从而减少埃博拉病毒带来的病痛和死亡。然而直至 2014 年 7 月，国际上才发出公共健康预警，大规模国际援助随之而来。随后的研究表明，若应对措施提早一个月实施，因疫情死亡的人数将会减半。这意味着，一个好的反应系统能够很好地激励人们在掌握信息时无延迟地做出反应。

五、社会保障体系和灾难应对

那么，我们如何能够避免极端事件进一步转化为灾难？政治承诺的履行和适当的决策激励机制是关键。同时，我们也需要更好的反应机制。我们需要重视的是，一个已经投资于日常社会保障体系的国家在危机中的应急反应往往比其他国家做得更好。印度马哈拉施特拉邦政府已经投资于一项公共工程项目，允许农村贫困居民抵制极低的工资。在 1971 年的严重旱灾中，这一机制有效地保护了人民的生命和财产安全，并被阿马蒂亚·森记载。当旱灾来袭时，通过以工代赈支持民众的基本系统正在有效运转，也得以快速地扩大救济规模。近年来，同一原理也被应用于非洲的社会福利系统。例如在肯尼亚，政府和一些发展合作伙伴开展了饥荒安全保障项目，为最贫穷的人们提供少量救济。然而，一旦旱灾来袭，会有更多的人预先登记接受救济。为了使这一系统清晰透明地运转，触发机制被建立在一个基于降水量的指标之上。包括英国国际发展部在内的发展合作伙伴提供的保险政策确保了资金在需要时可以及时到位。

这类体系将为最贫困的弱势群体提供日常基本需求保障的扶贫政策与危机时更大规模的反应系统更清晰地结合在一起。在埃塞俄比亚，生产力保障系统是非洲最大的社会保障体系，为约800万人提供救济，帮助他们购置资产、维持生计，以使他们摆脱贫困。而在危机时期，如2015—2016年的旱灾时期，这一系统成功地为最贫困的人口提供了充足的帮助。与之形成对比的是，在埃博拉疫情肆虐的塞拉利昂和受到地震影响的尼泊尔并没有建立起类似的系统，因此应急反应更加困难，并且难以覆盖最贫困的人群。建立这种系统并非易事，国际合作在这一领域大有可为。证据表明，这样的系统不仅对减贫意义重大，也为极端事件发生后的有效应对打下了良好基础。

六、应灾基金

在近几十年里，跨国公司开始广泛使用金融工具以期促进贫困国家的发展。基金、补贴贷款、商业贷款、股票和担保被许多国家用于支持那些长期性的经济、社会发展项目。专业的多边、双边发展和政策性银行提供的金融产品正反映出金融市场的日趋复杂化。

我们现在应对干旱、洪水、地震等极端灾害时所采取的人道主义援助形式，放在当时是着实令人惊奇的。每逢国际人道主义危机事件，人们都倾向于通过"四处呼吁"的方式来融资。政府通过联合国来发出呼吁求援，非政府组织通过媒体为灾民求助。所有这些都发生在危机之后。

尽管联合国于事上与此相关，但并没有任何条款规定联合国于理上要对此负责：所有的帮助都是义举。综观全世界，通过联合国发起的援助申请额仅半数得到了落实。这不仅给危机应对善款留下了巨大的缺口，也使在危机的处理过程中筹款问题侵占了优先权。

此外也有充足的证据表明，这种融资方式不仅影响国际合作，也容易夸大问题的影响。在如今的 21 世纪，这种融资方式越发显得古老和令人惊奇：这就像是拿着饭碗在乞讨，被动地依赖着外国的援助，面临着时间、效率等种种不确定性。此种"乞讨式"融资方式才是主要的错误之源。在危机降临时才开始筹款，这与急用钱时找银行或远亲借款的行为并无二致：首先势必会有高额的利息，其次也会在筹款问题上耗时较多，在合理安排开支事宜上投入较少，而且最终筹集的资金也不一定足额。此外，如果在事发之前你并不知道自己手中握有哪些资源，你又如何能做出一个合理的预案？

这种对资源的争夺行为本可避免。与其在事后筹钱，受制于他国援助所带来的不确定性，不如向金融市场百年来的发展历程学习。干旱、洪水、地震皆会发生，我们只是不知道会在何时。然而自中世纪开始，金融市场就在不断发展：几乎所有的灾难都有相应的保险。

保险公司、世界银行以及包括非洲联盟在内的公私合作组织提供了一系列多样化的保险产品，准许政府或其他组织将风险转移给市场。私募市场有更多的补充措施。举例来说，其中最简单的保险措施承诺，当达到某个显而易见并且可证实的条件时，相应机构会向国家、当地政府、非政府组织或者直接向家庭支付一笔钱。譬如说，当强暴风雨袭击成员国时，加勒比巨灾风险保险基金（CCRIF）就会对政府给予捐助。或者当降雨量明显低于当地下限时，非洲风险能力机构（ARC）会销售赔付保单。

为什么金融预案如此重要？因为政府和人道主义组织能够切合实际地提前规划：它们预先知道在不同的情况下它们将拥有的资源，并能够据此快速规划应对措施。它们也可以提前与它们的公民清楚地交流哪些风险可以得到保障，以帮助降低风险，并且鼓励那些风险无法避免或需要更多保障的人获取替代性的措施，其中不乏来自私人保险公司。

即使在非常贫穷的地方，也兴起了一些好对策。我们之前在有关肯尼亚的饥饿安全网计划的讨论中提到过，在干旱情况下会增加社会转移计划，并且辅助以一篮子的保险措施。当旱情发生时，那些稍好一些的地区不享有这项保险措施，需要更多保障的地区则将有偿地享有私人保险措施。这些都意味着气候风险的巨大不确定性滋生了保险措施的明确性和必然性。农民得以专注于提升效益而不必倾其所有应对灾难。

更发达的国家甚至国际性的非政府组织在其他方面也有帮助。除了在事件发生后显而易见地提供援助，它们可以预先投资。它们可以确保那些国家知悉自己面临的风险及其后果。它们可以致力于灾难应对筹划。它们可以赞助中肯的融资建议，以确保保险和其他金融产品适用于环境并且畅销。它们甚至可以考虑降低保险成本——用预先投入代替事后补救。实际上，这意味着当捐助有可能被政治或其他因素所左右时，它们用清晰透明的方式预先承诺而非事后为灾难提供资助。退一步说，联合国如何帮助持支持态度的国家制定这样的预先承诺值得探讨，而不是一味地帮助组织求援。

七、结语——应对灾难需要进行更好的国际合作

我们可以从近期贫困国家应对灾难的经历中学到很重要的三点。首先，对于诸如干旱、洪水或者地震等不可避免的重大自然灾害，避免出现最糟糕后果的关键是国际社会上主权国家给予政治上的支持。确保信息反馈及时，据此来制定决策也是非常有必要的。其次，有效的灾难应对需要对灾后地区进行投资，这同样是灾难应对系统的一部分，这包括在需要时扩大安全保障的覆盖面。最后，为了确保灾难应对充分有效，要预先安排筹措资金，而不是临时呼吁国际社会援助。虽然在国际合作中越来越多的、更为复杂的金融工具得到使

用，并且有更好的金融产品可供选择，人道主义援助在应对灾难上仍然相对落后。帮助灾难发生国进行财政规划将会成为国际社会协助应对灾难的一种很好的举措，就如保险公司所做的：明确判断风险，以及如何应对。灾难发生国应该获得援助，以构建合适的金融产品，这样当干旱或地震发生时，它们就不必恳求国际援助，它们自己就拥有足够的财力来应对自然灾害。

第三章
世界各国结构转型差异：
模式、原因和寓意*

在1985—2015年期间，全球化加深了与要素禀赋相关的部门专门化模式。在技术力量充足的发达国家，制造业变得更为技术密集。在土地稀缺的东亚发展中国家，尤其是中国，劳动密集型制造业得到扩张。在土地充足的发展中地区，制造业却陷入停滞甚至衰退；然而，在土地稀缺的南亚地区，制造业的发展受到低识字率、薄弱基础设施的拖累。在大多数国家，服务部门在产出和就业中所占的比重增加，但主要原因却并非全球化。未来数十年部门结构的变化受到许多不确定性的影响，但大体趋势会继续由各国土地存量和技术供给之间的差异来塑造。

一、引 言

在1985—2015年期间，世界朝着一个单一整合市场经济体的方向迈进了一大

---

　　* 作者简介：阿德里安·伍德（Adrian Wood），英国剑桥大学经济学博士，英国国际发展部前首席经济学家，牛津大学国际发展系教授。该文的英文原文是阿德里安·伍德教授为联合国大学发展经济学研究所（WIDER）所写的报告，经作者和WIDER授权中文版在本书发表。本文由顾思蒋翻译、夏庆杰审校。

步。这一趋势的驱动力是全球化：政策壁垒的减少、更好的交通基础设施和更先进的信息技术等导致了贸易与其他国际交易成本的下降。由于市场手段得到了更广泛的使用，尤其是在先前实施集中计划经济、人口达到全球三分之一的国家里，以及在那些经历了去管制化和私有化的国家里，全球化的效应因此得到了加强。

全球化最为显而易见的结果是中国成了世界上最大的出口国。但是几乎所有的国家都在某种程度上受到了影响，结果是世界经济的整体结构发生了显著的转变，尽管基本的连续性仍然存在。本章基于经济学理论的一个特定分支，以及实证证据，描述并解释了此种连续性和广泛的部门结构转变。

第二节概述了相关理论。第三至六节利用统计方法分析了一些地区与国家的出口、产出和就业的部门结构如何随着时间的推移而转变，这一转变又如何与它们的要素禀赋产生联系。第七、八节分别提供了对结构转型模式和要素价格变化的解释。第九节为总结，主要讨论世界经济结构在未来数十年中将会如何演变以及加速发展的政策建议。

二、增广的赫克歇尔-俄林模型

赫克歇尔-俄林（Heckscher-Ohlin，HO）模型基于一个十分简单的理念。不同国家的人们想要消费的商品组合的差异比各国所能用各自当地可获得的资源（或称"要素"）来便宜地制造的商品组合之间的差异要小。各国因此就会倾向于出口那些在生产时密集使用了自身拥有相对较多的要素的商品，而进口那些生产时需要使用该国较为稀缺要素的商品。HO 理论曾以人们觉得不大可能的形式被呈现，并且未通过一些早期的统计检验。而在更近的、设计更为细致的检验中，HO 理论的实证相关性得到了证实。[①]

---

① 文献综述可见 Wood（2009）、Romalis（2004）、Chor（2010）以及 Rotunno 和 Wood（2016）。

HO 理论对于分析全球化十分有用的原因在于其预测了当贸易壁垒减少时，各国将会发生什么。它们的生产和就业结构将会倾向于变得更为专业化，集中于那些要素禀赋给予它们比较（生产成本）优势的部门；而它们充裕要素的收入，相比于稀缺要素而言将会增加。因此，就具体国家而言，贸易成本的减少取决于其要素禀赋的构成，而后者在国家间差异极大。

减少贸易成本的效应还取决于一些被 HO 理论忽略的贸易决定因素，诸如规模经济和各国在不同部门相对技术效率上的"李嘉图"差异。此外，全球化的含义比 HO 理论所关注的贸易成本减少更为丰富。同样重要的是"合作成本"的减少：改善的旅行和通信设施，使得发展中国家更容易得到发达国家的技术、市场和管理经验，也使它们能够出口那些它们本来根本没有能力生产或出口的商品（Anderson et al., 2006）。

这些经验的转移集中于某些特定部门，而一些对部门结构和要素价格产生作用的李嘉图效应也是如此。受获利机会所驱动，这些转移主要针对东道国那些已经具有要素禀赋比较优势的部门（有时候是初级产品部门，诸如过季水果，但更多地是劳动密集型制造业部门），倾向于强化决定部门结构的 HO 因素。贸易成本减少与合作成本减少的组合也导致了制造业的零散化，表现为零件贸易增加，全球价值链出现（WTO，2014）。

全球化的多种效应因此可以用增广的 HO 模型来分析。这一模型能够同时兼容全球化之外的力量所产生的效应，包括收入增加改变了需求的构成，以及技术的外生变化。

三、地区要素禀赋

HO 理论中的比较优势取决于那些无法在国际上流通的要素禀赋，这其中我们可以区分三种主要类型的要素：土地（自然资源）、技术（人力资本）和劳动力。非人力资本保留在背景中，因为当前这一要素，不论是金融形式还是物质形式（机器），在国际上已经高度流通了，因此一国固定的资本"禀赋"有力地影响该国部门结构的情况已经较为罕见（Wood，1994）。如果一国由于较多拥有一种非流通的要素，从而在某种产品上拥有比较优势，并且能够获得必需的技术诀窍，那么该国通常能够获得所需要的资本，不论是从国内还是从国外。

非人力资本当然对增长非常关键，且其毫无疑问对部门结构有着影响。产品的资本密集程度不同，而一些发展中国家与世界资本市场的整合程度较差。但是各部门要素密集程度的主要差异（在当前所分析的部门中，初级的、或多或少技术密集型的制造业和服务业）主要在于它们对土地、技术和劳动力的使用，而非资本。此外，以下所要讨论的部门结构连续性和转变，似乎都不太可能受到国家间非流通资本禀赋差异的过多影响，但这里有一个很重要的例外，那就是基础设施。

禀赋组合的一个关键层面在于土地/劳动比，由一国土地总面积除以成人（15 周岁以上）人口计算获得。土地面积显然不是自然资源可得性的理想指标，因为它无法衡量各国土地质量的不同。但这是一个无偏的指标，因为各国每平方公里土地所拥有的土壤肥力、水资源、矿产和其他资源，可以被视作一种随机抽样的结果，这一指标比其他衡量自然资源的指标，诸如耕地面积和矿产储量，具备更为可信的外生性。

一国要素组合的另一个关键维度是技术/劳动比，由一国成人人口平均受教育年数（以及由该国个人受教育年数总量所测算的技术禀赋）计算。受教育年数同样也与衡量技术的理想指标相去甚远，因为该指标既无法体现不同国家、不同时间在学校所学到的知识量，也无法测算人们在学校之外习得了多少技能。然而该指标是在很长一段时期中对全世界范围进行分析时，所能获得的最佳指标，但我们在解读它的时候需要谨慎。

本章的实证分析仅限于在 1990 年人口总数超过一百万的国家，这些国家数量在本章所研究时期的末期是 150 个，包含了全世界 99％的人口。在这段时期中，一些国家分裂了，最值得一提的是苏联和南斯拉夫，另一些国家则合并了。为了使这一时期的开始和结束能够互相比较，所涉及的国家数据被加总了。例如，将 1985 年的民主德国和联邦德国，以及 2015 年的前苏联成员国的数据合并在一起。最终的 130 个国家列示在统计附录（Statistical Appendix）中。[①]

国家按照十个区域进行了分组。七个发展中地区与世界银行的分类紧密契合：两个在东亚（将中国与东亚其他国家分开），两个在南亚（印度与南亚其他国家），拉丁美洲国家、撒哈拉以南非洲国家、中东与北非国家（MENA）各一个。前苏联范围（FSS）地区包括苏联和东欧国家。OECD 被分为两个地区，西欧国家和日本为土地稀缺国家，北美、澳大利亚、新西兰和斯堪的纳维亚等为土地富足地区。为防止末期选择所造成的偏误，本章所划分地区的国家组成维持 1985 年的状态（例如，OECD 不包括韩国和波兰）。本章中所有区域变量都是总量，基于跨国的数据加总，因此更多地受到各地区大国的影响（尽管如此，只有一个区域是由一个国家占到了总人数的一半以上：美国人口占到了土地富足 OECD 国家组的五分之四）。[②]

图 3－1 展示了 1985 年的地区禀赋比率。各地区在横轴上可分为土地充足

---

① 统计附录的内容参见以下网址：https：//www.wider.unu.edu/sites/default/files/Publications/Working％20paper/PDF/Wood-WIDER-data-appendix.pdf.

② 苏联占到了 FSS 组人口的一半以上，但是俄罗斯的人口仅占到三分之一。2015 年其他地区人口占比最大的国家是巴基斯坦（占到了其他南亚国家组的 44％）、印度尼西亚（占到了其他东亚国家组的 34％）、巴西（占到了拉丁美洲组的 33％）、日本（占到了土地稀缺的 OECD 国家组的 24％）、埃及（占到了中东与北非国家组的 18％）和尼日利亚（占到了撒哈拉以南非洲国家组的 18％）。地区总量占比或比率（例如拉丁美洲制造业占 GDP 的比例）能够被解释为该地区国家占比的加权平均，所用权重在各变量间不同。例如，GDP 的部门占比，用各国 GDP 来作为权重，而部门在出口中的占比则用该国总出口量作为权重。

程度差异极大的两组：五个地区围绕在每百名成人拥有约 1.5 平方公里的土地这一水平周围，而另外五个地区则是 9 平方公里左右。在每个组中，还有以纵轴表示的技术丰裕程度的排序，平均受教育年数从最底部的 3 年上升至土地富足 OECD 国家的 12 年。因此 1985 年地区间禀赋差异十分大，而单个国家间的差异则更为巨大，土地/劳动力比率低至中国香港的接近于 0，高至蒙古的 140，平均受教育年数低至也门的 0.6 年，高至美国的 12.0 年。

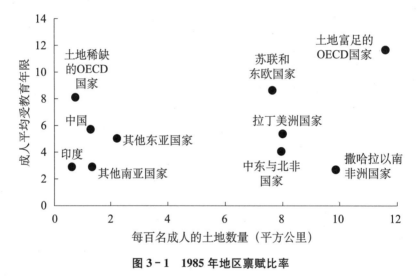

图 3-1　1985 年地区禀赋比率

注：成人被定义为年龄在 15 周岁以上的人口；土地面积来自"世界发展指数"；受教育年限数据来自 Barro 和 Lee 数据库 v2.1（空缺的九国数据采用 UNESCO 的成人识字率数据填补）。

图 3-2 展示了地区禀赋从 1985 年到 2010 年间如何变动（2010 年是本书受教育年数数据的最后一年）：各地区各年份的禀赋用该地区指标与世界平均值的对数比率来表示（因为比较优势取决于一国禀赋与其他国家的比较）。在 2010 年，所有地区大致都位于各自在这一时间段起始时所处的相对位置（这样的情况至少可以追溯到 1950 年），尽管富裕国家人口增长率比贫困地区更为缓慢使得它们的土地富足程度向相反的方向变动，以及贫困地区的人口受教育程度有了相对增加。

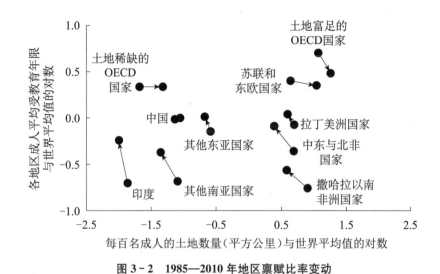

图 3-2　1985—2010 年地区禀赋比率变动

注：数据来源与图 3-1 一致。各国、各年份成人平均受教育年限与人均土地面积是根据相应年份世界（加权）平均比例计算的。

然而，受教育程度的变动是有误导性的：贫困地区入学率的提高是与平均教育质量下降相联系的，因此区域间工人技术的差异并未缩小（Pritchett，2013）。有一些国家取得了实质性的教育进展，但对大多数国家来说，从区域的角度来看，相对禀赋的变化微乎其微：1985 年与 2010 年国家间数据的相关系数，平均受教育年限是 0.94，每名成人所拥有土地是 0.98。因此，这段时期中世界经济的结构变化，不太可能是由相对禀赋的变化所驱动的。

四、出口部门结构

结构变化的一个更为可信的原因是世界范围内贸易开放程度的提高。图 3-3 展示了这个时期开始和结束时的贸易/GDP 比率，包括商品和服务，以不变价格计算。在之后的图表中，各区域根据各自的禀赋来列示：根据土地富足程度分为两组，在各组中根据 2010 年人均受教育年限降序排列，底部是世界均值。各区域之间的指标不能互相比较，因为区域间贸易被包括在其中，进而比率会随着国家数目而变化。把世界作为一个整体，贸易率翻了一番。同时，在各区域的贸易率也上升了（尽管最大的上升在 FSS 地区，部分反映了 2015 年所包含的、1985 年所没有的区域间贸易）。

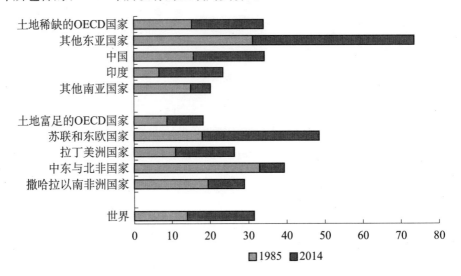

图 3-3　1985 年和 2014 年不变价格下贸易占 GDP 的比例（%）

注：数据主要来自联合国国家账户合计数据库，在 2005 年价格和汇率下计算得到。贸易占比是出口占比和进口占比的平均值（包含产品和服务）。出口和进口包括跨区域贸易（除了中国、印度以及 1985 年的大部分 FSS 国家外）。

贸易率的上升（根据 HO 理论）应该伴随着区域和国家的部门结构更紧密地与它们各自的要素禀赋相关联。本节和下一节将会在统计上分析这一时期出口、产出和就业与禀赋的相对构成，关注三个层面的结构：初级产品（农产品和矿产品）与制造品的比率，制造的技术含量，以及服务与产品的比率（产品被定义为初级产品加上制造品，其余部门则被定义为服务业）。第七节将会提出，结构转型的模式，可以被部分解释为贸易成本的下降以及合作成本的下降。

统计分析中所用数据和方法的更多细节参见图表的附注和统计附录。尽管如此，值得一提的是，所有回归都经受了稳健性检验，涉及对两类国家的忽略：技术充裕、土地充裕或是土地规模等方面的超常值；东亚国家（一般被认为是例外）。本章表格表明在个别情况下，这些检验导致回归系数不再显著，但这些情况没有任何实质性的影响。

（一）制造品/初级产品出口

表 3-1 的前 3 列展示了各地区 2014 年的出口部门结构，由它们所包含的国内价值加总计算获得。制造品出口的定义是广泛的，包括加工的初级产品，诸如罐头食品和精炼石油，以契合出口、就业数据的部门定义，而不是简单使用大部分贸易统计数据所采用的更为狭窄的制造品定义。[①]

表 3-1　广义部门的出口，**2014 年的水平与 1985—2014 年的变动**

	2014 年占总量比例（%）			1985—2014 年变动（%）	
	初级产品	制造品	服务	制造品/产品	服务/总量
土地稀缺地区					
土地稀缺的 OECD 国家	7.4	64.3	28.3	1.1	7.0
其他东亚国家	12.3	65.0	22.7	13.4	5.4
中国	2.8	84.6	12.6	45.5	−2.3
印度	12.6	49.2	38.2	16.1	10.4
其他南亚国家	16.1	59.9	23.9	22.3	2.2
土地富足地区					
土地富足的 OECD 国家	22.4	48.0	29.6	−5.8	6.5
苏联和东欧国家	29.6	53.8	16.6	−12.5	4.6
拉丁美洲国家	43.8	42.2	14.0	−1.1	−3.8
中东与北非国家	59.2	29.5	11.3	−10.8	−1.0

---

① 此处的关注点在于出口结构，忽略了进口结构，虽然后者在理论上也同样重要，但是在实际操作中不如前者那样与禀赋有着紧密的联系（Owens and Wood，1997）。

续前表

	2014 年占总量比例（%）			1985—2014 年变动（%）	
	初级产品	制造品	服务	制造品/产品	服务/总量
撒哈拉以南非洲国家	59.3	25.4	15.2	−14.2	3.4
世界	19.4	57.3	23.2	−0.8	3.6

注：出口以国内价值增加含量进行计算。初级产品是农产品加矿产品。使用的制造品定义更接近 ISIC 而非 SITC 定义。产品出口数据来自 UNCTAD 数据库，服务出口数据来自 WTO 数据库，内含价值增加数据来自 OECD/WTO Tiva 数据库。关于数据来源和计算的进一步细节可见统计附录。

初级产品的出口占比在土地富足地区一致地大于在土地稀缺地区，正如 HO 理论和常识所预测的那样，这是由于初级产品部门相比于其他部门更具有土地密集型的特点。[①] 图 3−4 画出了每个区域的制造品/初级产品出口比率以及其技术/土地禀赋比率的图像：制造品比初级产品生产具有更技术密集、更不土地密集的特点。[②] 对应的回归线以及反映这种关系的各个国家也展示在图中，并陡峭地向右上方倾斜。这条回归线与数据契合得很好，但是中国的制造品/初级产品出口比率却远远高于预测中一个拥有相同技术/土地禀赋比率的国家所应有的水平。

制造品/初级产品出口比率同时取决于技术/劳动禀赋比率以及土地/劳动禀赋比率，这一点在表 3−2A 的前两个回归中得到了确认：1985 年和 2014 年，受教育年数变量的系数均为正，人均土地变量的系数则均为负。在这两个年份中，人口规模变量的回归系数也为正：对于任何给定的禀赋组合，大一些的国家倾向于出口更多制造品。在这段时期，各国的出口结构越来越紧密地与它们的禀赋相联系，因为 2014 年的回归结果比 1985 年有更高的 R^2 值。

---

① 这一点在农业中尤为明显。矿产品通常只占到很小面积的土地，但其依赖于大范围矿产储备的存在，而这一可能性可以由所考察国家的土地面积所代表。
② 技术密集性的差异记录于统计附录的 A 小节。

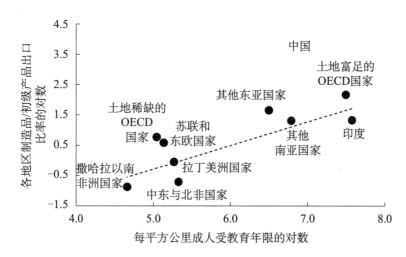

图 3 - 4 2014 年制造品/初级产品出口比率以及技术/土地禀赋比率

注：2010 年的禀赋数据来源与图 3 - 1 一致，出口数据来源与表 3 - 1 一致。地区出口平均值的计算基于国内价值增加。回归线以总量计算出口，表明跨国的关系而非跨地区的关系：斜率为 0.78，R^2 为 0.45。（跨地区的斜率是 0.93，R^2 是 0.60。）

表 3 - 2	部门出口比例对禀赋比例进行回归			
被解释变量与说明	自变量系数			
	成人平均受教育年数	成人平均拥有土地面积（平方公里）	成人（15 周岁以上）人口	R^2
A. 制造品/初级产品				
1985 年的水平	1.02	−0.33	0.23	0.43
2014 年的水平	1.59	−0.58	{0.22}	0.53
1985 年水平的变动	[−0.07]	−0.27	[−0.03]	0.11
B. 经加工初级产品/狭义制造品				
1985 年的水平	{−0.40}	0.45	[−0.03]	0.27
2014 年的水平	{−0.54}	0.48	[−0.09]	0.31
1985 年水平的变动	[0.26]	[0.04]	[−0.06]	0.02
C. 经加工/未经加工初级产品				
1985 年的水平	0.82	[0.04]	0.22	0.26
2014 年的水平	1.36	−0.25	{0.15}	0.32
1985 年水平的变动	[0.13]	−0.24	[−0.03]	0.09

续前表

被解释变量与说明	自变量系数			
	成人平均受教育年数	成人平均拥有土地面积（平方公里）	成人（15周岁以上）人口	R^2
D. 技术密集/劳动密集狭义制造品				
1985 年的水平	1.36	[0.05]	[0.01]	0.24
2014 年的水平	2.94	[0.09]	[0.02]	0.45
1985 年水平的变动	0.68	[−0.00]	[0.08]	0.12
E. 服务/产品（制造品＋初级产品）				
1985 年的水平	[−0.10]	−0.19	[−0.03]	0.06
2014 年的水平	[−0.11]	−0.26	[−0.11]	0.12
1985 年水平的变动	[−0.02]	[−0.09]	[−0.06]	0.02

注：（1）数据来源与图 3-1 和图 3-2 以及表 3-1、表 3-3 一致。出口以总量衡量，而非以国内价值增加含量计算。所有变量取自然对数。

（2）在 1985 年和 2014 年对 119 个国家做横截面的 OLS 回归（除了在第 4 个面板中是对 82 个国家做回归，因为这些国家的狭义制造品在两个年份都占到了总出口的 10％以上）。

（3）1985 年的水平＝1985 年的出口在 1985 年的禀赋下的水平；2014 年的水平＝2014 年出口在 2010 年禀赋下的水平；1985 年水平的变动＝1985—2014 年间出口的变动，如果禀赋为 1985 年水平的话。

（4）系数都在 10％或更低的水平上显著，除非以方括号标出。以大括号标出的系数在一项或两项稳健性检验中变得不显著：（i）忽略所有东亚经济体；（ii）忽略自变量有异常值的经济体；9 个经济体受教育水平非常低（布基纳法索、埃塞俄比亚、几内亚、几内亚比绍、马里、莫桑比克、尼日尔、塞内加尔和也门）；2 个经济体人均土地面积很小（中国香港和新加坡）；3 个经济体人口数量庞大（中国和印度，以及苏联，后者在 2014 年的人口是其各前成员国人口的加总）。

1985—2014 年间，制造品在出口产品中的占比在每一个土地稀缺地区都上升，而在每一个土地富足地区都下降（表 3-1，第 4 列），这与它们的基于禀赋的比较优势差异相契合。[①] 在不变价格下，所有改变都会使制造品看起来增加一些，因为 1985—2014 年期间世界制造品相对于初级产品的价格下跌了大约 30％。[②] 但是不同区域的这一变化的相对规模在大体上保持相同。

---

① 如果表 3-1 采用总出口数据进行计算，这些制造品出口占比的变动符号将会保持不变，除去拉丁美洲国家的小幅减少（−1.1）会变为小幅增加（＋1.4）外。

② 基于来自 WTO 的出口单位价值计算（2015，表 A.1）。

跨国来看，制造品/初级产品出口比率的变化与土地富足程度反向相关，正如表 3-2A 的第三个回归所展示的那样。[①] 土地变量的回归系数在 1985 年和 2014 年的回归中也大幅下降，表明土地富足国家在制造品出口方面的相对劣势有所增加。然而，1985 年和 2014 年回归中受教育年数变量的系数增加，或许仅仅反映了前文所提及的跨国教育差距缩小的误导效果。

（二）制造品出口的构成

制造品出口可以被分为经加工的初级产品和"狭义"的（SITC 定义的）制造品。经加工的初级产品更为土地密集，因此它们在制造品出口中的比例会在土地富足的国家比土地稀缺的国家更高（表 3-3 第 1 列中印度的高占比是具有误导性的，源自对进口石油的精炼——该表中的出口是以总量计算的，而不是国内价值加总）。在国家层面也是如此，正如在表 3-2B 的前两个回归中人均土地变量的正系数所示。而在技术密集程度方面，经加工的初级产品和狭义制造品之间并无明显差异。[②]

表 3-3　　　制造品出口构成，2014 年的水平与 1985—2014 年变动

	2014 年占总量比例（%）			1985—2014 年变动（%）	
	经加工初级产品/所有制造品	技术密集/所有制造品	技术密集/狭义制造品	经加工初级产品/所有制造品	技术密集/狭义制造品
土地稀缺地区					
土地稀缺的OECD 国家	12.2	66.0	75.2	0.2	9.4
其他东亚国家	13.6	58.0	67.1	−2.5	31.4
中国	3.8	19.4	20.2	−14.6	6.4

[①] 出口率的变动与禀赋的变化完全不存在相关性。

[②] 表 3-2B 中受教育程度的负系数表明经加工初级产品的技术密集程度比狭义制造品更低，但是这一结论并不稳健，且在三分之一的国家并不成立，这些结果可见统计附录 A 小节中关于教育的分部门数据。

续前表

	2014 年占总量比例（%）			1985—2014 年变动（%）	
	经加工初级产品/所有制造品	技术密集/所有制造品	技术密集/狭义制造品	经加工初级产品/所有制造品	技术密集/狭义制造品
印度	26.9	26.7	36.5	14.6	22.4
其他南亚国家	4.0	4.7	4.9	−6.7	−3.0
土地富足地区					
土地富足的OECD国家	19.4	62.0	77.0	3.5	2.7
苏联和东欧国家	27.1	44.7	61.3	5.1	1.1
拉丁美洲国家	22.2	37.5	48.2	−18.3	9.2
中东与北非国家	32.2	33.3	49.1	−3.5	4.6
撒哈拉以南非洲国家	47.0	26.0	49.1	1.1	16.9
世界	15.0	51.8	60.9	−1.9	−0.9

注：出口数据以总量计算，来自 UNCTAD 数据库。经加工初级产品出口弥补了本章采用的宽泛 ISIC 制造品出口定义与狭义 SITC 制造品出口定义之间的差别。将狭义制造品分为技术密集与劳动（非技术）密集两类的具体说明见统计附录。这一做法遵循了 Mayer 和 Wood（2011），主要基于一些接近本章所分析时期开始阶段的研究，这些研究将产业根据它们的劳动占比或是其他测算技术密集程度的方式来排序（包括 Wood，1994，第 3 章）。

然而，经加工初级产品的出口显然比未加工初级产品的出口更具有技术密集型的特点：表 3－2 C 的前两个回归中受教育年数的正系数，与几乎所有国家分部门的教育数据相一致（见统计附录）。1985 年的经加工/未加工初级产品出口比率与土地富足程度不具备相关性，但是到了 2014 年，二者却呈现负相关，且 1985—2014 年期间这一出口率的变动与土地富足程度反向相关。这一土地富足国家在初级产品加工方面产生的比较劣势，与它们在表 3－2A 的回归中涉及所有制造品上的比较劣势（在方向和规模上）是一致的。

根据各产业就业中熟练技术工人的占比，狭义制造品出口又可以分为技术密集产品（如飞机和化学品）以及（非熟练）劳动密集产品（如衣服和钢铁）。在每个土地富足组中，狭义制造品出口中的技术密集产品占比随着各区域的技术/劳动禀赋比率上升而上升（见表 3 - 3 第 3 列）。这一跨区域的 HO 关系清楚地表现于图 3 - 5 之中，该图还包含了对应的回归线以及各国在这种关系中所处的位置。两个线外的国家类别分别是：因为南非而被向上扭曲的撒哈拉以南非洲国家，以及技术密集制造品出口比例远低于印度的其他南亚国家。[①]

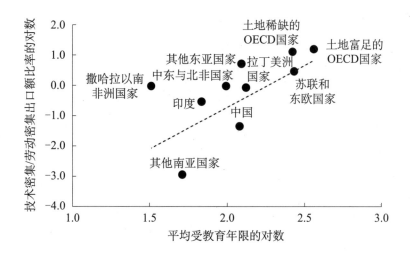

图 3 - 5　2014 年制造品出口的技术密集程度和技术/劳动禀赋

注：2010 年禀赋的数据来源与图 3 - 1 一致，出口的数据来源与表 3 - 3 一致。回归线表明在跨国水平上，狭义制造品出口占到出口总量 10% 或更多。回归线的斜率为 2.74，R^2 为 0.42。（图中跨地区的回归线，斜率为 2.38，R^2 为 0.40。）

技术密集产品占狭义制造品比例的决定因素，在表 3 - 2D 中得到更为细致的分析。受教育程度是唯一显著的解释变量：土地密集程度对于这两类制造品来说基本一样，而出口率并不随着国家大小的变动而有所变化。随着时间的推移，回归的拟合程度有着显著的提升，表明在这一维度上，出口结构与禀赋之间的联系也变得更加紧密了。

---

① 这一由南非引起的扭曲上升在区域出口率的计算中占到了很高的权重（原因是该国占到了这一区域狭义制造品出口的很大一部分），但是在区域平均受教育年数的计算中权重很小（原因是该国的成人人口仅占到这一区域的很小一部分）。南亚自身的数据点位于更右边的位置，距离跨国回归线更近。

受教育程度的系数，1985—2014 年期间上升，由于已经提到过的原因，具有部分的误导性质，但是远比其他出口回归中幅度更大。表 3 - 2D 的最后一个回归，进一步地显示了狭义制造品中技术密集产品的比例与各国人民的受教育程度正向相关，意味着受教育程度更高的国家在技术密集型制造品上比较优势的加强。

然而，这个回归并没有多少解释力，且跨区域的变化是分散的（表 3 - 3 最末列）。狭义制造品中的技术密集产品的比例，不仅在技术富足的 OECD 国家和 FSS 地区上升，而且在除了其他南亚国家的所有发展中地区都上升了。尽管如果把世界作为一个整体来看，这一比例几乎没有变化，原因是亚洲地区的权重上升了，但这一地区国家的这一比例是很低的，尤其是中国。

这种分散的原因之一是在统计上区分技术密集产品和劳动密集产品变得越来越不准确。每一种产品的技术密集和劳动密集种类，以及（随着价值链的作用越来越突出）同一种类产品在不同生产过程中技术密集和劳动密集的不同阶段，在国家之间越来越分化，并且这种分化的方式很难用可得的数据来测算。[1] 因此，各国会根据各自的技术禀赋，更加专注于不同技术密集程度的制造业生产，这种专注程度将会比本章计算的水平更高。

(三) 服务/产品出口

土地富足地区的服务在出口中的占比倾向于比土地稀缺地区低（表3 - 1），原因是平均而言服务比产品（尤其是初级产品）的生产更少具有土地密集性的特点。这一点在跨国层面上也是如此，正如表 3 - 2E 的前两个回归中土地

---

[1] 统计附录中的 A 小节显示，在 14 个欧洲国家，即使到 2000 年，技术密集型制造业部门的受教育程度仍然等于甚至低于劳动密集型部门。如果我们允许在定义上采取隔离的做法，那么电脑、办公和通信用品出口（SITC 75 - 77）在受教育程度更高的国家被分类为技术密集型，而在受教育程度较低的国家则被分类为劳动密集型。

变量的负系数所显示的那样。受教育程度的系数并不显著，意味着在平均意义上服务贸易的技术密集程度与产品相似（尽管在两类贸易中技术密集程度都十分多样化）。① 在土地稀缺的地区中，中国的服务贸易占出口的比例异常低，或许是因为服务部门比起制造品部门更少有合约得到批准；与此同时，同一个比例在印度却又异常高，表明该国作为 ICT 服务出口国取得了巨大的成功，而这在很大程度上源自该部门特定的一些原因。

1985—2014 年期间，就世界作为一个总体而言，服务贸易占出口的比例上升了，但仅有 3.6%（见表 3-1 最末列）。这一比例在十个区域中的七个也上升了很小的幅度，但是在两个 OECD 地区（分别为 7% 和 6.5%）和印度（10.4%，最高）上升较为显著。这些地区的变动明显缺乏模式和规律，这也与表 3-2E 的最后一个回归相一致：跨国来看，出口服务占比与禀赋以及国家大小并无关联。

五、产出的部门结构

表 3-4 显示了 2014 年各地区 GDP 的广义部门结构，以及其 1985—2014 年期间的变动。

表 3-4　　　广义部门的产出，**2014 年水平与 1985—2014 年变动**

	2014 年占GDP 比例（%）			1985—2014 年变动（%）		
	初级产品	制造品	服务	制造品/产品	制造品/GDP	服务/GDP
土地稀缺地区						
土地稀缺的OECD 国家	2.4	16.0	81.5	4.5	−7.9	10.6

---

① 总体而言的服务，包含贸易服务和非贸易服务，在平均意义上比产品更为技术密集，这一点在统计附录的 A 小节有所讨论和记载。

续前表

	2014 年占 GDP 比例（%）			1985—2014 年变动（%）		
	初级产品	制造品	服务	制造品/产品	制造品/GDP	服务/GDP
其他东亚国家	11.0	23.9	65.1	14.1	0.8	7.5
中国	14.9	28.3	56.9	15.8	−3.8	21.3
印度	20.1	17.2	62.8	15.0	1.2	14.1
其他南亚国家	22.8	15.3	62.0	12.8	2.4	9.1
土地富足地区						
土地富足的 OECD 国家	5.0	11.7	83.2	−8.5	−6.9	7.0
苏联和东欧国家	12.3	17.3	70.4	−5.0	−12.9	18.0
拉丁美洲国家	13.7	14.0	72.3	−12.5	−11.4	12.5
中东与北非国家	28.5	11.8	59.7	−2.0	−0.7	−0.3
撒哈拉以南非洲国家	29.6	9.9	60.5	−1.5	−1.1	1.9
世界	9.4	16.5	74.1	−4.4	−5.2	6.0
发展中国家	17.2	20.3	62.5	8.7	0.1	7.0

注："服务"是指除了初级产品（农产品和矿产品）以及制造品外的所有部门。"发展中国家"不包括 OECD 国家和 FSS 国家。数据主要来自联合国国家账户合计数据库，并以联合国国家账户数据库的细节数据以及其他数据来源作为补充，以将矿业从"工业"中区分出来。中国在 1985 年的制造业比例采用 GGDC10 部门数据库做了调整（原因是联合国该年的中国数据是关于工业而非制造业的）；印度1985 年的制造业比例采用世界发展指数数据库做了调整，后者的数据比联合国的数据更接近印度官方的估计。关于数据源和计算的进一步细节见统计附录。

（一）制造品/初级产品产出

在各个土地富足的组别中，2014 年 GDP 中初级产品的比例，随着它们由受教育水平表示的发展水平的提升而降低。图 3-6 更为清晰地给出了一个 HO 关系，将制造品/初级产品产出比例和技术/土地禀赋比例关联起来。跨地区存在一个向上的倾斜，同时图中的跨国回归线也显示了同样的倾斜（这一倾

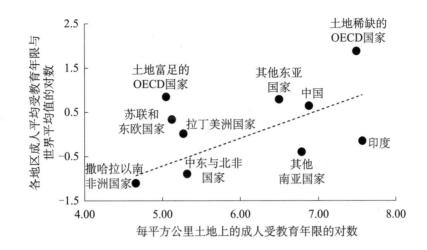

图 3-6　2014 年制造品/初级产品产出与技术/土地禀赋

注：2010 年禀赋（2010）数据来源与图 3-1 一致，产出数据来源与表 3-4 一致。回归线表明跨国相关关系，而非跨地区相关关系。回归线的斜率为 0.63，R^2 为 0.45。（跨地区的回归线斜率为 0.37，R^2 为 0.21。）

斜程度并不如图 3-4 中出口曲线的斜率那么陡峭）。[1] 这一产出比例与技术富足程度正相关，与土地富足程度负相关，这些相关关系已经由表 3-5A 前两行中的跨国回归所确认。

　　在 OECD 和土地富足的区域，制造品/初级产品产出比例（见图 3-6）与对应的出口比例是相似的（见图 3-4）。[2] 尽管如此，在所有四个亚洲发展中地区，出口比例都超过了产出比例。在东亚，尤其是中国，这是因为出口比例很高，而产出比例则是寻常水平（与跨国回归线相比）。对比之下，在南亚，

———————————

　　[1]　出口回归的斜率更为陡峭是因为国内需求的构成在国与国之间比产出变动更小（因此贸易的构成变动更大）。此外，贸易壁垒使得充裕要素密集型的产品在国内市场相对更为便宜，因此测算出来的部门产出价值比例，会比按照产量计算的比例小一些（这一减小的幅度比出口大一些，因为后者的价格在世界市场上与在各国相比差异更小）。然而，这一内在价格的变动性也减少了出口构成的多样性，原因是前者导致了国内需求的多样性，这会吸收一部分禀赋多样性。

　　[2]　比较部门出口和产出比例非常复杂，因为制造业出口的国内价值增加，有一部分来自非制造业部门（WTO，2014，图 C.11）。

则是因为出口比例是寻常水平，但是产出比例很低。

东亚与南亚的这些差异部分地反映了两个地区基础设施水平、政策和劳动法的差异。此外，东亚平均受教育水平比南亚更高，是因为前者有更多工人受过基础教育，而未受过教育的人则更少。由于受过基础教育的工人对于制造业至关重要，尤其是对于制造用于出口的劳动密集产品，这一受教育程度上的差异可以同时帮助解释为什么东亚的制造品/初级产品出口率异常高，以及为什么南亚的制造品/初级产品产出比例异常低。

1985—2014 年期间，制造品占产品产出的比例在每个土地稀缺的国家都上升，在每个土地充足的国家都下降（见表 3-4 第 4 列）；出口比例的变化模式也是如此。在跨国层面上，制造品/初级产品产出比例也与土地富足水平反向相关，正如表 3-5A 的第三个回归所示：1985—2014 年，前两个回归中土地的系数下降，表明土地富足国家在制造业上的比较劣势恶化。R^2 并未提高，表明各国的产出结构并未与它们的禀赋更为相关——不像它们的出口结构那样（尽管 1985 和 2014 两个年份的产出回归的拟合程度都比对应的出口回归要好）。

（二）服务/产品产出

2014 年，服务在所有地区 GDP 中所占的比例都超过了 50%，这一比例在教育水平更好的地区变得更高（见表 3-4 第 3 列），在拥有更高受教育水平的国家也是如此（表 3-5B 的前两个回归）。然而，尽管在各个国家，服务在平均水平上都比产品要更为教育密集（如统计附录所示），服务占 GDP 的比例与平均教育水平之间的相关性，在很大程度上与比较优势并无关联。大多数服务仍是不可贸易的，而它们在更高受教育水平国家拥有的更大比例主要反映了人均收入更高的国家对服务的更高需求（以及更高的相对价格），而人均收入和受教育程度是相关的。

1985—2014 年间，GDP 中的服务份额在除了一个地区外的所有其他地区都上升了（见表 3 - 4 最末列），而这一比例上升的国家则占到所有国家的四分之三。跨国来看，这一比例的改变与人均收入增长正相关，但是后者仅仅解释了变动的 5%。而更大程度的变动则由受教育程度的初始水平（正相关）和土地富足程度（负相关）来解释，如表 3 - 5B 的第三个回归所示。[①] 一个可能的解释是技术/土地比率较高国家中制造业的快速扩张产生了更多的对生产者服务的需求［这种服务贡献了制造品出口国内增加值的五分之一（WTO，2014，图 C.11）］。这个假说得到了以下证据的支持，即在这个时期里 GDP 中服务份额变化与制造品/初级产品比率之间具有显著的正向关系。

(三) 产出中的去工业化？

一种对工业化标准的测算方法是计算制造品在 GDP 中所占的比例（见表 3 - 4 第 2 列和第 5 列）。在土地富足的地区，产品产出中制造品比例的下降由 GDP 中服务占比的上升而得到填补，导致这些地区去工业化，尽管这只发生在中东与北非以及撒哈拉以南非洲地区，而这些地区从一开始就是工业化程度最低的地区。在土地稀缺的地区，制造品占产品产出比例的提升被服务比例的提升所抵消：这些地区中的三个中，制造品占 GDP 的比例仍然上升了，但是其在土地稀缺的 OECD 国家下降了，在中国也是如此，而中国在起步时有着异常低的服务比例（如同 FSS 国家一样，而在 FSS 国家去工业化程度是最高的）。

跨国来看，制造品在 GDP 中比例的改变（见表 3 - 5C 的第三个回归）与土地富足程度无关，后者对制造品占产品生产比例的负效应（见表 3 - 5A）被其对产品占 GDP 比例的正效应所抵消（表 3 - 5B 对服务占比所起到的负效应的补集）。如果用于制造业的生产者服务被包含在"工业"的测算中，或许土

---

① 如果在表 3 - 5B 的回归中加入人均收入增长，其系数并不显著，因为增长是与禀赋相关的。如果放弃 OECD 国家和 FSS 国家的数据，回归结果也相同。

地富足程度与去工业化之间会存在一个更为清晰的相关关系。

表 3 - 5   禀赋比例对部门产出比例回归

被解释变量与说明	自变量系数			
	成人平均受教育年数	成人平均拥有的土地面积（平方公里）	成人（15 周岁以上）人口	R^2
A. 制造品/初级产品				
1985 年的水平	1.06	−0.24	0.13	0.57
2014 年的水平	1.68	−0.43	[0.01]	0.57
1985 年水平的变动	[0.03]	−0.23	{−0.08}	0.26
B. 服务/产品（制造品＋初级产品）				
1985 年的水平	0.39	[−0.04]	[−0.02]	0.31
2014 年的水平	0.88	−0.13	[−0.03]	0.47
1985 年水平的变动	0.21	−0.11	[0.03]	0.24
C. 制造品/（初级产品＋服务）	0.45	−0.07	0.14	0.43
1985 年的水平	0.45	−0.07	0.14	0.43
2014 年的水平	0.35	[−0.05]	{0.10}	0.18
1985 年水平的变动	−0.24	[0.00]	[−0.03]	0.09

注：数据来源与图 3 - 1 和表 3 - 4 一致。其他注释与表 3 - 2 一致，但是本表所有回归均为 125 国的跨国回归。

世界作为一个整体也在去工业化，如表 3 - 4 倒数第二行所示，但这一现象主要是因为 OECD 和 FSS 地区的衰退。[①] 在所有发展中地区（即从世界所有地区中减去 OECD 和 FSS 地区）制造品占 GDP 的比例并未改变，如表 3 - 4 最后一行所示 [首先由 Haraguchi（2014，图 3A）报告]。然而，如果将中国从计算中除去，这一比例将会降低（从 18.7% 降至 16.0%），而不是保持不变。同样，尽管所有发展中地区一起，将它们在世界制造品产出中的比例提高了 28%（从 19% 到 47%，以当前价格计算），这 28% 中有 20 个百分点来自中国的贡献。

---

① 如表 3 - 5C 的第三个回归中受教育程度的负系数所显示的那样。

按照不变价格，发达国家中制造品占 GDP 的比重仅有微小的下降，而在发展中国家中则是总体显著上升（Haraguchi et al.，2016，图 5D 及图 6B）。在土地富足的发展中国家组中，拉丁美洲国家在不变价格下，制造品占 GDP 的比例仅下降了 2～3 个百分点，而在 MENA 这一比例则有轻微上升，尽管在撒哈拉以南非洲地区的下降幅度看起来不会比按当前价格计算的小。[①] 在亚洲土地稀缺的国家，制造品占比的变化在不变价格下更为强烈，尤其是在中国，制造品相对价格的跌落幅度异常之大。

发展中国家的制造业更为集中于更大、更富有的国家（Haraguchi et al.，2016）。[②] 2014 年发展中国家制造品占 GDP 比例的未加权平均值是 12.5%，远低于表 3-4 中 20.3% 的比例（这是一个按 GDP 加权的平均值），这一差距比 1985 年更大（当时的两个均值分别是 14.8% 和 20.2%）。[③] 集中度的增加在很大程度上反映了中国的崛起。如果没有中国，加权均值与未加权均值之间的差距将会稍微缩小，而非扩大。

六、就业的部门结构

表 3-6 展示了各地区就业广义部门结构的水平与变动。制造业比例同时以总体比例和"正式"就业（在工业调查所覆盖的企业中就业）比例的形式呈现。正式就业的制造业比例在发展中区域之间存在着较大的差异：在 2014 年，

① 以上陈述基于从世界发展指数和联合国国家账户合计数据库中大略计算获得的区域可比较均值。罗德里克（Rodrik，2016）指出，世界制造品价格的下降会抑制制造业的产出和就业，而这一效应在所有发展中国家和地区是向同一方向起作用的，不论这些国家的土地是富足还是稀缺。

② 然而，从所有国家来看，制造品占 GDP 的比例与人口规模的正向关系略微减弱了一些（表 3-5C）。

③ 未加权均值中制造品所占的比加权均值更低的比例，主要是被更高的初级产品比例抵消了，而非更高的服务比例。

东亚国家的均值是 60％，南亚国家和撒哈拉以南非洲国家则是 30％，拉丁美

洲国家以及中东与北非国家则介于二者之间。

表 3 - 6 　　　　广义部门就业，2014 年水平与 1985—2014 年变动

	2014 年占总量比例（％）			1985—2014 年变动（％）		
	初级产业	制造业		服务业	所有制造业	正式制造业	服务业
		所有制造业	正式制造业				
土地稀缺地区							
土地稀缺的 OECD 国家	3.6	14.5	11.7	81.8	−9.0	−7.0	14.5
其他东亚国家	36.0	13.2	7.6	50.9	1.3	1.1	17.1
中国	33.6	18.2	10.7	48.2	3.4	5.5	26.8
印度	57.1	10.5	2.7	32.4	0.9	0.0	12.8
其他南亚国家	55.6	14.5	4.6	29.9	3.6	2.7	−0.9
土地富足地区							
土地富足的 OECD 国家	2.3	9.5	7.8	88.2	−7.9	−8.1	9.5
苏联和东欧国家	20.4	15.7	10.4	63.9	−12.3	−14.7	17.6
拉丁美洲国家	16.7	13.0	6.2	70.2	−2.0	−1.1	17.6
中东与北非国家	18.5	12.5	6.0	69.0	−0.9	−0.5	16.3
撒哈拉以南非洲国家	63.8	6.1	1.7	30.2	1.2	−0.3	3.8
世界	34.6	13.3	7.2	52.1	−2.0	−1.8	14.4
发展中国家	41.0	13.3	6.4	45.7	1.1	1.7	17.4

　　注："服务"是指除去初级产业（农业和矿业）以及制造业外的所有部门。"正式制造业"指达到官方调查最小规模或是注册标准的企业。"发展中国家"不包括 OECD 国家和 FSS 国家。2014 年是最近的有可得数据的年份。数据主要来源于 Haraguchi 等（2016）的就业数据库，并以 ILO WESO 数据库作为矿业和 20 个数据缺失国家的补充数据来源。正式制造业部门的就业数据来自 UNIDO 数据库最接近 1985 和 2014 的年份。关于数据来源和计算的进一步细节可见统计附录，包括关于中国制造业雇员总数的各种不同估计的讨论。

（一）制造业/初级产业就业

　　在每个土地充足的组别中，2014 年受教育程度更高地区的初级产业就业比例更低一些（见表 3 - 6 第 1 列）。这一关系在很大程度上反映了农业在发展

进程中的现代化，大幅提升了这一部门相对于其他部门的劳动生产力。作为结果，表 3-7A1 和表 3-7A2 对制造业/初级产业就业比例的跨国回归中，尤其是正式就业比例，受教育程度的正系数远大于对应的产出回归（见表 3-5）中的系数，尽管这一结果部分源自制造业比初级产业更具有技术密集型的特征。

如同出口与产出的对应比例，制造业/初级产业就业比例在劳动力平均拥有土地较多的国家会更低，但是这一关系的统计显著性，在忽略异常值和东亚国家后并不稳健（正式或所有制造业就业均是如此），而国家大小的相关性则更低。在产出回归中，R^2 在 1985—2014 年间并未上升。

这段时期中制造业/初级产业就业比例的变动，在跨国层面上微弱地与土地富足程度负相关，同样微弱地与国家大小正相关（见表 3-7A1 和表 3-7A2 的第三个回归）。但是该比率与起初的受教育程度之间却存在着强烈的非线性关系：制造业/初级产业就业比例的变动，仅在某一点前与国家更高的受教育程度正相关，而越过该点后，这一效应就会逆转。[①]

这一非线性特点，并非源自制造业/初级产业产出比例的变化（该变化与受教育程度无关），而是源自制造业相对于初级产品生产的劳动密集程度的变化（见表 3-7A1 和表 3-7A2 的第四个回归）。负的二次项捕捉了全球制造业在这段时期中的重构：发展中国家出口导向制造业的增长（此类产业是劳动密集型的，但是会增加制造业的相对劳动密集程度，因为前者能够将剩余劳动力转移出农业部门），以及发达国家中制造业从劳动密集型活动向技术密集型活动的变动。[②]

---

① 平均受教育年限的转折点在所有制造业的回归中是 18 年，而在正式制造业的回归中则是 23 年。

② 在 1985 年，制造业/初级产业劳动密集比例并未与受教育程度存在二次相关关系，但是在 2014 年这一关系存在，尽管这一关系的显著成立只存在于所有制造业回归中（该回归的拟合程度也提高了）。

这些回归也揭示了跨国之间存在的、1985—2014 年间制造品相对于初级产品生产劳动密集程度改变与初始土地富足水平的正向关系。由于劳动密集程度（就业/产出）是劳动生产力的倒数，这一结果也意味着土地富足国家在制造业上的比较劣势加深，与它们制造业部门工人人均产出的更为缓慢增长存在联系，这是相对于初级产业部门增长速度和与土地稀缺国家相比而言的。

（二）服务/产品就业

服务业就业比例在教育程度较高的地区更高（见表 3-6 第四列），跨国比较也是如此（见表 3-7B 的前两个回归），主要原因是在发展的普遍进程中，对服务相对需求的提高和服务业相对劳动生产率的下降。在土地富足的区域，服务部门就业比例更高，但这仅仅是因为前者更为富有：在表 3-7B 控制了受教育程度和国家大小之后，土地富足程度和服务业就业比例之间不再存在跨国的相关关系。

表 3-7　　　　　　　　　禀赋比例对部门就业比例的回归

被解释变量与说明	自变量系数				
	成人平均受教育年数	受教育年数二次项	成人人均拥有土地面积（平方公里）	成人（15 周岁以上）人口	R^2
A1. 所有制造业/初级产业					
1985 年的水平	1.96		{−0.21}	[0.04]	0.66
2014 年的水平	2.80		{−0.18}	[0.06]	0.67
1985 年水平的变动	1.33	−0.46	{−0.06}	{0.08}	0.11
劳动密集程度的变动	1.80	−0.63	0.15	0.16	0.22
A2. 正式制造业/初级产业					
1985 年的水平	2.89		{−0.24}	[−0.02]	0.67
2014 年的水平	4.45		{−0.23}	[−0.07]	0.68
1985 年水平的变动	2.08	−0.66	[−0.05]	[0.06]	0.14
劳动密集程度的变动	1.88	−0.62	0.22	{0.12}	0.26

续前表

被解释变量 与说明	自变量系数				
	成人平均受 教育年数	受教育年 数二次项	成人人均拥有土地 面积（平方公里）	成人（15周岁 以上）人口	R^2
B. 服务/产品 （制造品＋初级产品）					
1985年的水平	1.15		[0.05]	[−0.06]	0.46
2014年的水平	1.86		[0.00]	[−0.07]	0.59
1985年水平的变动	0.11		{−0.07}	[0.02]	0.13
劳动密集程度的变动	[0.09]		[0.04]	[−0.01]	0.04
C1. 所有制造业/ （初级产业＋服务业）					
1985年的水平	1.11		−0.13	0.10	0.64
2014年的水平	1.03		[−0.07]	0.13	0.43
1985年水平的变动	1.08	−0.53	[0.00]	[0.05]	0.34
劳动密集程度的变动	1.20	−0.47	[0.04]	0.10	0.14
C2. 正式制造业/ （初级产业＋服务业）					
1985年的水平	1.80		−0.14	[0.04]	0.70
2014年的水平	2.28		[−0.06]	[0.02]	0.54
1985年水平的变动	1.87	−0.74	[0.04]	[0.04]	0.20
劳动密集程度的变动	{1.16}	−0.43	[0.03]	[0.06]	0.09

注：数据来源与图3-1和表3-6一致。除以下两点外，其他注释与表3-2一致：

（1）回归跨125国，除了正式制造业的回归外（由于数据缺失，回归跨82国）和表3-A1、表3-B和表3-C1中的第三和第四个回归，这些回归忽略了表3-2注释中列出的、有自变量存在异常值的14国（9个国家教育水平非常低以致掩盖了二次关系）。

（2）"劳动密集程度的变动"栏目以1985—2014年相关部门相对劳动密集程度变动对1985年的禀赋做了回归，这里"劳动密集程度"被定义为部门中就业占比与GDP占比的比例（但是即使在有很多非正式制造业就业的国家，大多数制造业产出也来自正式部门的企业，这些企业的劳动生产率要远高于非正式部门）。

1985—2014年，就业中的服务业比例在93％的国家都上升了。这一上升幅度在受教育程度更高的国家更大，而在土地富足的国家更小（见表3-7B的第三个回归）。[①] 这一模式与产出中的服务占比的变动是平行的（见表3-5B的第三

---

① 服务业就业比例的改变，也显著地与制造业/初级产业就业比例呈正相关关系。

个回归），原因是服务和产品生产的相对劳动密集程度的变动与禀赋以及国家大小无关（统计上不显著）（见表 3-7B 的第四个回归）。

（三）就业的去工业化？

在这一期间，总体就业中制造业的比例在两个 OECD 区域中都显著下降了（见表 3-6），主要原因是远离劳动密集型生产活动的产业重构。在 FSS 地区就业下降的幅度更大，由于在制造业产出份额大幅下降（见表 3-4）以及国企削减工作岗位的共同作用下，所有制造业就业都大幅下降，而正式制造业份额下降的幅度甚至更大。

制造业的就业比例在所有土地稀缺的发展中地区都上升了，其中正式制造业上升幅度最大的是中国（虽然中国发生了国企裁员），唯一的例外是印度的正式制造业，该国这一部门的就业停滞不前，原因是该国经历着从劳动密集型活动向其他类型生产转移的过程。[①] 尽管国有企业大幅裁员，中国的正式制造业的增幅最大（尽管关于中国制造业就业数据有很多争议，见统计附录）。

在所有三个土地富足的发展中地区，正式制造业占总体就业的比例都有轻微下降，例外是撒哈拉以南非洲国家的所有制造业的比例有轻微上升（有疑问）。[②] 拉丁美洲国家正式制造业就业比例的下降远小于制造业产出比例的下降（见表 3-4），原因是缩水的进口竞争部门的工作岗位损失被靠近美国的国家（尤其是墨西哥）的劳动密集型出口制造业的增长所抵消。[③]

---

① 这一转移由表 3-3 的出口比例反映，记录于 Sen 和 Das (2015)。

② 如果用 ILO WESO 数据计算，撒哈拉以南非洲国家的所有制造业就业数据也在下降。

③ 墨西哥在拉丁美洲总制造业出口中所占的比例在 1985—2014 年间增长了 16 个百分点，达到 52%，这是基于其比美国更低的技术/劳动比例，也是因为该国与庞大邻国的合作、贸易成本被 NAFTA 降低。墨西哥的正式制造业就业，在拉丁美洲中的占比和在墨西哥国内所有就业中的占比，也都上升了。在表 3-3 中，在 1985—2014 年间，拉丁美洲经加工初级产品占所有制造品出口比例的下降，也主要反映了墨西哥制造品出口的扩张，2014 年，94% 的墨西哥制造品出口是狭义制造品。

在所有国家中，制造业占就业比例的变动与土地富足程度无关（见表 3-7C1 和表 3-7C2 的第三个回归），制造业占产出比例的变动也是如此（见表 3-5）。但是制造业/初级产业就业比例与初始受教育程度之间的非线性关系，同时也存在于制造业/所有其他产业的就业比例中，这又一次反映了劳动密集程度变化的非线性模式（见表 3-71 和表 3-7C2 的第四个回归）。[①]

世界就业在 1985—2014 年间有轻微的去工业化态势（见表 3-6 的倒数第二行），但是正式和全部制造业就业比例在作为整体的发展中国家均上升了（见表 3-6 的最后一行，首先报告于 Haraguchi，2014）。表 3-6 的微小改变没有反映区域间再分配的规模，尤其是制造业中的正式就业，2014 年的全球总就业工人数为 2.25 亿，在期间内增加了 0.5 亿。OECD 地区的比例降低了15%，FFS 地区的比例降低了 18%。东亚地区的比例上升了 25%（其中的五分之四来自中国），南亚的比例上升了 4%，三个土地富足的发展中地区一起增加了 4%。

尽管存在关于"过早去工业化"的担忧（Felipe et al.，2014；Rodrik，2016），上述结论（Haraguchi et al.，2016）显示对于作为整体的发展中国家来说，制造业的就业比例上升了，而制造业占产出的比例在不变价格下也上升了。但是这些上升主要发生在土地稀缺的发展中国家，而土地富足的地区则有去工业化的倾向（同样的发现也来自 McMillan 等，2014，以及 Rodrik，2016）。

制造业就业更为集中于较大的发展中国家，尽管制造业产出集中的程度低一些（Haraguchi et al.，2016）。对于所有制造业和正规制造业而言，发展中国家的未经加权的制造业份额在 1985 年和 2014 年期间都略微下降，而表 3-6 中的加权份额则上升了。中国带来了差异，在统计中排除中国后导致表 3-6

[①] 所有制造业占就业的比例与成人人口规模正相关，但是正式制造业占就业的比例却并非如此，原因是正式制造业的就业数据忽略了许多小而贫穷的国家。

中的发展中国家加权的所有制造业份额仅增加 0.6（而不是 1.1）个百分点，正式制造业份额没有变化（而不是 1.7 个百分点的增加）。

七、什么是结构转变的驱动力？

如前文所显示的那样，在这一时期的开始和结束，各区域和国家的出口、产出与就业的部门构成反映了各自的要素禀赋，即与 HO 理论相一致的路径也一致。然而，在 1985—2014 年快速的全球化期间，部门结构也发生了显著的变化。本节考察这一变化的原因，主要关注产品部门（因为服务部门比例的变化主要源自国内力量的驱动）。

跨地区的制造业出口、产出和就业变动模式总结于表 3-8。其中最为令人惊讶的特点是，在土地富足的地区，所有的数字都是负的，而在土地稀缺的地区，除两个地区以外所有的数字则是正的。一个例外是印度，即使出口和产出比例大幅上升，正式部门就业比例却没有变化，反映了印度在劳动密集型制造业出口方面的不足。另一个例外是土地稀缺 OECD 国家就业的下降（土地富足的 OECD 国家也是如此），这是因为发展中国家从劳动密集型向技术密集型产品和活动转变。

表 3-8　　　　　　　　1985—2014 年制造业占比变动（%）

	出口	产出	就业
土地稀缺地区			
土地稀缺的 OECD 国家	1.1	4.5	−7.0
其他东亚国家	13.4	14.1	1.1
中国	45.5	15.8	5.5
印度	16.1	15.0	0.0
其他南亚国家	22.3	12.8	2.7
土地富足地区			
土地富足的 OECD 国家	−5.8	−8.5	−8.1

续前表

	出口	产出	就业
苏联和东欧国家	−12.5	−5.0	−14.7
拉丁美洲国家	−1.1	−12.5	−1.1
中东与北非国家	−10.8	−2.0	−0.5
撒哈拉以南非洲国家	−14.2	−1.5	−0.3

注：数据来自表3−1、表3−4、表3−6。出口、产出数据的占比是根据制造品占产品总量（制造品＋初级产品）的比例计算的。就业数据则是根据正式制造业在整体经济就业中的占比来计算的。

两个制造业就业比例上升幅度最大的土地稀缺地区（中国和其他南亚国家）同时也是制造业出口比例上升最大的地区。在拉丁美洲，相似地，尽管产出比例大幅下降，制造业占就业的比例和出口比例都没有减少太多，原因是该地区劳动密集型制造业对美国出口的增长。尽管制造业出口比例大幅下降，撒哈拉以南非洲地区和 MENA 的制造业就业比例减少幅度甚至更小，但这仅仅是因为它们起初的制造业就业规模就很小。

一个对于这些变化的标准 HO 解释是，减少的贸易壁垒致使各国部门结构更为紧密地与它们的要素禀赋相关联，在这个重要方面，实证证据与这一解释是符合的。几乎所有的国家对贸易都更为开放了，土地富足的国家（相对于制造品而言）更为专注于初级产品的生产，技术富足的国家则更为专注于技术密集型制造品的生产。[①] 然而，由于两个相关的原因，以上解释不可能是故事的全貌。

首先，部门结构与禀赋之间的拟合程度并不总是得到改善。在大多数出口结构比例上，2014 年跨国回归的 R^2 比 1985 年高，尤其是技术密集型/劳动密集型制造业出口比例。但是它们在产出或就业结构比例中却并未变得更高，尽管这些比例仅限于制造业/初级产业层面，因为制造业产出和就业的技术构成缺少数据。

---

① 比本章更好的检验，应该是将单个国家在该时期内的部门结构和禀赋之间关系的变动，与贸易壁垒的变动联系起来。

其次，有一些部门结构转变的发生是因为与禀赋的关系变动了：跨国回归的斜率变得更为陡峭了。在土地/劳动层面尤其如此，这样的变动显然加强了土地稀缺地区在制造业上的比较优势。土地稀缺地区出口、产出和就业中制造业比例的增加，土地富足地区相应比例的减少，并不仅仅是因为减少了由禀赋预测的结果与真实结果之间的差距，同时也因为预测结果本身产生了变动。

在技术/劳动层面，证据变得更难以推测，因为如前文所述，斜率系数的变动部分反映了可能并不真实的穷国受教育水平的提升。然而，1985—2014年技术系数的提高，在技术密集/劳动密集型制造品出口回归中幅度尤其大，这表明，除了由提高的 R^2 显示的现实与预测制造业出口品技术组合差距的缩小之外，技术富足国家在技术密集程度更高的制造品上的比较优势也加强了。这一推断得到了这一时期跨国存在受教育程度与相对制造业劳动密集程度之间的二次反向相关性的支持。[①]

这些事实表明这一期间的部门结构转变，不仅源自贸易成本降低，也受到合作成本降低的驱动。更为确切地说，国际商务旅行、通信的成本降低，管理体系的提升，使得发达国家的高技术工人能够更为紧密、有效地与发展中国家的工人进行合作。某些合作的增加来自跨国公司内部，但也有很多是以独立公司之间的合约关系存在，而这些公司之间以快速扩张的全球价值链网络（以及通过大幅增加的零件、组件贸易）互相联结。[②]

于是，合作成本的减少允许了禀赋偏好的国际技术转移（在设计、市场营销以及生产方面）。更具体来说，它使得劳动密集型制造业的技术诀窍能够从

---

① 这一水平上的二次关系既存在于所有制造业，也存在于正式制造业，既相对于初级产品存在，也相对于其他所有部门存在。然而，负的二次项系数在 2014 年的回归中显著，且二次回归的拟合在 2014 年比 1985 年更好，但仅仅在所有制造业的情况下成立（后者的数据涵盖更多国家：111 国，相比之下，正式制造业的数据仅包含 82 国）。

② WTO（2014）回顾了全球价值链的相关证据。术语"合作成本"源自 Anderson 等（2006）。相关理论见 Markusen（2001）以及 Baldwin 和 Robert-Nicoud（2014）。

技术充足的发达国家流向技术稀缺的发展中国家，而在后者中，主要是流向土地稀缺的国家，因为它们的禀赋组合提供了通过使用技术诀窍、为世界市场生产出口品而获取利益的最佳前景。[①]

与这一推论相一致的是土地稀缺国家（相对于土地富足国家）的制造业/初级产业人均产出比例的上升。由于产出是通过价值增加来计算的，这一转变反映了人均技术、人均资本、制造业技术和资本回报率某种组合的相对增加，正如引入一种更好的技术所预期的那样。这一技术转移解释同时也契合Rodrik（2013）对制造业正式部门劳动生产力无条件收敛的发现。

技术转移的禀赋偏好能够同时解释为什么制造业的比较优势进一步向土地稀缺国家转移，以及为什么非技术密集型制造业的比较优势进一步向技术稀缺的国家转移。进一步地，尽管大多数技术转移发生在狭义制造业，其效果也可能溢出至其他工业部门，也能帮助解释为什么土地富足的国家明显失去了在初级产品加工业中的比较优势。[②]此类技术转移同时也能帮助解释为什么土地稀缺的发展中国家比土地充足的发展中国家增长得更快（将在稍后详述），原因是技术转移提升了全要素生产率，刺激了投资，并且强化了将资源再分配至更具生产率部门的力量（McMillan et al.，2014）。

具体发生了什么，在各国、各地区之间很不一样，取决于它们各自起始的贸易成本、合作成本水平，以及这些成本减少了多少（对上述因素各种水平、变动可能组合的分析，见 Wood，2002）。当然，一些技术和土地均稀缺的国

---

① 这一时期开始和结束时的全球比较优势模式，可能也部分由于早先的禀赋偏移的技术转移。有利可图的出口机会致使现代农业和矿产技术向土地富足的国家转移，对于那些不适合欧洲人定居的国家来说，它们的基于禀赋的初级产品生产比较优势得到增强。而在那些欧洲人定居的土地富足国家，制造业技术也得到转移，因此在这些国家中，比较优势受到的影响更为温和（Wood and Jordan，2000）。

② Owen 和 Wood（1997）注意到了初级产品加工业和其他类型制造业之间的相似性。Davis（2010）发现，一国在初级产品加工上的比较优势取决于其狭义制造业活动的发展程度，以及其技术和土地禀赋。

家被排除在转移之外了，原因包括缺少基础设施、制度薄弱或是内战。因为很多与贸易成本或合作成本无关的原因，结果也各不相同，这些原因在我们分析特定国家或地区的经历时需要被纳入考虑范畴。[①] 不过增广的 HO 框架，在包含了合作成本以及贸易成本之后，为 1985—2015 年间世界范围内的结构转变模式提供了清晰、合理的大略解释。

这一世界范围的模式究竟有多少可以简单地归因于中国？如前所述，中国在发展中国家占全球制造业比例的提升中贡献了很多——70％的当前价格产出，60％的正式就业。忽略中国将会使发展中国家部门结构转变总量产生较小但是显著的差异：制造业占 GDP 的比例在 1985—2015 年下降 3％，而非保持不变；正式制造业的就业比例则会保持不变，而非上升 2％。忽略中国（仅此一个观测值），几乎对回归没有影响，回归线常常会经过区域总量的点。因此，部门比例如何随禀赋而改变，对大多数国家来说是相似的。

然而，中国的增长，并非仅仅是对全球总量的一个增量：如果中国一直保持自给自足的非市场经济，其他国家在这段时期中发生的结构转变很可能大不一样。中国的贸易开放有效降低了全球土地/劳动比例，提高了受过基础教育工人占全球劳动力总数的比例，使其他发展中国家的比较优势从制造业转向初级产业，尽管在大多数例子中这一转变幅度并不大（Wood and Mayer，2011）。简而言之，如果中国始终保持封闭，其他发展中国家在总体上会变得更工业化一些。

八、要素价格究竟怎么了？

HO 理论预测的不仅是全球化对部门结构产生的效应，还有其对要素价格

[①] 另一个导致制造业技术向发展中国家转移的原因是发达国家环境政策的收紧。对于这一假设的计量经济学证据有限且混杂（Copeland，2013），且那些最明显转移到发展中国家的产业并不是寻常意义上的"肮脏"产业，而是例如服装、制鞋以及电子设备组装等产业。

的影响。对此做出确切的分析超出了本章的范围，但是简要看一下要素价格的变动却很有价值，部分是因为这可以作为此前对结构转变解释的检验（因为在理论上，数量和价格变动是相关的），而部分是因为这一问题的社会、政治重要性。

标准的 HO 预测是，贸易壁垒的减少将会有益于一国的充裕要素，而有损于其稀缺要素。因此，地租相对于工资，在土地富足国家应该会上升，而在土地稀缺国家则会下降；与此同时，在技术富足国家，熟练技术工人相对于非熟练工人，工资会上升，而在技术稀缺的国家则相反。由于缺少地租的数据，我们无法评估第一个预测的准确性。[①] 虽然可供比较的跨国、跨期工资数据也很稀缺，但是用于第二个预测的一般评估已经很多了。

根据预测，1985—2015 年间在技术富足的 OECD 国家，技术工人的工资相对非技术工人应该有所增加，尽管国际化的作用受到质疑。[②] 在其他地区，不同国家不同时期的结果各不一样，但也是技术工人相对非技术工人工资有所增加。[③] 发展中国家技术工人工资的相对上升有时也与 HO 预测相一致：一些发展中国家（以及 FSS 国家）的技术富足程度是高于世界平均水平的，而在土地稀缺的国家正式制造业部门的扩张增加了受过基础教育的工人的工资，使他们相对于那些受教育程度更低因而只能就业于农业、非正式部门的工人，能够获得更高的工资。但在大部分人都具有一定文化素质的土地稀缺的发展中国家，技术工人工资的相对上升与 HO 的预测相矛盾。

还有另外两个世界范围内的分配变动是标准 HO 理论无法解释的。其一是发达国家和部分发展中国家中收入最高的那部分人群的大幅收入提升

---

① 潜在的可供探索的数据源包括 GTAP（部门增加值的地租占比）、ICP（房屋租金）和世界发展指数（资源租金）。

② 例如，Cline（1997）、Wood（1998）、Edwards 和 Lawrence（2013）以及 Autor 等（2016）。

③ 文献综述可见 Anderson（2005）、Goldberg 和 Pavcnik（2007）以及 Harrison 等（2011）。

(Atkinson and Piketty，2010)。其二则是在拥有相关数据的大部分国家，非工资收入占 GDP 的比例大幅提高，即使在这段时间中利率经历了长期的下降 (Timmer et al.，2014)。

从发达国家转移制造业技术诀窍而发生的合作成本下降，对结构转变做出了贡献，而这也帮助解释了上述分配上的不一致性。因为在发展中国家新开设的这些制造业活动，尽管按发达国家的标准来看并非技术密集型的生产活动，但是在当地已经比经济的其他生产活动更为技术密集，从而提升了土地稀缺的发展中国家技术工人的相对工资（Wood，2002）。这些转移同时也为那些拥有技术诀窍的人群和企业带来了巨大的收益，这也成为高收入群体收入上升和非工资收入占 GDP 比例上升的推动力 (Anderson et al.，2006)。

然而，最具有实践意义的是要素价格变动与 HO 理论极为一致。尽管 Wood（1994）给出了明确的提前警告，OECD 国家的政府仍然没有采取再分配政策以弥补非技术工人的损失，最终导致了一场对抗全球化的政治反对浪潮。

九、愿景与政策选项

在 1985—2015 年期间，整个世界与禀赋相关的部门专业化模式都得到加强，原因是贸易成本和合作成本的下降。发达国家的制造业变得更为技术密集。发展中国家在总体上变得更为工业化，它们在世界制造业中所占的比重增加，但是这一进程集中于土地稀缺的东亚国家，尤其是中国。在土地富足的发展中地区，工业化发展停滞，甚至陷入衰退，而在土地稀缺的南亚国家，工业化则被低识字率、弱基础设施所拖累。

部门结构在未来会如何演变？这对于加速发展的政策寓意是什么？世界经济的前进方向在当前是不确定的，原因包括政治动荡、去碳化和自动化方面的

争议（Ford，2015），以及关于持续性经济停滞的担忧（Mayer，2016）。然而
HO 理论为分析提供了框架，其中部门结构取决于三个因素：各国间无法流动
的要素禀赋（技术、土地和劳动力）；不可流动要素密集程度在不同产品间的
区别；以及国际贸易的壁垒高度。上述因素的变动会导致部门结构发生清楚定
义的改变。

在这一模型中，贸易壁垒高度的变动将使世界经济从一种结构均衡转向另
一种，在调整期过去之后，将不会再有进一步的变动。在 1975—1985 年的停
滞之后，1985 年以来世界贸易占 GDP 比例上升的趋势在 2011 年后平息
（WTO，2015），这或许意味着全球自 1985 年开始的应对壁垒下降的结构调整
已经完成。[1]

政治反对浪潮可能会逆转政策壁垒下降的趋势，比如美国退出《跨太平洋
伙伴关系协定》（TPP）以及《跨大西洋贸易与投资伙伴关系协议》（TIPP），
尽管这种反转的幅度可能要小于 19 世纪第一波全球化后（Williamson，
1998）。然而，交通和信息技术将会不断得到改善，更大范围的服务将会变得
可贸易，而且在许多缺乏足够基础设施的发展中国家，还有巨大的降低非政策
壁垒的努力空间。全球经济结构会进而继续按照禀赋呈现强专业化态势，并且
朝着这一方向进一步深化，尽管或许不会太快。

基于禀赋的专业化，部门和生产细节将会发生不可避免的改变，且并不仅
仅是自动化的结果。如其他可供交易的资本品一样，各个国家在将来能够以差
不多的价格获得机器人，因此机器人本身并不能赋予一个国家对于另一个国家
的优势。然而，机器人能够通过改变某种商品的非流动要素密集程度而改变全
球在这种商品生产上的比较优势分布模式。例如，如果技术工人和机器人合作
能够比非技术工人更有效率地制造鞋子，制鞋业的比较优势就会从技术稀缺的

---

① 尽管贸易增速放缓也有其他原因，分析见 IMF（2016）。

国家转向技术富足的国家。而且,由于机器人自动化使得产品间技术密集程度缩水,自动化也会使国家间基于技术禀赋的贸易量缩水。

由于相对要素禀赋的变动,全球比较优势的现状也会转变,地区转变会较慢,但单个国家的转变会比较快。尤为重要的是,在未来十年左右,中国的相对技术富足程度将会上升,如同韩国和中国台湾在过去几十年中经历的那样。届时中国制造业的构成将会从劳动密集型的产品生产活动转向技术密集程度更高的产品生产活动,而这一切已经开始发生了。

这一结构转变将会使中国面临直接与 OECD 国家竞争的局面(后者已经专注于技术密集的制造业生产),且将会使世界技术密集型制造品的价格相对于劳动密集型制造品下降,与过去 30 年的趋势形成对比(Fu et al.,2012)。世界价格的这一变动将会降低 OECD 国家技术工人的工资(以及所有国家的技术工人相对非技术工人的工资)。然而,这一价格变动以及与它相关联的 OECD 国家制造业产出下降,将会被技术密集型产品的高收入需求弹性所抵消,甚至发生逆转(Caron et al.,2014)。

其他土地稀缺的发展中国家会占据由中国空缺出来的劳动密集型制造业空缺(Wood and Mayer,2011)。它们的制造业部门产出和就业占比,尤其是正式就业占比,相对初级生产活动将会上升(而且,世界劳动密集型制造品价格上升,或至少停止下降,非技术工人将会相对受益)。印度在基础教育、基础设施和其他政策上弥补失去时间的努力是否会使其接手中国此前的大部分制造业份额,抑或是其他国家获得了大部分份额,比如可能是其他南亚或东亚国家,或是撒哈拉以南非洲地区的土地稀缺国家,仍有待观察。

富国比穷国人口增长更慢,将会使二者的土地—劳动比更为接近(见图 3-2)。根据预测,到 2100 年,非洲和亚洲在这一比例上的巨大差距,将会下降三分之二(United Nations 合国,2015,表 1)。但是如过去的千年那样,各国土地—劳动比的差异将仍会是世界经济的基本特征之一(Wood,2003),而本章所讨论的土地稀缺国家与土地富足国家之间的相应部门结构差异也会持续。

通过提升专业化，国际贸易放大了这些差异，并使土地稀缺国家与土地富足国家在积累技术和资本的过程中遵循不同的发展路径（Wood，2003）。特别地，一个土地稀缺的国家开放贸易后，会经历在劳动密集型狭义制造业实现专业化的过程，而一个土地富足的国家则更可能发展初级产品加工业，不出口狭义制造品，直至该国达到更高的人均技术水平，而到那时，其制造业比较优势将会位于更技术密集的产品。

土地稀缺的国家一般比土地富足的国家更富有：简单跨国人均 GDP 对应人均土地面积的弹性约为 -0.2%，且在统计上显著，1985 年和 2014 年皆是如此。[①] 反向关系在控制了平均受教育年数之后消失了，表明土地富足国家之所以更贫穷，是因为它们的受教育程度更低。这并非巧合：在非技术密集的初级产品部门实行专业化，将会减少对教育的需求（Blanchard and Olney，2016）。这也是国家治理的质量对于土地富足国家的成功发展比对于土地稀缺国家更为重要的原因（Mehlum et al.，2006）。

图 3-7 给出的区域加权平均数给出了一个不同的印象。在 1985 年，土地富足的地区比土地稀缺的地区更为富有，到了 2014 年仍是如此。[②] 但是土地稀缺发展中地区更快的人均 GDP 增长速度缩小了二者之间的差距（而且使它们均按比例接近世界最富有地区，也就是土地富足 OECD 国家的水平，而这一现象在土地富足发展中地区均没有发生）。[③] 换个角度说，亚洲的快速增长是世界初级产品相对价格上升的原因之一，这使得土地富足国家的贸

---

① 这一关系对于人均收入差异的解释力很小，但其在不包括异常高或异常低的人均土地面积的国家时很稳健。

② 这一跨国模式反转的发生，部分是因为土地富足地区起初受教育程度更高，另一部分则是因为，在土地稀缺的国家中，更富有的国家往往在更小，而在土地富足的国家中，更富有的国家更大。

③ 与寻常关于"资源诅咒"的解释相对应。关于这一点，简明的文献综述和不同的实证角度，可见 Smith（2015）与 McMillan 等（2014）。

易条件以上述数据无法表现的方式得到了提升，进而受益，并且在未来会持续如此。

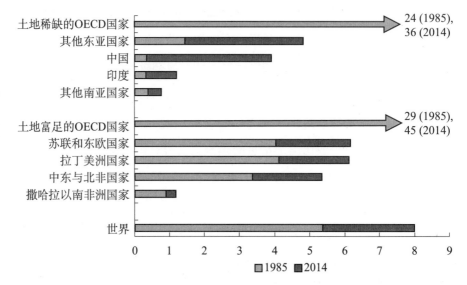

图 3-7　1985 年和 2014 年人均 GDP（2005 年不变价格，千美元）

注：数据来自联合国国家账户合计数据库。在最富有的地区（土地富足的 OECD 国家），人均实际 GDP 在 1985—2014 年间平均每年增长 1.6%。所有土地稀缺的发展中国家都超过了这一增长率（其他东亚国家 4.2%；中国 8.7%；印度 4.7%；其他南亚国家 2.4%），但是没有一个土地富足的地区超过这一增长率（FSS 地区 1.5%；拉丁美洲 1.4%；MENA 地区 1.6%；撒哈拉以南非洲地区 0.9%）。

图 3-7 还显示，土地富足和土地稀缺发展中国家的平均收入均远低于它们在 OECD 中对应的国家，要达到发达国家的收入水平，需要这两组发展中国家在许多同样的层面上实现提升。甚至是在贸易政策的领域，最优的实践也几乎是一样的：改善基础设施和减少非政策壁垒，支持出口商，避免严重扭曲的政策壁垒，非常谨慎地使用部门产业政策，警惕分配效应，尤其是针对穷人的分配效应。

然而，一些发展政策的细节，在两组国家当中确实存在不同（Wood，2003）。土地富足国家需要在供给侧做出更多努力以提高本国的受教育水平。

它们需要更多的人均基础设施，因为它们的人口密度更低。它们的训练和研究应该更加具有自然资源导向的特点，并且应该更注意减少土地拥有者和其他资产拥有者之间的不平等现象。在所有这些方面，以及它们各自优先事项的重叠领域，来自国际社会的明智援助将会同时使这两组国家受益。

第四章

构建公平有效的国际发展援助及合作体系 *

一、引 言

国际发展援助及合作（International Development Assistance and Cooperation，IDAC）指由发达国家或国际组织为欠发达国家或地区提供发展所需的资金和技术，以及援助方与受援方之间建立起合作关系，以促进受援方经济、政治、社会和环境等方面的发展。国际发展援助及合作的广泛兴起始于第二次世界大战后。以马歇尔计划为代表，美国对欧洲战后经济的恢复和发展提供了相应的资金和技术支持，以帮助欧洲各国快速走出战争阴霾。随后，国际发展援助逐渐演变为发达国家及国际组织对欠发达国家或地区提供发展援助资金并开展项目合作，以实现共同发展。其与人道主义救助的主要区别在于发展援助更加注重受援方的脱贫规划和长期发展，而不是短期的一次性救助。

---

　　* 作者简介：刘民权，北京大学经济学院教授，博士生导师，北京大学经济与人类发展研究中心主任，英国牛津大学博士，从事人类发展研究；张玲玉，北京大学经济学院博士生，专业为发展经济学。

目前，国际发展援助及合作的实施主体仍以政府和国际机构为主。经济合作与发展组织（Organization for Economic Co-operation and Development，OECD）下设的发展援助委员会（Development Assistance Committee，DAC）包括了 28 个主要援助方，提供各种官方发展援助（Official Development Assistant，ODA）。根据 OECD 的数据统计，2015 年其所涉及的发展援助总额达到 1 316 亿美元（包括提供给受援方难民的 120 亿美元救助），比 2014 年实际增长 6.9%，更比 2000 年千年发展目标设立时期的援助总额实际增长 83%。[①] 联合国关于发展援助的长期目标之一规定援助方投入的官方发展援助额应达到本国国民总收入的 0.7%。但目前，发展援助委员会下 28 个援助方所提供的援助额，平均而言仅占本国国民总收入的 0.3%。就绝对值而言，美国提供的发展援助总额最高，达到 310.8 亿美元。与官方发展援助相对，近年来，非政府机构（non-government organization，NGO）及民间社会组织（civil social organization，CSO）也逐渐在国际发展援助及合作的各项活动中发挥重要的作用。

由发达国家或国际组织向欠发达国家或地区提供援助不失为实现全球共同发展的一个重要工具。20 世纪 90 年代末，联合国设定了千年发展目标，涉及八个子目标：消灭极端贫穷和饥饿；普及小学教育；促进男女平等并赋予妇女权利；降低儿童死亡率；改善产妇保健；与艾滋病毒/艾滋病、疟疾和其他疾病做斗争；确保环境的可持续能力；全球合作促进发展。在实现全球共同发展的过程中，欠发达国家或地区需要发达国家或国际组织提供各种援助，包括用于基础设施建设的资金，受过合格培训的专业教师、医生和工程技术人员，以及发达国家在制度建设方面的经验等等。千年发展目标的实现过程，也是国际

---

① OECD. Development Aid Rises Again in 2015，Spending on Refugees Doubles. 13 April 2016. http：//www.oecd.org/newsroom/development-aid-rises-again-in-2015-spending-on-refugees-doubles.htm.

发展援助及合作体系逐步发展和完善的重要阶段。

进入 2015 年，联合国千年发展目标逐步被可持续发展目标（sustainable development goal，SDG）代替，国际发展援助及合作的实施途径也需随之调整。同时，中国、印度和巴西等发展中国家逐渐崛起，也开始在世界范围内提供发展援助与合作项目。但新兴国家实施发展援助及合作的模式相较于传统的由经济合作与发展组织发展援助委员会设定的援助模式发生了偏离，从而改变了世界范围内以西方国家为主导的发展援助及合作体系。随着互利发展、合作共赢格局的出现，南南合作的兴起，以及非政府机构和国际民间组织在国际发展援助领域的日益壮大，国际发展援助及合作的原有交付方式受到了冲击。加之在原有体系下的援助效率和公平问题一直受到诟病，新时期国际发展援助及合作体系在援助途径、交付方式及监督问责上都亟须改革和调整。

国际上关于发展援助成效的讨论，其评判标准涉及公平性和有效性两个方面。所谓公平性，广义上可指世界范围内的每一个国家或地区都平等地拥有发展机会并享受发展成果，因此在历史或现实因素导致各国经济社会发展差距悬殊的情况下，发达国家或国际组织有责任为欠发达国家或地区提供相应的发展援助，以保证人类的生存与发展权利在世界范围内得到共享；狭义上可指在援助方确定提供相应的援助资金与合作项目后，其分配需按一定的准则，根据受援方的发展水平和欠发达程度进行，将更多的援助给予最需要的国家和地区，从而保证每个欠发达国家或地区都能公平地享受到相同水平的经济社会发展成果。所谓有效性，广义上可指每一笔援助资金或每一个援助规划可在不同的援助途径之间进行选择，以实现其最佳效果，例如是主要通过改善受援方的政治体制，还是主要通过提高其基础设施以达到充分促进其发展的目的；狭义上可指在具体援助资金和项目的使用和运行过程中，需要在不同的援助交付方式之间进行选择，例如在多边援助方式和双边援助方式之间进行选择，以尽可能减少管理环节所耗费的成本，实现效益最大化。另外，交付方式常常对援助资金和项目的监督与问责机制有重要影响，而后者对援助资金及项目的效率又会直接起到作用。[①]

本章关于国际发展援助体系的讨论，主要针对援助的有效性，也就是主要涉及国际发展援助及合作中援助途径、交付方式和监督问责机制的问题，较少涉及公平性。对公平性和有效性概念的详细划分及对相关问题的讨论，可参见张玲玉和刘民权（2017）。

本章的主要观点是，需要在三个方面对国际发展援助及合作体系进行调整，以提高其公平性和有效性：首先，在援助途径的设定上，需要从以克服政府失灵和推进受援方政治改革为援助途径，调整到以依托受援方自身发展优势、促进其可持续发展为援助途径；其次，在援助交付方式上，需要从以双边援助为主导调整到以双边援助与多边援助相互结合，从以自上而下为主导调整到以自上而下和自下而上相融合的交付方式，提高民众的参与度；最后，在监督与问责机制上，需要大力树立援助方民众的所有权意识，同时加强受援方民众的受益权意识，结合有效的信息公开制度，建立高效的监督问责机制，提高发展援助中监督与问责的效率。下文第二部分主要对国际发展援助及合作体系的现状做简要分析，并对其中存在的公平但主要是效率问题做深入探讨。第三部分对援助途径调整、援助范围扩大、交付方式选择、监督和问责机制改进等方面提出具体建议。第四部分总结全文。

---

① 在讨论发展援助时，常常使用一些相区别而又相关的概念，如"援助途径""援助目标""援助方式""交付方式"等。无须对这些概念下千篇一律的定义。例如，在许多文献中，常把上文所说的"援助途径"称作"援助目标"，将"交付方式"称作"援助方式"。对相关概念的进一步阐述，参见张玲玉和刘民权（2017）。

二、国际发展援助及合作现状

(一) 援助及合作的途径

国际发展援助及合作的实施途径本身经历了一个不断演化的过程。世界范围内的发展援助起源于殖民国家对殖民地经济、政治及社会文化发展的扶植制度。第二次世界大战后，美国对欧洲国家的发展援助主要形成于西方国家内部，表现为意识形态相近的国家之间的发展援助与合作。冷战结束后，从 20 世纪 80 年代开始，国际发展援助的范围逐步突破了意识形态的限制。21 世纪初，在联合国千年发展目标的指导下，为实现到 2015 年使全球贫困水平下降到 1990 年水平的一半的发展计划，发达国家开始以消除贫困、实现全球共同发展为目标，向欠发达国家或地区提供发展援助及合作。

在消除贫困的实践过程中，有研究认为 (Unsworth，2005)，在欠发达地区，虽然政府和各级机构能够行使相关职能，但存在立法软弱、行政执行能力低下及无有效监督机制等限制条件，这些限制条件制约了这些地区的经济和社会发展。[①] 首先，国家管理制度的落后，会制约一国的经济活动，使其无法有效扩大，而且易产生对国外发展援助的强依赖性；其次，政治的腐败和机构的臃肿，会造成许多援助资金被机构运行所消耗，使得项目无法被有效地分配到落后地区；最后，无监督的政治体制会引起发展援助过程中的逆向选择问题，即落后地区政府为获得持续的援助而有意识地限制地区的发展。所以，改善受援方的政治制度与治理水平，是实现援助资金有效使用、合作项目顺利开展及

---

① UNSWORTH S. Can Foreign Aid Instruments Be Used to Enhance "Good Governance" in Recipient Countries? Global Economic Governance Programme，Working Paper，Number 18，2005.

地区经济可持续发展的前提。基于此理论，从 20 世纪 90 年代中期开始，发达国家和国际组织将提高受援方良好的治理环境和管理能力以解决贫困问题作为实施援助的主要途径，并且这被认为是实现联合国千年发展目标的关键。"这种'治理'一般指如何使得行政、立法和司法的条例、制度系统在整个国家的中央和地方政治体系中得到有效实施，以及这些制度如何使得国家与个体居民、民间社会和私人部门紧密相连"（Unsworth，2005）[①]。随后，来自发达国家或国际组织的援助及干预主要在受援方的公共部门和制度领域展开，以利于实现对受援方的政治改革。

有效的治理制度被认为可以使受援方的政治制度更加民主化，官方援助的资金被更有效地分配到最需要的部门，实现资源的有效分配和利用。然而，要通过援助实现政治治理和制度领域的改革，困难重重。

首先，要在政治治理和制度建设领域进行援助，需要对良好的治理体制这一概念进行界定。西方国家所认为的良好的政治治理制度一般依托于民主国家自身的政治体制和对韦伯式规范的复制。这种国际发展援助途径主要表现为完善受援方的公共管理和服务制度，包括对政府权力分散化及预算支出有效性的改革等。但实际上不同援助方对制度改革和民主化进程的定位并不明确，且对受援方变革的要求和涉及的领域过多，使得变革层面过宽，从而增加了变革的风险、执行的难度和所需的时间。

其次，由于一个地区所适用的制度形态一般根植于该地区的历史文化积淀并受限于经济发展水平，且受到民族性质和地理环境等多重因素影响，所以来自援助方的外部改革驱动力只能作为受援方政策改革的影响因素之一，往往不能起到决定性作用。例如，撒哈拉以南非洲的贫困问题主要根源于历史和地理

---

① UNSWORTH S. Can Foreign Aid Instruments Be Used to Enhance "Good Governance" in Recipient Countries? Global Economic Governance Programme, Working Paper, Number 18, 2005.

因素：农业技术落后、工业基础薄弱，加之艾滋、疟疾等传染性疾病在落后的
卫生条件下的肆虐，造成该地区有效劳动力的极大削减。而中东地区的贫困问
题则在较大程度上根源于该地区错综复杂的民族关系以及外部势力的介入。因
此，为解决非洲地区和中东地区的贫困问题，推进其经济发展和民主政治进程
的途径选择也将显著不同。Santiso（2001）分析了20世纪90年代世界银行提
供的旨在改善受援方政治环境和相关制度来提高援助有效性的一系列援助。他
认为，通过增加援助的附加条款直接干涉欠发达国家或地区政治制度并迫使其
做出政策调整的途径无法获得持续的政治改革效果。①

最后，也有学者认为，不少援助方并未意识到受援方的制度变革过程面临
的挑战是十分严峻的，需要长期的努力。因此，出现一些援助方对提供援助的
时间估计过短，对援助效果估计过于乐观等问题。而且随着援助时间的拉长，
援助资金的提供超出预期，援助方逐渐对援助项目急于追求短期的成果和回
报。这些会造成援助的实施途径选择并不符合受援方经济和社会发展的长期发
展趋势，从而降低援助的有效性（Birdsall，2004）②。

（二）援助及合作的交付方式

国际发展援助及合作的交付方式，根据援助双方涉及的国家和地区范围，
可以分为双边援助、多边援助或专项款项等。双边援助指一方直接针对另一方
所实施的援助及开展的合作。多边援助则指援助方将援助资金交予指定的国际
机构，例如世界银行（World Bank）、联合国开发计划署（United Nations
Development Programme，UNDP）、联合国儿童基金会（United Nations

---

① SANTISO C. Good Governance and Aid Effectiveness: The World Bank and Conditionality. Georgetown Public Policy Review，2001（7）.

② BIRDSALL N. Seven Deadly Sins: Reflections on Donor Failings. Center for Global Development, Working Paper，Number 50，2004.

International Children's Emergency Fund，UNICEF）等，或是交由其他国际性非政府组织（international non-government organization，INGO），由它们将资金分配给发展中国家及欠发达地区（见图4-1）。此外，专项款项也作为一种援助交付方式，一般指援助方将相关资金交由国际机构管理，由国际机构按援助方指定的用途把资金统一分配给受援方。

目前，国际发展援助的交付方式仍以双边援助为主。根据OECD数据库的统计结果，2015年世界范围内的官方发展援助总额达到1 554亿美元，而其中多边援助涉及总额仅为380亿美元，所占比例不足25%（见图4-1）。此外，我国对外援助及合作项目中有90%以上也是通过双边援助完成的。[①]

虽然在不同类型的援助交付方式中，双边援助和专项款项仍然占主导，但是在较长一段时间内国际上更提倡多边援助。这主要是由于双边援助被认为更多地受到援助方主导地位的影响，导致受援方在发展援助及项目合作中的平等地位得不到保证，从而制约受援方的经济和社会发展。具体而言，首先，大部分双边援助及合作项目都属于限制性援助（或带有附加条款的援助），即受援方在接受资金或优惠政策的过程中，需要按照援助方的要求，在其经济政策或制度建设方面做出调整。例如，有些附加条款要求受援方开放外资引入渠道，以至受援方的部分产业被提早推入国际市场与同类产品竞争；有些附加条款要求受援方为援助方在本地区内的企业提供政策倾斜，以至受援方企业的市场优势降低；等等。这些附加条款都会对受援方相关产业的发展造成不利影响

---

① 此外，根据发展援助资金及合作项目的接洽双方是政府机构和官方国际组织还是非政府机构和民间团体，也可以将国际发展援助及合作分为官方发展援助和非官方发展援助。官方发展援助的主要途径包括对外投资、贸易、汇款、民间资本流入及技术合作等；非官方发展援助的途径则主要包括通过民间团体、非政府机构与非营利组织等为欠发达地区提供资金和技术支援。据统计，2014年经济合作与发展组织下的发展援助委员会通过民间机构及非政府组织提供的援助金额只占总援助金额的5%~6%。因此，目前国际发展援助及合作仍以官方形式为主。

(Easterly and Pfutze，2008)①。其次，除了经济上的利益，在双边援助中援助
方也会根据政治利益，分配本国的援助资金和项目，以换取受援方对援助方在
相关国际政治决议中的支持（Boone，1996）②。此外，双边援助还有可能受到
参与方文化差异和政治倾向的影响。例如，部分援助方对贫困国家的援助会受
到两国历史因素或战争遗留的民族情绪的影响，政治敏感度高。受援方民众可
能不愿接受来自特定国家的援助资金和项目，从而阻碍发展援助的开展。

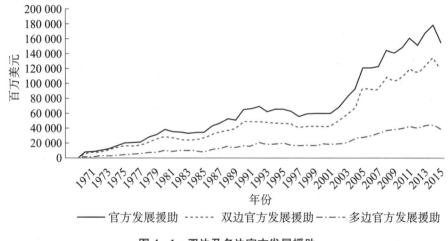

图 4-1　双边及多边官方发展援助

资料来源：OECD. Detailed Aid Statistics：Official and Private Flows. OECD International
Development Statistics (database). doi：10. 1787/dev-data-en (accessed on December，2016).

　　而多边援助则可以部分解决双边援助所存在的问题。理论上，多边主义在
一些方面有明显的优势：首先，通过将援助资金与合作项目交由国际机构执
行，可基于国际组织的专业评估，将援助资源分配到最需要的地区，实现共同

---

　　① EASTERLY W，PFUTZE T. Where Does the Money Go? Best and Worst Practices in Foreign
Aid. The Journal of Economic Perspectives，2008，22 (2)：29.

　　② BOONE P. Politics and the Effectiveness of Foreign Aid. European Economic Review，1996，40
(2)：289-329.

发展。其次，多边主义也有利于消除贸易性援助。国际组织可以从承接的援助项目中筛选出真正具有援助价值的项目，而不会产生为谋求"本国利益"在援助中掺杂无援助价值的项目的现象，从而有助于提高援助的有效性。总之，因为多边援助并不存在援助方与受援方面对面的交流，与受援方对接的援助主体是模糊的，所以不存在严格的援助方与被援助方关系。因此，多边援助有助于保证援助方与受援方之间平等的国际地位，部分解决双边援助中的有效性问题。

然而，以上观点很多是过于理想化的。对多边援助的批判有以下几个方面：首先，多边援助的资金和项目审批大多需要经过国际组织繁杂的流程处理，再进行二次分配，从而降低了援助的及时性。其次，在多边援助下，援助方对自己提供的援助资金的去向并不清楚，因而不能对援助资金的分配和援助项目的运营情况进行有效的监督和问责。多边援助也很难使援助方树立必要的所有权感来行使监督和问责权，导致大量未完成或管理不善的"白象"项目（指昂贵却无用的项目）的存在。例如，21世纪初，国际组织投入了大量资金，积极为乡村地区用电推广可再生能源技术，以提高电力资源的普及度并减轻资源耗竭的压力。但在实施过程中，该项目被证明由于缺乏有效的实施机制和具体的监督体系，最终收效甚微（Green，2004）[1]。最后，在多边援助过程中，多层次的项目外包和繁杂的申请考核程序也会降低援助的有效性。因此，由双边援助到多边援助的变革虽然能部分解决国际发展援助与合作过程中出现的问题，但也导致了其他问题。

（三）援助及合作的监督与问责

对国际发展援助及合作项目的大部分评估结果表明，相对于声势浩大的初

---

① GREEN D. Thailand's Solar White Elephants：An Analysis of 15 Years of Solar Battery Charging Programmes in Northern Thailand. Energy Policy，2004，32（6）：747-760.

期投入，发展援助的结果并不尽如人意。在联合国千年发展计划中，其消除极端贫困和促进世界各国共同发展的目标似乎也并未通过发展援助取得突破性进展。Easterly（2007）在他的研究中曾指出，"在过去的42年间，共有5 680亿美元的援助送往非洲，但非洲中部国家的人均GDP增长率却仍然近乎为零。接受援助最多的前四分之一的国家在这些年间几乎收到了相当于它们GDP总额17％的援助，然而它们的人均GDP增速仍然近乎为零。此外，基于大量救援资金和技术协助而取得成功的发展援助案例也很难找到⋯⋯"① 以上问题的出现，除了由于援助途径的不适宜造成许多无谓损失外，主要是由于援助资金的流向及合作项目的开展情况并没有得到持续的追踪，资金的使用情况无人问津，项目的实施结果也无人问责。

目前，国际发展援助及合作的监督机制主要由各执行组织内部成立的监督机构提供，而对于援助资金使用情况及合作项目实施结果的问责工作则主要由独立的第三方机构（independent third parity）进行。在多边援助下，国际上实施发展援助及合作项目的多边机构主要包括四个：联合国、经济合作与发展组织、布雷顿森林机构（Bretton Woods Institution）下的世界银行和国际货币基金组织、G20。② 以联合国为例，各机构受到联合国内部监督事务厅（Office of Internal Oversight Services，OIOS）和独立审计咨询委员会（Independent Audit Advisory Committee，IAAC）的监督和问责。联合国要求各机构递呈独立的外部评审报告，避免内部利益的相互关联而造成监督失误。而在双边援助下，各个国家都自行设立了援助机构，例如美国国际开发署（The United States Agency for International Development）、英国国际发展部（Department for Interna-

---

① EASTERLY W. Was Development Assistance a Mistake？． American Economic Review，2007，97（2）：328 - 332.

② KHARAS H. The Evolving International Architecture for Development Cooperation. The Brookings Institution，Working Paper，November，2011.

tional Development，DFID）等（Williamson，2009）[①]。各国的监督和问责机制则根据国内行政机构的设置而异。

但对于该体系能否保证为发展援助资金及项目提供有效监督和问责的问题，仍然存在争议。

首先，对于不同组织内部的监督机构，有研究表明（Wenar，2006），其职能履行情况较差。[②] 对于双边援助而言，资金使用和项目实施的目的性较强，监管过程较为清晰，但仍然存在内部监察不到位、由于私人关系网络造成监督不力的情况。对于多边援助而言，监督体制则面临更加严重的问题。有研究结果显示（Boone，1996），援助资金用于多边机构运营和规模扩大的比例很高，但没有得到相应的审查和监督。以联合国为例，虽然大量资金通过联合国下属机构被分派给贫困国家及地区，但援助效果并没有达到预期。联合国前秘书长安南在一次相关的世界峰会上就指出了这一问题。但他在没有真正关心资金的使用状况和项目的落实结果的情况下，仅呼吁加大对援助的投入，这一行为本身就反映出监督及问责机制都没有发挥应有的作用（Williamson，2009）。此外，由于联合国内部官僚主义作风泛滥，机构运营成本高而效率低，导致资金的浪费情况严重、项目的援助周期过长等众多问题，也没有得到相应的监督。而对于非营利组织和国际非政府机构来说，虽然它们不以营利为目的，但在提供援助资金和项目时没有同类竞争和市场选择的压力，也不对其他民众或机构负责，因而不利于监督和问责。

其次，对于外部评估和问责机制来说，由于国际上的多边援助机构在提供发展援助的过程中并不开展合作与协调工作，导致同一地区可能会接受不同国

---

① WILLIAMSON C R. Exploring the Failure of Foreign Aid：The Role of Incentives and Information. Review of Austrian Economics，2009，23（1）：17-33.

② WENAR L. Accountability in International Development Aid. Ethics & International Affairs，2006，20（1）：1-23.

际组织和不同途径的发展援助，使受援方得到的发展援助资金和项目重叠，评估和问责机制的执行较为困难。Easterly（2006）指出，不同的机构设定不同的援助准则，使得各个机构指定的问责机构无法建立专门的责任分配制度，责任的设定及评判也因过于分散而不利于操作。[①]

最后，监督机制的效果不明显，问责机制缺乏有力的支撑，造成了只关注援助的支出、不关心援助实施结果的情况。虽然过去的失误无人负责，但援助计划仍在不断扩大（Easterly，2006）[②]。正如 Williamson（2009）所指出的，国际发展援助及合作体系的评估标准并不能仅仅满足于对援助资金总额及合作项目实施数目的提高，更需要实现衡量标准由数量到质量的转变。而要做到这一点，若不建立有效的监督和问责机制，提高援助的质量就会变为一句空话。

综上所述，在当前国际发展援助及合作体系下，面临着对以政治治理为主要援助途径的调整、对以双边援助与多边援助相结合为援助交付方式的讨论、对无效率的监督与问责机制的完善等一系列问题。面对不断扩大的援助资金与逐步扩展的合作领域，迫切需要解决以上涉及的多方面问题，以提高援助资金的使用效率，实现合作项目的预期结果，以构建公平而有效的国际发展援助及合作体系。

三、构建公平而有效的援助及合作体系

（一）援助途径调整

为有效实现联合国千年发展目标，消除贫困并实现共同发展，基于先前研

---

① EASTERLY W. Planners Versus Searchers in Foreign Aid. Asian Development Review，2006，23（2）：1-35.

② EASTERLY W. The White Man's Burden：Why the West's Efforts to Aid the Rest have Done so Much Ill and so Little Good. New York，The Penguin Press，2006.

究认为完善欠发达国家或地区的政治治理制度是促进其经济和社会发展的前提，在援助途径的选择上，发达国家及国际组织一直将提高受援方的政治治理环境和管理能力作为援助的着力点。

但随后的事实表明，20 世纪末针对公共部门建设和政府机构改革的发展援助并没有取得预期效果，或仅在项目层面取得了较为温和的效果，但这些效果并未维持太长时间。例如，Bräutigam 和 Knack（2004）通过分析对非洲提供的发展援助的实施效果，认为通过提供大量且长期的援助来改善非洲落后地区的政治制度和治理方式的想法过于理想化。由于逆向选择以及对援助的高依赖性等原因，提供发展援助反而降低了非洲地区的政治治理水平，削弱了这些地区实施制度改革的动力。[1] Charron（2011）检验了在 20 世纪 90 年代基于反对地方政府腐败问题所提供的国际发展援助及合作的实施效果，也发现效果并不尽如人意。[2]

这是由于，一方面，通过治理制度变革解决欠发达国家或地区的贫困和发展问题，需要援助方在设定受援方的政治改革方向时，对其发展水平、政治环境及文化遗产等众多影响因素进行深入分析，以确定援助所能涉及的制度范围和改革力度。如果可以借助受援方内部的改革趋势，则取得的效果会更显著（Unsworth，2005）。另一方面，政治制度作为上层建筑，其发展可以滞后于贫困治理和经济发展，因而政治的腐败可能并不是引发欠发达国家或地区贫困的主要原因。基于此，援助方鼓励的政治制度变革会仅作为影响受援方经济社会发展的外部驱动因素之一而收效甚微。

因此，在援助途径的选择上，发达国家或国际组织不应仅致力于改善受援

---

[1] BRÄUTIGAM D A, KNACK S. Foreign Aid, Institutions, and Governance in Sub-Saharan Africa. Economic Development & Cultural Change，2004，52（2）：255 - 285.

[2] CHARRON N. Exploring the Impact of Foreign Aid on Corruption：Has the "Anti-Corruption Movement" Been Effective？. The Developing Economies，2011，49（1）：66 - 88.

方的政治治理制度，而应以促进经济发展及改善社会福利为中心，依托受援方的具体情况，以更直接的途径从多方面促进受援方的经济和社会发展，提高援助的有效性。具体而言，援助途径可以涉及：帮助受援方调整经济发展方向、完善基础设施建设、发展公共福利部门、提高人力资源的开发和利用、促进地区经济发展及全球经济发展的供应与输出链整合等众多方面。以我国的对外援助为例，所有涉及商业投资的许可、与贸易相关的优惠融资政策，甚至文化交流项目都可以作为可选择的援助途径 (Chin and Frolic, 2007)[①]。

(二) 援助范围扩大

2015 年，联合国千年发展目标由可持续发展目标取代。可持续发展目标涉及 17 个不同的领域，要求从 2015 年到 2030 年间以综合方式有效解决社会、经济与环境三个维度的发展问题，使各国转向可持续发展道路。因此，谋求世界共同发展所涉及的领域和范围进一步扩大。此外，随着新兴国家如中国、印度、南非等国也开始在世界范围内以新的模式向欠发达地区提供援助，援助方的实施主体也进一步扩充。

首先，针对援助涉及的范围，目前并没有统一的观点表明实现贫困地区可持续发展的着力点在哪里。新兴的关于能力发展的研究认为 (Lucas, 2013)[②]，致力于能力发展的援助是在可持续发展的要求下，更好地结合受援方的发展潜能和资源优势，保证援助及合作的有效性的途径。它不仅涉及对技术及专业知识的转移，也包括对受援方的组织结构、部门设定、系统规范、基础建设及环境保护等多方面的参与。然而，对能力范围的限定仍需要对受援方的发展做全

---

① CHIN G，FROLIC R M. Emerging Donors in International Development Assistance：The China Case，2007. Ottawa：International Development Research Centre。

② LUCAS B. Current Thinking on Capacity Development. GSDRC Helpdesk Research Report，2013.

面的了解，强调对受援方的综合实力的测度，保证援助的有效性。

其次，就援助主体范围来说，援助方由发达国家主导对发展中国家实施援助，扩大到发展中国家之间的发展合作，即南南合作，其合作互利的途径选择使得援助方与受援方的地位逐渐平等。发展中国家的利益呼声能够得到包括其他发展中国家在内的国际社会的关注，这种话语权的分散化使得国际发展援助及合作目标的设定更加全面。此外，由于部分新兴的发展中国家在当前的国际发展援助体系下既为受援方也为援助方，在吸取发达国家的援助经验与教训的基础上，结合自身作为受援方的经历，能够做到更加了解受援方的真实发展需求，并依托该优势开拓新的国际发展援助及合作途径，这同样有利于提高援助的有效性。例如，我国的被部分研究称为新兴超级权力模式的对外援助模式、以南非为代表的地区权力模式和以阿拉伯国家及韩国为代表的中级权力模式等不同的发展援助及合作模式，都被广泛讨论。①

（三）交付方式选择

针对国际发展援助从双边援助为主导到双边援助与多边援助相结合的过程中仍存在的具体问题，在援助资金及项目的分配和执行方式的选择上，可以通过结合使用自上而下和自下而上的交付方式来解决。要确保发展援助资金的有效使用与发展合作项目的有序开展，这两种方式都不可或缺。

首先，采用自上而下的方式，即由援助方政府或国际组织主导，根据援助方对受援方经济发展所处阶段和所需技术水平的判断，为受援方确立优先援助项目并提供资金及技术支持。当前国际发展援助及合作的交付方式（尤其是多边形式的）普遍采用自上而下的方式。然而，这种自上而下的援助交付方式仍

---

① KONDOH H. Convergence of Aid Models in Emerging Donors? Learning Processes，Norms and Identities，and Recipients. JICA Research Institute，Working Paper，Number 106，2015.

存在问题。这主要是因为援助方对受援方的实际情况并不清楚，而自上而下的交付方式有可能使得受援方的真实需求和偏好不能准确地传导到援助机构，发展援助资金与技术合作项目的流入并不切合受援方的实际发展情况和真实需要。其次，结合自下而上的方式，即在援助过程中广泛地发挥援助方与受援方民众的积极性，通过民间组织、非政府机构以及社区组织，将双方的民众吸纳到国际发展援助及合作的体系中，有助于解决援助过程中产生的相关问题，提高援助的有效性。

具体而言，结合自下而上的方式有以下优势：

第一，在项目设计方面，受援方民众的参与，可以让援助方更好地了解受援方的发展真正需要解决的问题，使援助更加切合受援方的发展需要。虽然基于发达国家的发展经验，可以部分地确定欠发达地区所处的发展阶段以及所面临的发展难题，但援助机构仍然会缺少对地区特殊性的了解。而援助方案应该是基于受援方的实际需求和发展条件量身定制的。因此，自下而上的援助交付方式使得援助方在纳入民间诉求后，能够更清晰地识别受援方民众的发展偏好，从而提高援助的有效性。Sayanagi 和 Aikawa（2016）基于日本和肯尼亚的两个发展援助项目数据，用实证方式证明了成功的国际发展援助案例是与受援方民众的自我选择激励分不开的，只有依托受援方居民的发展意愿和民间力量，才能更好地保证援助的成功。[1]

第二，在具体执行过程中，自下而上的方式可以让受援方的公众充分参与到援助项目中来，利用根植于本土的民间智慧，达到事半功倍的效果。对于不同欠发达国家或地区而言，其发展的限制因素会有显著的差异，而国际援助组织对不同地区发展过程中的具体情况不可能会有深入了解，因而需要本地民众

---

[1] SAYANAGI N R，AIKAWA J. The Motivation of Participants in Successful Development Aid Projects：A Self-Determination Theory Analysis of Reasons for Participating. JICA Research Institute，Working Paper，Number 121，2009.

和民间组织的参与协作，解决在项目实施过程中出现的具体问题，包括技术层面的。Diallo 和 Thuillier（2005）的研究发现，多边援助组织的项目执行管理人员以及所在国家的政府官员在具体项目的实施过程中，需要与地方的项目承接团队有良好的沟通和交流，因为本土建设团队更了解地区的发展趋势和项目评估体系。不同文化背景下的利益相关方需要相互信任和合作，才能保证援助项目的成功开展。[①]

综上所述，为确保民众的有效参与，实现自上而下和自下而上方式的有效结合，授权体制的建立是重要的一步。授权给受援方民众选择地区发展模式的自主权，有助于确保发展符合受援方民众的意愿，促进其生活条件的实质改善（Fernando，2012）[②]。这一方式又被称为益贫式增长。社会运动可以是一种帮助居民表达特定利益和政治诉求的方式，引导居民通过民间组织与社区机构等途径参与到发展援助中，为消除地区贫困贡献一份力量。这需要社会公共部门的发展为地区居民和社区的需求量身定制。同时，援助方也可以提供相关援助，支持民间组织和机构运行，将权力赋予受援方的民众（Fernando，2012）。但社会运动作为一项长期的议题，需要与受援方各个层面的发展水平相结合，且赋权的过程会涉及一定程度的政治制度变革，需要适应地方改革的进程，不能一蹴而就。

（四）监督和问责机制改进

为提高国际发展援助资金的使用效率和项目的实施效果，需要强有力的监

---

① DIALLO A，THUILLIER D. The Success of International Development Projects，Trust and Communication：An African Perspective. International Journal of Project Management，2005，23（3）：237 - 252.

② FERNANDO P. Working with Social Movements. Poverty Reduction and Pro-Poor Growth：The Role of Empowerment，2012（14）：238 - 251.

督和问责机制来保证对资金运行及项目开展情况的严格考核与责任追究。基于对监督体系和问责机制的现状分析和问题探讨，改革措施具体可以分为内部监督机制的改革和外部问责机制的改革两种。

内部监督机制的改革主要涉及援助机构内部的体制变革。首先，内部监督机制的改革需要在实施方式上进行变更。以联合国开发计划署基于结果的项目管理方式改革为例。联合国要求开发计划署在提出援助项目时，提交对项目的详细分析和发展计划，进而做出援助决策，并对实施结果问责。在预算上也要采用成果预算办法，保证监督机构在资金审查过程中不涉及利益上的相关性，从而保证有效的监督。其次，内部监督机制的改革也需要在运行过程上进行变更。具体包括对管理部门体系的调整，对臃肿执行部门的裁撤与合并，以缩短运行时间，提高执行效率，改善监督体制。最后，提高机构运行及管理过程的透明度，公开相关信息，以保证机构监督体系的实施效果。[①]

外部问责机制的改革则分别针对援助实施主体和外部监督主体。首先，对于援助实施主体，需要对援助机构的援助范围重叠问题做出调整。在同一个受援地区，杜绝出现多重援助机构提供重复帮扶的情况，确保世界范围内所有需要援助的地区都平等地得到援助，同时也可以节约有限的援助资金，提高援助的有效性。各地区的发展援助由确定的援助机构负责，有助于明晰发展援助过程和结果的权责。其次，就外部问责机制的监督主体来说，应该引入更广泛的利益相关方，而不能局限于委任机构外部的董事会成员或由机构自身委派的第三方监督机构为问责主体。这是因为，一方面，由于传统的机构外部问责主体有限，并不能对繁多的发展援助资金及项目进行逐一审查，而多数由机构指定的外部董事会成员所能发挥的监督作用也有限；另一方面，部分援助机构由于

① UN GENERAL ASSEMBLY. Implementation of Decisions Contained in the 2005 World Summit Outcome for Action by the Secretary-General：Comprehensive Review of Governance and Oversight within the United Nations and Its Funds，Programmes and Specialized Agencies，2006.

受到出资方利益的影响，主要对提供资金的机构负责，而并不对受援方的发展负责，造成援助并不符合受援方的利益。因此，为扩大外部监督主体和引入更广泛的利益相关方，可采取的主要方式包括引入监督激励和公开援助信息两个方面。

对于援助方来说，由于大部分官方援助资金来源于援助方民众的税收，需要援助方民众建立对援助资金和运营项目的所有权意识，促使他们自发运用监督及问责的权利。一旦出现援助资金使用不当或合作项目失败的情况，每位援助方的纳税人都有权对实施援助的相关方问责。此外，援助方的媒体在这方面也能起到及时发现和传播相关信息的关键作用。最近英国的《泰晤士报》就在这方面起到了积极的作用，该报揭露了英国大量对外援助资金被浪费在了名目繁多的高昂的专家咨询费用上。①

对于受援方来说，国际发展援助及合作体系下的受益人也广泛存在。援助项目的成功会使得每一位项目区居民的生活条件得到改善。因此，提高受援方民众对援助项目的参与意识，使他们建立对援助成果的受益权意识，形成受援方民众对发展援助资金及项目进展情况的自觉监督，将是关键之举。

以上援助方和受援方民众参与的重要前提是，相关信息得到有效公开和及时更新。当前日新月异的信息科技使得公共监督成本变得相对低廉，国际机构对数据的公开也有助于对援助资金和项目监督的效率提高。此外，对于信息更新问题，也需要各机构内部制度的进一步调整，确保及时、真实地公开信息。以经济发展与合作组织下设的发展援助委员会为例，其建立了近乎完整且横纵向可比的发展援助数据库。这些数据库作为世界范围内的公共信息，可以帮助不同援助机构进行分析和决策，有利于提高透明度且便利监督和问责。

---

① 见 2016 年 12 月 8 日的《泰晤士报》，http://www.thetimes.co.uk/edition/news/consultants-take-billions-from-foreign-aid-budget-hw7b6bk3f。

四、结　语

　　构建公平而有效的国际发展援助体系，首先需要对国际发展援助及合作的实施途径进行调整。虽然欠发达国家或地区政府职能的非有效性会阻碍地区经济的发展和社会的进步，但由发达国家或国际组织设定的以政治体制改革为主要途径的援助，实施结果并不理想。原因在于不同国家的政治制度根源于其历史发展轨迹，同时受到经济和社会发展水平等多重因素影响，而由援助方提供的外部变革压力只是其中一种影响因素，而且往往不能起到决定性作用。因此，近期实施的发展援助已开始冲破先前对援助途径的限制，部分发展中国家崛起而成为援助方也为发展援助提供了新模式，发展援助及合作的途径选择已开始变得多样化。

　　其次，如何将援助资金分配到受援地区并保证援助项目的有效开展，涉及援助交付方式的选择问题。目前，迫切需要转变已有的援助交付方式。这是因为，当前以双边主义为主的交付方式，大多通过附件条款为援助方谋求经济和政治利益，导致援助并不切合受援方的发展情况。对多边援助的提倡似乎可以解决双边援助出现的问题，但也不尽然。这主要是因为多边援助过程中存在的官僚主义、繁杂的流程和重叠的职能，降低了援助的有效性。同时，需要在援助过程中兼顾自上而下与自下而上的援助模式，使两种模式有益地结合起来，以充分发挥公众、民间组织和非政府机构的重要作用，更好地反映受援方民众的真实意愿和诉求，以及更好地结合他们之中存在的智慧和潜力，克服官方援助中常见的无效率分配问题，提高援助的有效性。

　　最后，在援助的监督和问责机制上，迫切需要把援助方与受援方的相关民众纳入对援助的监督与问责体系中来。而要做到这一点，既需要在受援方民众中树立对援助及合作成果的受益权意识，也需要在援助方民众中建立对援助资金和项目的所有权意识。可把发展援助作为一种社会运动来加以开展，以充分发挥民众的积极性。此外，信息公开制度的确立与改革也是完善监督和问责体制的重要前提。

基于本章的分析可以看到，当前国际发展援助及合作体系面临着重大的挑战和改革任务。虽然部分观点并不一定能被目前的援助机构所接受，但我们相信，随着时间的推移，国际发展援助及合作体系必将在援助途径、交付方式和监督与问责机制上都迈入一个新的阶段。

第五章

绿色国际援助的发展及我国对策*

一、绿色国际援助的产生、发展和现状

（一）可持续发展、绿色增长、绿色援助等概念的产生和发展

1. 可持续发展的现实背景和经济学理论基础

可持续发展这一概念来自世界环境与发展委员会 1987 年著名的报告《我们共同的未来》。该报告认为：可持续发展是既能满足我们现今的需求、又不损害子孙后代需求的发展模式。可持续发展有三个重要组成部分：第一，环境因素；第二，社会因素；第三，经济因素（WCED，1987）。

环境因素在可持续发展中占有重要地位。这是因为最近几十年以来，新老工业化国家持续工业化的一个负面效应是使全球温室气体排放的整体规模接近地球对温室气体承受能力的临界值，从而导致各种自然灾害频繁发生，如大面积雾霾、饮用水污染、土壤重金属化、洪涝、干旱、极地冰川融化和海平面上

　　* 作者简介：夏庆杰，英国巴斯（Bath）大学博士，北京大学经济学院教授，北京大学经济与人类发展研究中心主任。曹峥，美国乔治敦大学 McCourt 公共政策学院国际发展政策专业在读研究生。本章的研究受中国国际扶贫中心 2014 年研究项目"包容性绿色增长背景下的国际发展援助新变化"和 2014 年度国家社会科学基金重点项目"使市场在资源配置中起决定性作用和更好发挥政府作用研究"（批准号：14AZD010）的资助，在此表示感谢。文责自负。

升等。对经济和发展的最直接的影响则是随着环境变化，经济增长成本上升，人类的生活质量持续下降。

经济发展的全球化趋势使个别国家无法在发展中独善其身。从经济学的角度来看，环境是一种非常纯粹的公共产品。大气污染、水污染，特别是气候变化引致的自然灾害，根本无法依靠单个国家的能力解决。环境的公共产品属性也决定了私人部门既缺少解决环境问题的能力，也缺乏解决环境问题的动力。因此，国际协作便成了可持续发展的必要条件。国际援助方向也因此随着援助方本身经济发展方式的变化而逐渐开始变绿。对发展中国家而言，在解决社会和经济问题的同时，环境问题也是一个不可分割的部分。对世界经济整体而言，发展中国家重走某些发达国家先发展、后治理的老路既没有效率，也没有益处。同时，因为环境的公共产品性质，创建一个有利于绿色增长的全球性架构需要加强国际合作。加强全球公共产品管理的各种安排，尤其是有关生物多样性和气候变化的安排，是解决环境问题的关键。

世界各国深知国际合作对于可持续发展，特别是对于环境因素的重要性，因此召开了一系列国际会议来促进环境发展方面的合作。其中最重要的会议包括：1982 年的内罗毕会议，1987 年的批准《我们共同的未来》的联合国大会，始自 1992 年的三次里约会议，以及 1997 年的京都会议。这些会议制定的关于绿色发展的策略和指标，构成了绿色增长和绿色援助发展的里程碑和指导原则。

2. 绿色增长

绿色增长是可持续发展中的一个重要概念。按照 OECD（2013）的定义，绿色增长系指在确保自然资产能够继续为人类幸福提供各种资源和环境服务的同时，促进经济增长和发展。为此，必须促进投资和创新以便为持续增长提供支持、为经济发展带来新机遇。绿色增长是在发展经济的同时降低污染水平和温室气体排放、最大限度地减少自然资源的浪费和低效率使用、保持生物多样性以及减少对化石类燃料的依赖，从而提高能源安全和人类健康水平。

联合国环境规划署、OECD、亚太经合组织、世界银行等国际组织推动制定了绿色增长战略，并建立了一个可操作的政策框架，旨在足够灵活地适应不同国情和发展阶段的需要。按照 OECD（2011）的定义，绿色增长包括两大政策框架。第一套政策框架包括既能加强经济增长又有助于保护自然资本的广义框架性条件。其中包括实现资源配置效率最大化的财政和环境监管等方面的税收和竞争政策。这是人们常说的那些能为环境和经济同时带来好处的经济政策议程。除此之外，还应附加上创新政策。如果各方希望更节俭和更有效地使用自然资源，就必须高度重视这些发明创造。第二套政策框架包括那些鼓励有效利用自然资源和加大污染成本的各种政策，其中包括以价格为基础的工具和其他政策工具。但是，受政治和法律因素的限制，国际援助对受援方的财政和税收政策难以产生重大影响，因此绿色援助所能发生作用的领域更多地是在注重鼓励技术创新、有效使用自然资源和控制污染等方面。

OECD（2011）认为，在此框架下，绿色增长政策与减贫目标的匹配很重要。绿色增长与减贫之间具有重要的互补性，可帮助向前推进千年发展目标。例如，政策框架中包括为人们带来更有效的基础设施（例如，水和交通）、减轻与环境恶化有关的不良健康问题、引进能够降低成本和提高生产力的高效技术，同时减轻环境压力。自然资源在发展中国家特别是低收入国家的经济中起着核心推动作用，因为生产制造和农业都更多地基于自然资源。如果自然资源被破坏，低收入国家的处境会随之恶化。因此绿色增长政策可减少这些国家面临环境风险时的脆弱性，着重加强穷人的生计保障。同时因为环境的公共化，以及工业化国家在发展进程中产生的存量污染等，发达国家应该承担起全球环境保护的责任（Barbier，2009）。

3. 绿色援助

与绿色增长相关的援助即为绿色援助。1992 年里约会议后，发达国家援助者开始注重与环保相关的援助,但是援助方和受援方对环保援助的重点有所不同。发展中国家希望得到解决实际环境问题的援助项目,而援助方的目的除了针对环境和经济发展外,还有推行其价值观及国家策略的考虑。

除了援助基本目的的不同之外,目前生态援助最大的障碍还是贫困(Li,2013)。援助方和受援方的政策制定者及经济学家都清楚知道环境的可持续性决定经济发展的力度,牺牲生态环境的发展是不明智的。由气候变化引起的自然灾害对贫穷国家和贫民危害重大。但是由于教育认知和生活压力,发展中国家的民众难以清楚地认识到环境对其生活的负面影响,因此不会因为环保而牺牲发展及消费。在发展中国家,经济发展和绿色工业、生态旅游方面存在更多的挑战。生态和经济发展会有重大矛盾,因此政府和援助机构的积极介入必不可少。受援方在制定政策时,必须考虑减轻气候变化的不利影响和如何适应气候变化,并通过各种层次的教育和推广措施,使这些政策和措施能在现实生活中达到应有的效果。

(二)千年发展目标和后千年发展议程

除《我们共同的未来》这一重要提纲外,另外一个对绿色援助发展有重大推动作用的里程碑是"千年发展目标"。2000年9月,秉承过去十年中重要的联合国会议和首脑会议的精神,全球各国首脑在纽约联合国总部举行了会晤,并表决通过了联合国《千年宣言》(United Nations,2000)。各国承诺将建立新的全球合作伙伴关系以降低极端贫穷人口的比重,并设立了一系列以2015年为最后期限的目标,即"千年发展目标"。千年发展目标的第七项为确保环境的可持续能力。针对这一目标,联合国制定了发展进度和衡量指标。这些都成为绿色援助的风向标。

尽管8个千年发展目标中的3个(消除贫困、贫民窟、解决饮用水问题)

会在 2015 年得到实现，但是依然有更多的目标有待实现。为此，联合国提出了后千年发展议程。该议程主要有：不平等、健康、教育、增长与就业、环境可持续发展、治理、冲突和脆弱、人口变化、饥饿、食品和营养安全、能源、饮用水。其中环境可持续发展、食品和营养安全、能源、饮用水等议程与国际绿色援助相关。[①]

与千年发展目标制定时不同的是，以中国、印度、巴西为代表的新兴国家经济的崛起使得美国和欧洲等主要国际援助方的 GDP 下降到不足全球总额的 40%。G20 已经取代 G8 成为处理国际危机和提供国际援助的主要机构。因而后千年发展议程必须反映这个巨变。换句话说，后千年发展议程既要反映传统援助方的意愿，也要考虑新兴国家的想法（von der Hoeven，2012）。

后千年发展框架需要更多地考虑环境和能源消费问题。在 2012 年联合国可持续发展会议（里约＋20 会议）上，全球可持续性高级别论坛（The High Level Panel on Global Sustainability）提出了一系列问题，其中两个与直接环境问题相关：（1）目前的市场规则既鼓励短期目标，又不利于长期可持续发展投资；（2）目前的经济发展模式正在把人类推向自然资源和地球生命支撑体系的极限。该高级别论坛建议：第一，各国政府应该采用超越简单 GDP 的经济表现指数，转向测算经济可持续性的指数；第二，各国政府还应该改革金融市场的管理规则，其目的是鼓励长期稳定的可持续性投资；第三，逐步减少破坏环境的补贴，并在 2020 年彻底消除这类补贴（von der Hoeven，2012）。

2011 年全球检测报告声明千年发展目标中关于环境可持续性和生物多样性的第七款目标不明确（World Bank，2011a）。斯蒂格利茨-森-菲图西（SSF）委员会提出了测算可持续性的一些方法，如校正 GDP 指数，设计可用

---

① http：//www.undp.org/content/undp/en/home/mdgoverview/mdg_goals/post-2015-development-agenda/.

于测算我们目前在多大程度上过度消耗资源的指数（Stiglitz et al.，2010）。
von der Hoeven（2012）认为可持续性估计不应该以国别为基础，因为环境问题是全球性的，因而每个国家对全球可持续性的贡献或破坏都应该被估计出来。

与千年发展目标相比，后千年发展议程更加重视新兴国家如中国等对国际援助的意愿和贡献，也更加注重环境问题，并指出环境问题是国际合作才能应对的国际公共产品。

二、绿色国际援助的范围、方式、特点

（一）绿色国际援助导致的援助方式变化

按照 OECD（2012）对与环境（绿色）相关的援助的定义，绿色援助活动分为两类。第一类为以绿色为主要目标的项目，明确以环保为目的，例如森林管理系统建设项目。第二类为以绿色为重大目标的项目。环保虽然不是首要目的，但也是重要目的。绿色援助除了考虑环境因素外，还必须考虑受援方的机构建设和能力开发。包括加强环境立法、制定环境政策和成立促进环境保护的专门机构。目前的主要绿色援助项目有：水供应和公共卫生项目，能源制造和供应项目，公共交通项目，以及农业和林业项目（OECD，2012）。

Figaj（2011）认为，决定绿色援助的最重要因素是经济发展、贫困水平及环境因素，而民主化程度、政府效率、殖民历史等反而不再是关键因素。这是因为目前援助发展方向在转变，比如绿色援助所需资金量大，在实施过程中对财政、行政及技术体系要求高；绿色援助以优惠贷款发放的形式居多，受援方的偿还能力是考虑重点；对政治因素考虑的降低也是援助发展的潮流之一。

（二）绿色国际援助成功的条件及绿色国际援助的新特征

援助方和受援方国家可以分为核心国家、外围国家、其他国家。核心国家为提供援助的发达国家，外围国家为接受援助的发展中国家，而其他国家为上述两种国家之外的所有国家。在以往三种类型国家的关系中，核心国家占据决定性地位，且与外围国家存在直接互动。然而，各种类型国家之间缺失多样化的互动关系，这种缺失严重影响了援助的效率和效益。

1. 绿色国际援助成功的条件

援助方和受援方也一直在总结援助的成功及失败原因。Wajjwalku（2007）认为援助是否能够成功的重要因素包括三个要点：第一，受援方的发展目的与援助方的援助目标是否相容；第二，受援方和援助方是否对项目的执行方式方法达成共识；第三，受援方对援助项目的问责机制和本地化参与程度的高低。

在 Wajjwalku（2007）看来，在援助项目进入具体操作过程中，上述条件很难得到满足或者得到全部满足。由此产生了援助过程中的三类重大矛盾。第一，由于援助方和受援方未就援助项目的目标达成一致，从而导致双方的目的都难以达到。第二，由于援助项目往往是无偿的或者优惠的，因此很难达到与商业活动类似的有效性。同时，因为援助双方均期望达到利益最大化，因而往往忽略援助目标本身的实现。第三，受援方缺乏实现援助目标所需要的经济资源、人力资源以及合理的社会体制，因而援助项目结果无法达到援助计划的要求。针对这三类主要矛盾的解决方案都必须根据它们各自产生的具体原因来制定，需要援助方和受援方两个方面的配合和行动。

就援助目标而言，援助方需要和受援方充分沟通和协调，保证援助目的可靠并有持续性，政策制定和实施能够满足双方的要求，特别是受援方的要求；就体制改进而言，受援方需要逐步改善自身环境，以提高接受的援助的效率。这些改善需要覆盖治理能力、政治透明度以及政策制定和实施效率。特别需要关注的是，从协助发展中国家发展的角度而言，援助的另外一个重要目标是尽量降低受援方未来对援助的依赖性（Wajjwalku，2007）。

第二次世界大战以后，国际援助工作的范围和规模都在上升。但是就援助效果而言，远非成功可言。西方有多个学者认为，国际援助多年的实践效果证明了援助并未达到其初始目的，主要原因就是以往多数援助没有满足上述提到的援助成功的三个条件（Wajjwalku，2007）。

2. 绿色国际援助的新特征

与传统的援助相比，绿色国际援助的目标在援助目的、援助规模、援助时间、技术要求、财政保障等各方面都有极大不同。就援助目的而言，绿色国际援助项目针对的是气候变化、环境保护、农业生产技术提高、新能源应用等，经常需要国际合作和跨部门协调，而不是少数援助资源和少数部门就能完成的任务。如何确认援助目的是否能够实现也是一个挑战，这是由于针对气候变化等目标的客观标准尚未成形。尽管绿色国际援助项目的效应评估已经开始推广，可是到目前为止还没有一个非常良好及公认的援助结果评价体系。与人道主义和自然灾害救助不同，绿色国际援助项目需要长时间才能显现效果。例如，在 2010 年开始的摩洛哥太阳能发电项目中，援助贷款的期限长达 30 年（World Bank，2011b）。如何对这样长达 30 年的援助项目进行支持、监控和评价都是以往的援助项目所未曾涉及的，因而这是一种全新的挑战。

就技术要求而言，绿色国际援助项目会涉及大量的技术和设备。例如，上述摩洛哥太阳能发电项目对光伏发电和输变电的技术就是如此。对发展中国家而言，此类从研发到实施的技术门槛都是很难独立完成的巨大考验。绿色技术可以说是实现绿色援助的支柱之一。国家政策和私人部门利益是绿色国际援助中技术转让和知识产权转让的主要障碍。这是一个已经讨论了 50 年的难题，但迄今为止仍未能够获得重大突破，也是未来各个国际会议迫切需要解决的问题。就援助金额而言，实现气候变化、绿色农业等项目所需资金量远远超过普通援助项目。樊胜根（2010）认为："在全球、地区、国家层面，必须有强大的机构和管理方式来支持上述有关财政方面的承诺，并以及时、透明的方式进行监督。这将有助于建立问责制，并提高政府和捐赠者的道义责任感，促使其兑现诺言。"

3. 援助方和援助路径的多元化

Young 等（2001）研究了由国际组织"全球环境设施"（Global Environment Facility）资助的津巴布韦和印度的工业化程度最低的社区环境保护项目，这两个项目旨在保护生物的多样性，同时也考虑到参与式的农村发展问题，然而这类发展项目受到当地居民的反对。Yamaguchi（2003）总结了日本对外援助项目未达到原定设计目标的原因，认为主要包括两点：其一是日本援助单位对项目的目标与受援方当地的实际发展要求经常不一致；其二是日本在当地推行一些较为高端的技术，而受援方的政策、硬件和人力资源均无法达到要求，结果是这些援助达不到预计的效果。作为绿色国际援助大国，日本对菲律宾东巴拉望环境保护的项目存在以下问题：首先，日本和菲律宾对绿色援助的定义并不一致。就日本而言，其对环保的定义受限于日本国内政治经济目标，而且日本的新自由主义潮流决定了该援助的走向。菲律宾则更注重对当地发展有效的方面。因为援助方和受援方对环境保护定义的差异引致简单项目复杂化，最初双方预期的目标都没有达到（Akiyama et al.，2003）。

影响援助效果的重要原因还包括没有选择恰当的援助模式。西方发达国家实施的援助模式并不一定适应发展中受援方的实际情况。西方发达国家按照自身的需求设计受援方的需求，同时由于对受援方历史文化及地理环境的不了解，因而会存在忽略受援方传统和文化的情况（Akiyama et al.，2003）。有些援助方在进行援助时推行自己的对外政治和经济策略，因而不会以受援方的经济发展为导向，因而这类援助无意或有意造成的后果是造成受援方的依赖进而丧失自身发展的动力（Berry，2012）。

Birdsall 等（2005）分析了发达国家对亚洲、非洲、东欧和拉美等地区的援助结果，得出的结论是发达国家的援助并不能保证穷困地区的发展。Birdsall 等认为，由于制度、援助目的、受援方能力等因素的限制，只有在受援方能够有效使用援助时国际援助才能起作用，因此成功的援助并不多见。冷战结束后，欧盟对东欧的援助是一个少见的成功案例。欧盟对东欧的援助之所以能够成功，最重要的原因是援助双方在政治上有一体化的要求，从而能够密切配合，使援助达到了预期效果。Birdsall 等还认为，因为援助的不稳定性，受援方往往无法合理安排接受的援助资金；特别是最需要援助的重债穷国，受限于本身的金融体制和行政管理能力，更无法有效利用收到的援助资金。展望未来援助发展的方向，Birdsall 等认为应该鼓励发展中国家按照自己的文化和经济发展现状制定发展政策，而援助的根本目的在于满足受援方自身的发展政策需求。

西方国家，特别是美国和英国，已经开始尝试不再把援助和附加条件挂钩（Birdsall et al.，2005）。西方发达国家在其工业化发展过程中引起的气候变化对发展中国家有重大影响，因此发达国家应予以补偿，发展中国家的困境在于没有合理的技术开发能力和市场。西方国家在提供援助项目的同时，可以提供的具体帮助体现在：减少腐败，提高研发水平，促进劳动力流动。开展绿色援助的关键则是降低关税，放松对知识产权的保护，促进市场发展和推动技术进步。这也是未来援助的发展方向。

20 世纪 60 年代中期以原宗主国提携前殖民地为主的援助以及冷战时期在政治和军事竞争背景下所进行的援助多数为双边援助，且援助双方的主体均是政府部门。这是因为当时的援助项目多数为人道主义援助和短期发展项目。按照援助的目的和策略，由政府部门执行援助计划效率较高。随着援助向经济发展方向转变，特别是随着涉及部门、资金、行业和技术手段众多的绿色国际援助的兴起，政府部门执行援助的效率逐渐降低，从而越来越多的多边援助国际组织和非政府组织（NGO）进入援助领域。

气候变化不分国界。环境和自然资源保护包括水资源、可再生能源开发等也是超越国界的公共产品。单个国家无法独立完成提供环境保护的国际公共产品，因而必须依赖一个良好的国际合作框架，这个框架能够覆盖基础设施建设、人力资源、各国政策协调等。除了政府间的双边和多边合作外，联合国、世界银行等多边发展机构是这个国际合作框架中的重要组成部分。在经济全球化的情况下，援助方对受援方的环境支持，不光是考虑到受援方的利益，从更为宏观的角度看，援助方也是受益者。

发展中国家的持续发展（包括应对气候变化）是长期的任务，所需资金量巨大。光靠官方援助是不够的，因而引入私人机构促进发展在所难免。同时，如前所述，通过政府机构进行援助被证明为低效的，而且往往达不到援助的效果。官僚主义是援助的障碍。开发新的援助方法迫在眉睫，如国际援助中的公共部门与私人机构合作方式就可以较好地考虑受援方的利益和需求。

绿色国际援助的主要项目包括水供应和公共卫生项目、能源制造和供应项目、公共交通项目以及农业和林业项目。这些项目在援助方和受援方的经济体系中的覆盖面更大，牵涉部门众多，对政策、操作层面的影响更大，单个国家很难独立实施，因此需要国际合作、跨部门协作才能完成援助的任务。

三、绿色国际援助的发展趋势

（一）实施绿色国际援助的可行性方案

1. 去政治化、降低捆绑性援助

西方发达国家在推行对外援助时，会将援助项目与受援方的改善治理水平、加强民主、减少贪腐等政治目标挂钩。Gillanders（2011）发现援助的实际效果和政治体制之间的正相关程度并不高，同一类援助项目在被西方认为不太好的体制下实施的结果未必比在受到西方认可的政治体制下实施的结果差。一般认为外援会加强集权统治，因为对一个专制国家提供援助意味着对专制政权合法性的承认，同时援助资金和物资也为专制政府提供了物质资源。然而Banki（2009）对缅甸外援的研究结果表明，通过减少甚至停止外援来减少上述不良后果，并不能达到改变这些后果的目的，反而使那些非常需要帮助的人得不到援助。另外，Moses（2007）发现将对外援助或投资项目与受援方的人权状况挂钩无助于改善受援方的人权状况。因此，Moses不建议以这种挂钩为投资和援助的前提；从援助项目实施的结果来看，需求拉动和政策推动的对外援助的有效性高于出于政治目的的援助的有效性。

Horning（2006）发现马达加斯加多年来吸引了很多外援，但是它的受援项目发展并不成功，因而成为政治对援助的不良影响的案例。不成功的原因包括：首先，吸引国际援助是马达加斯加政府重要的政治统治工具，它拥有成熟的吸引外援的手段；其次，援助方政府希望通过援助影响马达加斯加的各个方面，包括政治、民主等非发展领域；最后也是最为关键的一点是马达加斯加政府从来没有将发展作为接受外援的首要目标。除非上述因素得到改善，受援方政府从援助目的、计划实施、项目监督方面积极配合援助，否则援助很难顺利完成并取得预期效果。

2. 加强国际合作

环境作为一个纯粹的全球公共产品的性质决定了在绿色经济发展中国际合作是必不可少的必要条件。这也是发达国家需要向发展中国家提供绿色援助的一个重要原因。绿色援助要在受援方取得成效，必须得到发达国家和其他发展中国家的配合。OECD（2014）指出，"国际合作在绿色增长中有重要意义。因为在绿色增长中起重要作用的因素，都要求各个国家的配合。其中包括：重要技术的创新和转移需要发达国家和发展中国家密切合作。而在技术转让和创新过程中，可以推动发展中国家建立合理的政策法规体系、合理使用技术，并提高其科研能力及教育水平。这对发展的可持续性有着重要意义。同时，国际贸易和投资是实现技术转让的重要途径。因此进行国际合作，降低贸易壁垒，使得技术和产品可以以更低的成本流动，对发达国家和发展中国家都是有益的。"

OECD（2014）还认为，"经合组织和全球绿色增长研究所、联合国环境规划署以及世界银行共同努力建立了绿色增长知识平台。该平台于 2012 年 1 月成立，是一个国际性的知识共享平台，任务是确认并解决在绿色增长/绿色经济理论与实践方面的主要知识不足。它旨在向参与人员和政策制定者提供更好的工具，包括里约＋20 会议产生的任何承诺，从而促进经济增长、推动可持续发展。这将对经济和环境间的各种协同效应和平衡进行严密的相关分析，从而改善地方、国家和全球的经济政策制定。绿色增长知识平台通过强调产生地方环境效益的政策工具，促进增长，为政府提供极具诱惑的鼓励措施，进而推动其他各项工作。"

3. 多方参与、资金使用形式多样化

南非是非洲最发达的国家，该国在气候变化方面对援助项目实施的控制也是非洲国家中做得最好的。除了按照巴黎会议的三个要求推动援助的使用，即在目标、方法和结果引导上对援助项目进行管理和实施外，南非的成功经验还在于在项目实施过程中建立了合伙制，即政府和私人部门在这一过程中成为合作伙伴，因此提高了援助效率。在这种公私合作中，私人合作者都是来自项目实施当地的企业和组织，这些企业和组织善于把握当地发展重点并能够有效利用当地资源（Zingel，2011）。

Tripp（2003）在考察撒哈拉以南非洲的农业援助现状时发现：农业援助已经不是单纯地援助农业生产，还需要环境支持；在实施农业援助的过程中，政策、法律法规、公共机构的支撑不可或缺；在政策实施方面还需要重视资源供应、支持新兴企业发展、建立知识产权保护体系；与常规援助项目相比，捐赠方在支持自然环境建设的干预过程中必须从长远角度看问题,更注重协调和制度建设;鼓励捐赠方关注管理构架、农业企业、科学研究能力建设;鼓励捐赠方投资于地区发展、管理制度的协调、商业协会等建设项目,并将环境保护作为公共产品进行管理。

绿色国际援助已经开始进入多元化发展的阶段。丹麦在总结丹麦国际援助组织(DANIDA)援助项目的成功原因时指出:多方参与并设立合理及长远目标是关键因素(Flensborg,2012)。法国发展协会在总结毛里求斯项目的经验时也着重强调了援助方和援助手段,特别是财务支持手段的多元化;在援助项目中,优惠贷款应占主要部分,这是由于无偿援助可能会导致当地人对援助的依赖、缺乏对资金使用的控制,从而使援助项目不可持续。而在采用贷款形式后,借款方会慎重考虑所需资金的必要性,减少无谓的资金浪费,贷款方也会因为风险的增加而提升对项目的风险控制及监控水平。长远而言,采用贷款形式的援助可以提高援助的效率(French ODA Agency,2009)。

4. 加强南南合作

南南合作框架下的对外援助迅速增长,新兴市场国家经济将自身发展与国际援助结合,包括投资、贸易、技术转移等等。Purushothaman(2004)认为目前有些发展中国家既接受援助又对外提供援助,这类国家以金砖国家为主,中国和印度尤为重要(Bräutigam,2009);南南合作中的对外援助更受到受援方的欢迎,这是因为身为发展中国家的援助方比较能够从自身接受援助和发展的经验出发,进行更为符合实际的援助,比如对援助项目不附带政治条件,更了解受援方的实际需求,对援助项目的设计会更贴近当地的实际需要等。

5. 成本收益分析和效应评估

可持续发展要求经济增长和发展具有可持续性。以往有些援助不注重经济效益,因而可持续性较差。只有援助方和受援方均由长期利益驱动,援助的可持续性才能得到保持。近年来,为保证援助项目的有效性和援助的社会经济效应等各方面的可预期性，成本收益分析和效应评估方法开始在援助实践中广泛运用（Gertler et al.，2011）。重要的援助机构，如世界银行、国际食品政策研究所（IFPRI）、美国的千年项目组织等都在其项目运作中实施了成本收益分析和效应评估。

按照世界银行的定义，成本收益分析（cost benefit analysis）是在事前计算预期的成本和收益，用于评估项目的可行性。如果收益可以量化，也可在事后用于效应评估。效应评估（impact evaluation）是尝试建立援助项目执行和参与状况与援助结果之间的因果联系，以确认一个项目的实施是否对实际社会经济状况产生了影响（Gertler et al.，2011）。

近年来在国际援助中大量使用这两种方法进行评估。对外援助的资源是有限的，援助机构和各个国家政府都希望能将有限的资源应用到能产生最大效益的项目中。通过成本收益分析和效应评估，可以预知项目的实施结果，总结项目经验，提高以后项目的实施水平。而现代技术的迅速发展，尤其是信息技术和数据分析技术的发展，使得这两种方法可以从技术上得以实现。更重要的是，效应评估对公共政策（包括援助政策）的制定、执行和实施有现实的指导意义。

最为广泛接受的重要的例子就是效应评估挽救了墨西哥在 20 世纪 90 年代开始执行的有条件现金转移支付项目（Gertler et al.，2011）。在 20 世纪 90 年代，墨西哥政府实施了一项通过向贫困家庭母亲提供有条件的现金转移支付（conditional cash transfer）、旨在提高少年人口教育和身体素质的项目。在项目的执行过程中，当时的政府聘请第三方机构实施了效应评估。在 2000 年的总统选举中，在野党赢得大选，因而该项目能否得到延续成为问题。2001 年，第三方评估机构提供的效应评估报告显示 Progresa 项目对提高墨西哥少年的教育和身体素质有显著的推动作用。新政府接受了评估结果，继续执行该计划。并且这一评估结果得到国际社会认同，很多发展中国家开始推广有条件的现金转移支付项目（IFPRI，2000）。

由此可见，效应评估不仅可以在微观层面帮助执行和推动项目实施，而且可以在宏观层面衡量一个政策执行的结果、为政策制定者提供政策制定的依据和经验。在实际操作中，效应评估多数由第三方机构特别是有国际声望的国际机构承担，它们的评估结果具有良好的公信力，对援助项目的评价能够使援助方和援助项目获得国际社会的认同。

中国在多个国家特别是在非洲有很多较为成功的对外援助案例。但中国对援助项目的效应评估方面重视不够，因而对成功援助项目的推介和宣传没有达到应有的高度。如果中国在其重大国际援助项目或者经济发展项目中引入第三方机构进行评估，那么效应评估报告不仅可以成为未来项目的指引和经验汇总，而且能使援助的成果得到国际社会的认可。

按照效应评估专家的估计，效应评估的成本因项目大小存在差异。就大项目而言，评估成本占总项目经费的1%～3%，就中小型项目而言，占3%～5%。成本占比可能不低，但是考虑到效应评估对政策和对公众的影响力，这一成本并不昂贵。[①]

（二）新型援助机构的建立和运行

面对国际援助的变化、可持续发展的新趋势以及国际会议和组织的推动，发达国家也不断改革其对外援助机构的运作。信息技术和数据处理技术的发展也使一些以往难以执行的措施得到实施。美国在这方面做了一个尝试。美国国际发展署（U. S. Agency for International Development，USAID）和美国国务院在它们联合发布的2004—2009年的战略计划中明确指出，美国千年挑战公司（Millennium Challenge Corporation，MCC）将承担美国对特定国家的

---

① 访谈 IFPRI 专家的谈话记录。

援助计划（U. S. Department of State and U. S. Agency for International Development，2009）。

MCC 成立于 2004 年，是由美国国会批准成立的对外援助政府机构，其宗旨是有选择性地向发展中国家提供更为有效的援助。MCC 在对联合国千年发展目标提供可持续发展援助的同时，也执行美国的外交发展策略。MCC 的领导成员均为美国政府的高级官员。这些官员的任命由美国总统提名，美国国会批准通过。成立之初的主席为国务卿鲍威尔（Colin L. Powell）。委员会成员还包括财政部长斯诺（John W. Snow）和美国贸易代表佐利克（Robert B. Zoellick）等美国政府重要官员，由此可见该机构的规格之高。MCC 的另一特点是运作高度透明化，对援助对象的挑选过程、执行过程和执行评估结果均公示，并接受相关机构的监管。作为一个新型的发展援助机构，MCC 与其他发展援助机构的重大差别在于其以下三个基本原则：

第一，慎重挑选受援方。原则上，受援方需要满足 MCC 的基本要求，包括良好的政府治理环境、经济自由以及针对人类发展的投资。从执行层面讲，MCC 也有一套基本量化的选择指标①，并且每年加以改进。MCC 的受援方选择过程包括四步：第一步，确立候选受援方；第二步，公布候选受援方的挑选程序和方法，接受公开评价；第三步，公布候选国家的评估得分情况；第四步，确认候选国家得到受援方资格。

第二，由受援方政府确定可持续发展和减贫项目的优先顺序，并确定援助计划，最终由 MCC 与受援方政府密切合作，共同制订详细的执行计划。

第三，由受援方政府牵头执行计划。MCC 为援助方设立专门援助项目。受援方设立对应的援助项目机构，具体执行和监督计划实施。项目经费的使用通常由独立财务机构管理，监督严谨并且透明。MCC 在项目执行中严格使用

① Selection Criteria，http：//www. mcc. gov/pages/selection.

成本收益分析和效应评估。项目的分析和评估结果定期在其网站公布。

MCC 对蒙古国的对外援助是一个典型的既考虑美国外交和安全战略，也考虑当地可持续发展和环境保护的案例（王维芳，2004）。蒙古国政府于 2003 年向美国政府表示希望能接受 MCC 的援助。美国政府重视蒙古国的地缘政治重要性和对美国反恐的重要性，对此建议予以考虑。中国台湾学者王维芳（2004）认为，"若从美国长期对外援助的历史发展来看，实不难理解美国对外援助的特点是将外援的首要目标定义为'国家利益'，并以此作为外交工具；蒙古国也适时地从反恐联盟当中突破与美国的关系，而这些政治、军事关系最后又回馈至蒙古最需要的经济援助。"蒙古国能成为受援方，得益于三个原因：首先，蒙古国民主与经济改革形象吸引美国的经济援助；其次，"9·11"后双方关系由经济层面扩展至军事安全领域；最后，蒙古国的地缘因素强化了美国对它的战略需求。

在援助蒙古国项目的选择和执行方面，都充分体现了 MCC 的运作特色。项目选址由蒙古国政府主导。根据蒙古国当时最迫切的需求，蒙古国政府选择了改善乌兰巴托空气环境的项目。根据蒙古国政府的选择，MCC 最终确定在蒙古国实施一项总金额为 2.85 亿美元的环境改善项目。该项目通过建立风力发电场，以电力替代蒙古国传统的以煤炭为燃料的炉子和其他造成污染的锅炉等，从而改善空气质量、提高当地人民的健康水平。在项目实施之前，MCC 协助蒙古国进行了详细的成本收益分析。该分析包括电力收入、电站成本、电力改善效益、健康改善效益以及资金成本等。蒙古国政府也成立了相应的组织，主导项目在蒙古国的实施。在 MCC 的网站上会定期公布关于该项目的资金使用和效应评估状态。

（三）"另辟蹊径"——农业援助的多样化

农业一直是对外援助中的一个重要部分。解决饥饿和粮食安全也是联合国千年发展的主题。农业发展也是一个综合的领域。提高粮食产量或者粮食安全，涉及气候变化、种子培育、土壤维护及灌溉、化肥运用、农机发展种植技术以及粮食贸易等各个方面。更重要的是农业是一个国家进一步发展的基础。粮食安全也是一个国家的重要国策。农业援助通常会受到政治和其他国家战略因素的影响。

战后的农业援助计划并没有取得非常显著的成果。农业援助的效率相对低下。在此背景下，国际食品政策研究所（IFPRI）提出了另辟蹊径的农业援助方针。世界银行也积极在农业援助中引入"有条件的现金转移支付"策略。

国际食品政策研究所的樊胜根（2010）认为原有的农业发展及援助措施已经无法满足实现联合国千年发展目标中到 2015 年使饥饿人口减半的任务，因此必须进行改革。新的路径包括：第一，投资农业和社会保障两大核心支柱；第二，引入新的参与者，包括私营部门、慈善机构和新兴捐赠方等；第三，采用国家指导、自上而下的方式；第四，利用试点和试验进行政策规划，为制定政策提供基础信息；第五，建立问责制，对受援方政府进行监督。

新的农业援助措施之一就是有条件的现金转移支付。这一方法简单直接，能够提高援助效率，并且取得非常直接的效果。现金转移支付的广泛运用与 20 世纪 90 年代墨西哥的 Progresa 项目的成功有关（Gertler et al.，2011）。该项目"将教育、健康和营养措施有机地结合起来，以便开发贫困家庭的人力资本"。世界银行开始推广有条件的现金转移支付计划，并且开发和总结了实施指南。世界银行在一份报告中指出，现金转移支付的作用主要在于建立社会安全保障网络，从而使贫困人口从极端恶劣的环境中获得一定的收入，可以有精力和能力投入发展活动，进而减少贫困（Fiszbein et al.，2009）。

有条件的现金转移支付在农业援助中的成就则体现在埃塞俄比亚农业的生产安全网项目中。通过向贫困家庭提供"以工代赈"和直接补贴的方式，"与埃塞俄比亚的'其他食品安全计划'共同实施，用于帮助农户增加农业收入，积累家庭财产。该项目提供用于提高农业生产力的转移方式或服务手段，包括信贷、农业推广服务、技术和灌溉等"（Gilligan and Hoddinott，2007）。

综上所述，农业援助的变化基本也是满足其他援助项目成功的三个方面：第一，受援方的政府需要承担起援助项目的目标确定和实施责任；第二，援助项目要实现经济效益，而非只注重过程；第三，援助方和援助手段多样化，确保大型项目得以实施。同时，受援方通过接受援助，提高国内政府治理、经济和技术方面的软实力。

在农业技术援助方面的一个成功案例是位于菲律宾的由多个国家及组织支持和赞助的国际水稻研究所（International Rice Research Institute，IRRI）的运作。① IRRI 的宗旨是在可持续发展的前提下，为穷人提供足够的食品和营养，培养水稻生产科技人才，推广水稻品种繁殖和种植技术。国际水稻研究所在推广农业技术和实现发展目标方面取得了重大成果。成功的原因反映在其发展宗旨中。首先，IRRI 本身设立在发展中国家，技术本地化有利于技术推广。IRRI 接受其驻地的菲律宾农民参与新品种、新方法的实验，充分考虑当地实际情况，包括政策和用户需求。因此一旦出现突破，就可以很快地发展并扩大运用。其次，该中心聚集了来自各个大米产国的科学家和技术人员，使各种技术可以得到交流，并能根据当地情况予以调整。当然，成功的另外一个原因还来自各个国家政府和国际机构的政策和财政支持。

（四）加强受援方自身能力的建设

受援方仅仅从发展意愿、政策和法律制定上积极配合援助项目的实施并不能保证援助项目的成功。援助目标的成功还取决于援助项目的实施过程。而这个过程受到受援方的治理能力、技术能力和教育水平的限制。为此，OECD 明

---

① 见位于菲律宾马尼拉的国际水稻研究所的网站。

确指出受援方的机构建设和能力建设是绿色援助的一个重要方面（OECD，2012）。世界银行也针对受援方的自身能力建设制定了相应的原则和应用指南（Mori，2010）。

Mori（2010）就受援方能力建设问题提出了以下建议：第一，援助方和受援方都需要就利用援助契机进行政策调整。第二，援助方因应形势调整自己的策略。日本、欧洲等援助方和世界银行都有自己独特的援助策略，但是应该根据受援方的情况而调整方向以适应当地实际状况。第三，如果受援方诚心接受政策变化、使其顺利本地化，并促进技术推广、推动政治和社会体系的改善，那么受援方就能正确贯彻和支持捐赠方坚持的政策。

（五）绿色国际援助与世界银行

世界银行从金融和计划制订角度协助发展中国家减少贫困和促进发展。世界银行也是国际上最重要的援助机构之一，其援助体系、方法和原则对各个援助方具有深远的影响。世界银行充分重视可持续发展，并且认为包容性的绿色增长是可持续发展的路径。世界银行认为绿色发展不仅是必要的，而且是高效和可行的；单纯刺激经济发展，而不关注健康、教育和基础设施发展，对减少贫困无益；高效利用自然资源是绿色发展的正确路径；绿色发展没有标准道路，每个国家需要因地制宜地制定适合本国的绿色发展道路，包括经济和政治政策、社会保障体系以及金融体系等（Fay，2012）。

世界银行不认同先发展、再治理的方法，因为这种方法长期而言效率低下，且对自然环境有不可逆转的破坏作用。随着技术的进步和金融工具的开发及广泛运用，绿色经济并不一定意味着低效率。技术创新可以起到提高劳动生产率、减缓市场失效的作用，这是绿色发展的关键。国际贸易和技术转移则是将先进技术从发达国家转移到发展中国家的主要途径。自身能力建设已经成为受援方可持续发展的前提，其中人力资源开发是发展中国家自身能力建设的重要组成部分（Fay，2012）。

2014 年世界银行发布了《环境与社会基本框架（草案）》，阐明了在发放援助借款时必须考虑的十个标准（World Bank，2014a）。按照世界银行的《环境与社会基本框架（草案）》，未来的借款方需要满足以下十个标准：（1）评估并管理环境和社会风险及影响；（2）劳工及工作环境；（3）资源效率及防止污染；（4）社区健康及安全；（5）土地获得、土地用途限制及自愿安置；（6）生物多样性保护及生物自然资源的可持续管理；（7）土著居民；（8）文化遗产；（9）金融中介机构；（10）信息披露和利益相关者的参与。

世界银行认为，如果借款方或者有关援助项目的受益者按照此框架评估相关的环境和社会风险，就能够达到可持续减少贫困和增长繁荣的目的。采用这套标准可以达到以下目的：第一，支持借款方在环保和社会可持续方面达到国际公认标准；第二，协助借款方满足国际及国内的环境和社会义务；第三，提高反歧视、透明、参与度、可信度及治理水平；第四，通过持续的利益相关者的参与，提高可持续发展水平。

世界银行的这套标准，与目前已公认的援助成功的基本原则相符，即受援方需要承担起相应责任，注重受援方的国家发展能力建设以及对援助项目进行充分的风险和利益评估。这套标准还在征求各国政府意见，并未正式发布。但这套标准具有全面性的指导意义，因此已经可以成为对外援助的指导原则（World Bank，2014a）。

除了建立宏观层面的标准和体系外，世界银行的绿色发展部门还为各个国家及地区的绿色发展提供各种微观工具和指导意见。① 这些工具和指导意见涉及对绿色援助项目的目标制定、计划形成、项目实施、监控和评估等实际操作

---

① "Mainstreaming Adaptation to Climate Change in Agriculture and Natural Resources Management Projects Guidance Notes" by Climate Change Team of Environment Department of World Bank.

方面的指导。

（六）绿色国际援助的实施

对外援助包括所有以项目形式进行的援助行为，涵盖提供技术援助、预算支持、培训、资助非政府机构等。援助的实现方式是多样化的，成功案例也各不相同。但是，从长远来看，绿色增长和发展的成功实施取决于绿色国际援助项目是否具有可持续性。其中最为关键的因素是在政府和大众对环境目标支持的基础与前提下，注重项目的经济效应，使项目发展有内在动力。

德国在推广可再生能源中的经验充分说明了经济效益的重要性。目前全球在可再生能源方面最为领先的国家是德国。2014 年 8 月的最新数据表明，可再生能源发电量占全部电量的 30％。其发展经验是国家政策大力支持、大力发展新技术、以经济效益考虑为主。因此，德国的经验也适用于其他国家。①

日本对东亚其他国家和东南亚国家的绿色国际援助主要考虑这些国家的大气污染对日本具有较大的负面影响。日本在 20 世纪 80 年代和 90 年代对中国实施了绿色援助，主要目标是减少煤炭燃烧的大气污染（Evans，1999）。然而，日本在菲律宾的绿色援助不是很成功，主要原因是援助受日本国内的新自由主义潮流的影响加大，很少考虑菲律宾的发展现状和要求（Akiyama et al.，2003）

就经济效益而言，全面引入成本收益分析是一个新的趋势。从绿色援助的资金规模和实施难度角度看，做到项目融资方式多样化、使参与各方受益是非常重要的。

中亚的一个清洁能源成功案例的项目执行者认为，在制定项目目标时要做到援助项目有助于提高受援方的经济发展水平、环境水平和人民生活质量，确保项目的参与各方都能从中获取经济利益，从多个渠道融资，在考虑到各个参

---

① http://energyinnovation.org/library/germany/.

与者利益有所不同的情况下注重其共性，即多数参与者重视成本节约和收益利润，保证各方均可以得到各自所需的回报。[1]

（七）技术转让的重要作用

科学技术在绿色援助中不可或缺。不同于以往的多数援助项目，没有技术支持，绿色援助项目很难取得成功。科学技术水平低下是发展中国家亟须解决的问题。为了帮助发展中国家在经济发展中减少环境破坏，提高清洁技术是当务之急，而重中之重是技术转移和知识产权问题。有研究表明采纳清洁技术的外国援助与发展中国家的知识产权状况成正比（Aklin and Urpelainen，2011）。经济全球化使技术转让更为容易。在技术转让条件下，发展中国家可以接受发达国家的经验和成果，在发展过程中更早采用环境保护条例。如果国际绿色援助专注于技术转让，可以从法规层面带动绿色发展。

Ockwell 等（2008）在分析英国和印度之间关于低碳技术转让的案例后，得出以下技术转让中需要关注的问题：（1）技术转让需要一个可持续发展环境，即接收国具有应用该技术的能力；（2）低碳技术有两种转让方式，一是垂直转让，即从研究开发阶段直接进入商用阶段，二是水平转让，即国家或地区之间的转让，因而制定技术转让政策时需要考虑两种转让方式的特点；（3）引进技术有两种方法，即从不同国家引进技术及设备和从某个国家整体引进，前者比后者更能使发展中国家有效地学习到不同技术和应用；（4）有的放矢地引进和学习技术知识能使发展中国家更有效地应用技术并进行创新；（5）尽管解决技术转让中的知识产权问题是关键步骤，但是技术引进国家的吸收能力和处理新技术带来的风险的能力也是必要的；（6）清洁能源技术是具有很高社会效

---

① "Renewable Energy in Asia"，http：//farmer3. org/page/search2？ keyword ＝ renewable ＋ energy＋in＋asia，2014 年 9 月 29 日访问。

益的公共产品，因而国际组织和各国政府的支持是不可或缺的前提。

虽然技术转让是绿色援助中的关键，但是到目前为止仍未有合理、满意的解决方案。Balint 和 Mashinya（2006）在研究津巴布韦绿色援助项目时，发现绿色项目的实施需要良好的政府治理，仅仅依靠社区绿色项目很难得到实施和维持，并建议采用以下改善措施：（1）发达国家放松清洁能源方面的知识产权保护政策；（2）争取多方面的资金支持，包括政府资金、私人资金和国际资金；（3）由政府主导清洁能源关键技术的开发；（4）加强技术的商业化和市场化；（5）开展跨国的技术开发合作。此外，如果受援方没有足够的能力来消化技术，技术转让也不可能成功。这些能力包括：受教育水平、企业家精神、合格的行政和经济机构、科研机构以及知识产权保护体系。

清洁能源技术转让的特点是高技术、高投入、选址困难、输送困难，这些是最急需援助的不发达国家所面临的重大问题，这也解释了为何目前的绿色援助对象还主要是中国和印度等发展较为快速的国家。落后的小国更不重视专利保护，经济能力和研究能力也有限，因此难以接受大规模的援助项目（Reading and Cozzi，2014）。中国是接受绿色援助的主要国家，这主要是因为中国的巨大经济规模和高储蓄率保证了大规模投资能力，同时也由于中国拥有良好的制造能力。目前中国专注于光伏太阳能领域的深度发展。Gallagher（2014）在分析关于中国清洁能源开发的众多案例后认为：清洁能源技术通过直接投资和授权得到传播，知识产权问题并不是不可战胜的障碍，中国也在开发自己的清洁能源技术并出口到国外，中国的专利体系变化很快，中国的法庭也在不断公正地解决专利纠纷的案子。

关于技术转让，西方发达国家有两种观点：第一，推动技术和设备出口可以带动援助方产业发展，同时推动绿色援助更为成功，这是由于出口企业会更尽心尽力去完成项目；第二，推动出口会增加绿色援助成本，从而在绿色援助项目目标和出口之间形成妥协，最终影响援助项目目标的实现。技术转让是一种双赢博弈，不发达国家可以从技术转让中获取发展机会，发达国家同样也通过技术输出获取收入。例如，日本利用对外援助的机会来达到两个目的：第一，展示现有技术；第二，测试新技术。[1]

（八）绿色援助案例

1. 摩洛哥 Ouarzazate 太阳能发电项目（Falconer and Frisari，2012）

绿色发展援助通常都是长期项目，尤其是环境保护和适应气候变化方面的项目，往往需要十年甚至更长的时间才能完成，并且需要等待更长时间才能看到项目的结果。这类援助项目对资金和受援方自身能力的要求也非常高，因此成功的绿色援助项目并不多见。

摩洛哥的 Ouarzazate 项目是一个比较典型的大型绿色发展和绿色援助项目。从发展方向来说，这是一个以太阳能发电作为摩洛哥未来能源重点并解决摩洛哥依赖外国能源状况的可持续发展项目。该项目满足三个援助成功的条件：（1）受援方重视；（2）资金和技术及人力资源建设有一定基础；（3）讲究发展效益。从技术方面来看，采用较为先进及成熟的太阳能发电技术。从项目安排来看，摩洛哥政府、世界银行和各大发展银行悉数参与其中，同时项目由私人企业承包也是重要方面。从财务安排来看，资金使用多样化，既有政府出资、政府补贴、世界银行贷款、非洲发展银行贷款，还有电力购买方的欧洲各国发展银行的贷款。由于该项目预计投资额巨大，世界银行和非洲发展银行等为协助其渡过难以盈利的启动阶段，提供了30年优惠贷款。为保持可持续发展，该项目的运作以未来盈利项目为目标。国际发展组织在该项目的推动中起到积极作用，包括提供援助资金、技术支持，并分享国际上多年的太阳能发展

---

[1] Catalog. hathitrust. org. Catalog Record：Development Assistance，Export Promotion. 2014 年9 月 29 日访问。

经验和教训，以期能够寻找一个能够在发展中国家广泛推广的清洁能源项目。而该项目最为特别之处在于发展了一种以公共部门（包括政府、援助方及大型国际发展组织等）和私人部门伙伴关系为大型项目建设筹资和运作的模式。

该项目于 2012 年正式启动，预计运行至 2040 年。因其尚处于发展进程中，目前还难以评估和判断该项目能否最终获得成功。

2. 西非 Sudano-Sahel 地区太阳能滴灌项目（Burney et al.，2010）

西非 Sudano-Sahel 地区长期饱受粮食短缺之苦。自 2007 年开始，在一家 NGO① 的协助下，贝宁的 Kalalé 开展了一项利用太阳能和滴灌技术提高当地蔬菜产量的项目。滴灌技术和太阳能技术都不算最尖端的绿色科技，但是仅仅通过简单结合这两者并运用于粮食短缺地区的农业生产，这个项目就可以满足多个目的：第一，保证食品安全，当地村民能够随时获得满足营养所需的食品；第二，提高食品的利用效率，使当地村民可以在不同季节均衡利用食品；第三，保证援助项目在经济和环境两方面的可持续性。利用简单有效的技术，以及政府的财政支持，确保当地村民在满足食品安全的同时，在经济上获得简单保障，并且不会对环境造成破坏。

在贝宁村庄的实验证明，太阳能提供的清洁能源能够使当地村民提高生产效率，个体蔬菜生产量有较大提高；滴灌技术确保水源被充分运用，并且提高土地的产出能力。与此同时，政府对基础设施装备提供一定的支持。因此，太阳能滴灌项目能够满足上述项目成功的三个条件。但是该种生产方式的大规模推广要求太阳能产品能够在当地生产，技术能够在当地低成本地推广。清洁能源和农业技术的简单运用也能达到绿色发展的效果。但是，如何确保清洁能源技术和设备能够在非洲当地生产并运用，还需要接受大规模的基础设施建设、技术及转让和推广的挑战。

---

① The Solar Electric Light Fund（SELF：http：//www.self.org）.

四、中国在绿色国际援助方面的政策建议

（一）中国对外援助的主要特点

中国有句古话：救急不救穷。"急"可以理解为天灾人祸。当别国发生天灾人祸或者其他紧急事件的时候，施以救援，是基于人道主义原则。而对于发展而言，则非单纯依靠提供资金和设备就能改变一个国家的落后状态。中国自身的发展并非靠外援，同时也不认为一个国家可以靠外援发展。与西方国家有所不同，中国的援助不以人权和民主因素为标准，中国更注重为他国发展提供财务支持，加强经济合作，进而达到提高合作国家经济发展水平、推动就业及提高生活水平的目的。与此同时，中国的外援标准也在不断提高和向国际标准靠拢。

中国和美国在非洲都有利益及援助，但是重点不同。中国更重视经济领域和民生，包括农业、经济资助、文化、环境、人力资源发展、医药服务、减债以及科技合作等。中国的援助方式是否有效，在非洲经过了现实考验。在通过政府主导大规模进行的同时，中国私人企业大量进入非洲，通过经济和市场因素，推动所在国的发展。可以说中国对发展中国家援助的主要特征是"授人以渔"，即通过政府援助和私人投资，为受援的发展中国家提供可持续发展的条件和机会。美国在非洲的援助的基本原则是重视社会发展和人权，诸如支持民主机构发展，避免冲突和缓解矛盾，选举，防止毒品走私、洗钱、非法武器和偷渡等。但是这一立场在 2014 年 8 月的非洲峰会上有所改变。美国也开始考虑通过援助基建和经济发展项目，提高援助的有效性。

文化和传统以及政治在发展中有非常重要的作用。Easterly 和 Vásquez（2014）介绍了一个国际组织对非洲的农业发展援助项目的案例。当地人认为

土地不适合农业，因而早就放弃了耕种这一生活方式，转而发展贸易。而来自国际援助组织的专家们对当地历史文化发展缺乏深入了解，经过长时间才发现这个事实，最后确定援助项目无效。如果在一个非市场化的背景下，援助只能暂时改变当地人的生活条件，富人能获益更多，除了是由于制度上的不合理外，可能和富人本身具有更多的市场化思维和更好的沟通及思考方式有关。美国国际发展署（USAID）的很多援助并不成功，虽然其援助的目的是良好的，但是在执行过程中最终变成精英主导，很多费用由中介和顾问消耗，最有需要的人群并未获得利益。解决之道是提高受援方的能力，并更多地由受援方主导援助项目。

Bräutigam（2009）认为中国在非洲通过援助带动发展的方式对非洲的发展有积极意义。援助不是终极目标，促进当地发展、共同受益才是援助达到效果的正确路径。由于没有系统实施援助项目的成本收益分析和效应评估，目前中国对非援助的确切影响难以计量，包括互补和竞争关系、直接影响和间接影响都难以确认。但是能够确认的一个基本事实是，中国对非洲的发展援助与西方发达国家的援助存在重大差异：西方发达国家的发展援助以私企为主力，追求利润和短期效益；而中国以国企为主力，更多考虑长远利益和国家利益。此外，中国是一个幅员辽阔的国家，国内的经济发展不平衡，既有 GDP 水平赶上中等发达国家的珠三角和长三角地区，也有相对贫困人口比例较高的大西北和西南各省。中国政府长期以来一直在执行发达省市对口支援落后地区的政策。这些政策的有效实施，为对外援助提供了良好的经验。

中国强调对外援助更应重视实效而非数量。目前西方发达国家对外援助的导向以政治目的为主，而不是按照真正的需求进行援助。受援方的真正需求，必须在提供援助的时候即予以确定，这样才能对症下药，制定受援方认可的合理的援助目标和实施方案。能够推动持续发展的援助，才是必需的援助。并且这种援助的重要性超过单纯满足当前迫切需要的援助。中国对非洲的援助秉承五项原则：真诚、平等、互利、团结、共同发展。这些原则非常实在，可以直接落实到具体项目的执行上，更贴近受援方的需要。除无偿资金援助外，中国的对外援助还采纳以下形式，也是落实上述五项原则的体现：（1）通过进出口信贷和优惠贷款方式，提供多渠道和多种类的融资选择；（2）免除债务，减轻受援方的经济压力；（3）为当地人员提供职业和商业培训，提升人口素质；（4）派遣医疗队和教师队伍，提供基础教育援助，并加强当地医疗水平；（5）减免关税，使双边或者多边贸易更为顺畅；（6）派驻维和部队，减少国家之间和地区之间的冲突，从而确保经济发展的环境稳定性。

（二）中国对外绿色援助的思考

对外援助不仅仅是援助，而且是一个国家的外交政策和政治、经济及军事政策的辅助手段及补充。对中国这样的发展中大国而言，对外援助是一个通过对外援助树立国家形象和输出软实力的良好途径。而绿色国际援助更可以体现中国的国际形象。根据绿色国际援助的特点，中国在今后的绿色国际援助项目中可以重点关注以下方面：

（1）强调国际合作，吸引多方参与，降低风险。绿色国际援助的特点决定了该类项目周期长、投资大、风险高且需要配合的各国政府和各个部门众多，因此取得成功殊为不易。从其发展趋势看，吸引各利益相关方（stakeholder）参与可以更有效地达到援助目的。首先，在充分了解各个利益相关方对项目的期望值后，项目目标的设定会更清晰，并贴近受援方的需求。在此过程中，也可以充分展示中国的援助目的和援助方法。最为重要的是，一个经过各方参与协商的项目，能够降低项目在规划、执行和完成后来自各利益相关方评估的各种风险，增加国际社会对中国援助的认可。

（2）提供多种形式的援助，按照需求搭配组合。绿色援助所需时间长，资金量巨大，并且对技术和治理环境有较高要求。因此在确定援助方式时，可以考虑将各种不同的援助手段搭配组合，而非单一地进行资金和物资输送。如在摩洛哥 Ouarzazate 太阳能发电项目中，除了少量的政府补贴和资助外，大量资金来自世界银行、非洲发展银行和欧洲各国的银行（Falconer and Frisari，2012）。这样既分摊了风险，也照顾了各方利益，例如未来的电力购买者对项目有足够承诺，从而确保项目可以持久进行。同时受援方政府为了偿还各方借款，需要考虑认真运作项目，以达到盈利，确保能归还各方借款。[①]

（3）在项目实施过程中，进行知识产权包括金融基础知识等的转让，提高绿色援助的层次和受援方的认同感。就援助目的而言，既要达到对外交往和战略目的，又需要取得一定的经济效益。帮助受援方提高其国家基础建设能力是一种积极有效的方法。知识产权的转让在绿色发展援助过程中一直是一个难题，而中国作为发展中国家，在一些新兴能源和农业方面有应用性较强的知识产权。如果能够在知识产权转移方面取得一定的突破，对受援方的影响将会很大。

发展中国家除了基建设施和技术基础落后外，其金融产业也不发达。而在执行大型可持续发展项目的过程中，包括现金转移支付等新援助方法开展后，资金管理和资金运用是援助项目的重要组成部分。中国在基层金融建设方面有长期的经验。近年来互联网金融建设，随着发展中国家的通信系统建设，已经逐渐开展。非洲的一些国家通过手机银行进行的资金汇兑量已经成规模增长（Twomey，2013）。中国可以利用这方面的优势，为发展中国家提供设备、技术和商业模式建设。在这个过程中，实现"干中学"（Bräutigam and Knack，2004）。扩大援助项目中与当地各阶层的接触，既输出"硬"实力，也可以通过和"草根"阶层的沟通，输出"软"实力（Williamson，2010）。

---

① The World Bank. World Bank Projects：MA-Ouarzazate Concentrated Solar Power. Retrieved 19 September 2014，from http：//www.worldbank.org/projects/P122028/ma-ouarzazate-concentrated-solar-power？lang＝en.

　　中国国家开发银行和进出口银行在进出口信贷方面积累了丰富的经验。随着中国的崛起，中国的援外发展和出口信贷体系正在改变国际援助体系，为他国发展提供财务支持。这是中国对外援助的独特之处。这种推动援助的方式顺应了绿色援助的发展趋势（Bräutigam，2010）。

　　（4）援助计划前置。通过双边合作和参与多边援助组织的形式，积极介入受援方的绿色发展规划和政策制定。可持续发展和绿色发展是一个长期的过程，需要受援方的政策和政府部门的配合及支持。这需要援助方将援助计划前置，即在援助计划设计阶段与受援方、其他参与方协商，在达成共识的基础上，制订出切实可行的援助计划。樊胜根（2010）认为："在加强食品安全领域，最成功的范例基本上都是由国家推动，或是由国家主导的战略促进的，例如 20 世纪 60 年代中期到 80 年代中期亚洲国家的绿色革命、20 世纪 70 年代末到 80 年代中期中国的土地改革、20 世纪 80 年代末到 90 年代中期越南废除农业集体化等。"因此在开展绿色援助项目时，与当地政府密切配合，这是成功的基础。对援助项目需要实行"问责制"，确保当地政府支持和积极参与援助项目，也是目前对外援助的重要趋势。

　　（5）设立如国际水稻研究所（IRRI）类型的国际机构，通过绿色发展项目，一方面推广技术，另一方面利用国际上现行的援助发展评估技术，推广中国的软实力。中国是新兴经济国家中最大的对外援助国家。中国的对外援助获得了多个援助国家的认可，非洲和亚洲国家学者均有对中国援助进行评估和做出正面评价的研究。国际上也有专著对中国的对外援助进行介绍，较为著名的是 Bräutigam（2009）的《龙的礼物：中国在非洲的真实故事》。但是按照中国目前的发展地位和对外援助规模，中国在各个国际机构和国际学术会议上的发声还不够，应加大力度。中国的对外援助目标多数通过经济发展项目实现，但很少对这些对外援助项目进行评估和学术研究。特别是按照最新的效应评估进行项目总结，并以学术文章的形式予以推广。效应评估除了对对外援助项目进行学术总结外，也是一种推介中国的对外援助成绩、树立良好形象的方式。还可以通过这种方式推广中国的经验，如墨西哥的现金转移支付计划就是通过这种方式在世界各地推广开来的。

（6）从更为宏观的层面看待和解释对外援助。援助一般被理解为无偿的资金和物质的转移。但从更为广泛的层面上看，很多经济发展项目所产生的对社会生活和经济生活的正面效应，其实起到了和援助同样的效果。例如，中国的通信企业华为和中兴为非洲的很多国家建设了通信网络。虽然这些活动多数属于商业活动，但是手机的普及，实际上对非洲贫穷国家的人们增加了很多提升教育、发展经济、开展新经济活动以及改善健康的机会。同样，中国在非洲的投资，也间接推动当地人口更为重视教育，其效果和直接进行教育援助也是可以比拟的。

（7）实施绿色援助项目评估。中国在多个国家特别是在非洲国家有很多较为成功的对外援助案例。但中国对援助项目的效应评估方面重视不够，因而对成功援助项目的推介和宣传没有达到应有的高度。如果中国在其重大国际援助项目或者经济发展项目中引入第三方机构进行评估，那么效应评估报告不仅可以成为未来项目的指引和经验汇总，而且使援助的成果得到国际社会的认可。

（8）对中国而言，纯粹绿色援助有可能是一件不容易的事（有时甚至遭到受援方当地居民的反对），因而需要慎重行事。中国目前急需做到的是在国际援助过程中既注重发展，又注重绿色。换句话说，就是对目前的和未来的对外扶贫项目、经济合作项目、对外投资项目等都需要注重绿色发展。

五、结 语

大气污染、水污染特别是气候变化引致的自然灾害，根本无法依靠单个国家的能力解决。环境的公共产品属性也决定了私人部门既缺少解决环境问题的能力，也缺乏解决环境问题的动力。因此，国际协作变成了可持续发展的必要条件。对世界经济整体而言，发展中国家重走某些发达国家先发展、后治理的老路既没有效率，也没有益处。

按照 OECD（2013）的定义，绿色增长系指在确保自然资产能够继续为人类幸福提供各种资源和环境服务的同时，促进经济增长和发展。为此，必须促进投资和创新以便为持续增长提供支持、为经济发展带来新机遇。绿色增长是在发展经济的同时降低污染水平和温室气体排放、最大限度地减少自然资源的浪费和低效率使用、保持生物多样性以及减少对化石类燃料的依赖，从而提高能源安全和人类健康水平。

除了援助基本目的的不同之外，目前生态援助最大的障碍还是贫困。联合国千年发展目标的第七项为确保环境的可持续能力。针对这一目标，联合国制定了发展进度和衡量指标，从而构成绿色援助的风向标。在联合国后千年发展议程中，环境可持续发展、食品和营养安全、能源、饮用水等议程与国际绿色援助相关。与千年发展目标制定时不同的是，以中国、印度、巴西为代表的新兴国家经济的崛起使得这些国家成为国际援助的重要力量。因而后千年发展议程既要反映传统援助方的意愿，也要考虑新兴国家的想法。

后千年发展框架需要更多地考虑环境和能源消费问题。在 2012 年联合国可持续发展会议（里约＋20 会议）上，全球可持续性高级别论坛建议：第一，各国政府应该采用超越简单 GDP 的经济表现指数，转向测算经济可持续性的指数；第二，各国政府还应该改革金融市场的管理规则，目的是鼓励长期稳定的可持续性投资；第三，逐步减少破坏环境的补贴，并在 2020 年彻底消除这类补贴。

目前绿色援助项目有：水供应和公共卫生项目，能源制造和供应项目，公共交通项目，以及农业和林业项目。相比传统的援助，绿色援助的目标从援助目的、援助规模、援助时间、技术要求、财政保障等各方面都有极大不同。就援助目的而言，绿色援助项目针对的是气候变化、环境保护、农业生产技术提高、新能源应用等，经常需要国际合作和跨部门协调，而不是少数援助资源和少数部门就能完成的任务。与人道主义和自然灾害救助不同，绿色援助的项目需要长时间才能显现效果。如何对长期的援助项目进行支持、监控和评价都是以往的援助项目所未曾涉及的，因而这是一种全新的挑战。就技术要求而言，绿色援助项目会涉及大量的技术和设备。对发展中国家而言，此类从研发到实施的技术门槛都是很难独立完成的巨大考验。绿色技术可以说是实现绿色援助的支柱之一。国家政策和私人部门利益是绿色国际援助中技术转让和知识产权转让的主要障碍。就援助金额而言，实现气候变化、绿色农业等项目所需资金量远远超过普通援助项目。援助方和援助路径的多元化，还来自各界对以往援助的效果的并不乐观的结论。

西方国家，特别是美国和英国，已经开始尝试不再把援助和附加条件挂钩。西方发达国家在其工业化发展过程中引起的气候变化对发展中国家有重大影响，因此发达国家应予以补偿。发展中国家的困境在于没有合理的技术开发能力和市场。南南合作中的对外援助更受受援方的欢迎，这是因为身为发展中国家的援助方比较能够从自身接受援助和发展的经验出发开展更为符合实际的援助，比如对援助项目不附带政治条件，更了解受援方的实际需求，对援助项目的设计会更贴近当地的实际需要等。

按照世界银行的定义，成本收益分析是在事前计算预期的成本和收益，用于评估项目的可行性。效应评估是尝试考察援助项目执行和参与状况与援助结果之间的因果联系，以确认一个项目的实施是否对实际社会经济状况产生了影响。近年来在国际援助中大量使用这两种方法进行评估。对援助项目的评价能够使援助方和援助项目获得国际社会的认同。

中国在多个国家特别是在非洲国家有很多较为成功的对外援助案例。但中国对援助项目的效应评估方面重视不够，因而对成功援助项目的推介和宣传没有达到应有的高度。按照效应评估专家的估计，效应评估的成本因项目大小存在差异。对大项目而言，评估成本占总项目经费的1％～3％，对中小型项目而言，占3％～5％。成本占比可能不低。但是考虑到效应评估对政策和对公众的影响力，这一成本并不昂贵。

2014年世界银行发布了《环境与社会基本框架（草案）》，阐明了在发放援助借款时必须考虑的十个标准。按照世界银行的《环境与社会基本框架（草案）》，未来的借款方需要满足以下十个标准：（1）评估并管理环境和社会风险及影响；（2）劳工及工作环境；（3）资源效率及防止污染；（4）社区健康及安全；（5）土地获得、土地用途限制及自愿安置；（6）生物多样性保护及生物自然资源的可持续管理；（7）土著居民；（8）文化遗产；（9）金融中介机构；（10）信息披露和利益相关者的参与。采用这套标准可以达到以下目的：第一，支持借款方在环保和社会可持续方面达到国际公认标准；第二，协助借款方满足国际与国内的环境和社会义务；第三，提高反歧视、透明、参与度、可信度及治理水平；第四，通过持续的利益相关者的参与，提高可持续发展水平。

对外援助包括所有以项目形式进行的援助行为，涵盖提供技术援助、预算支持、培训、资助非政府机构等。科学技术在绿色援助中不可或缺。不同于以往的多数援助项目，没有技术支持，绿色援助项目很难取得成功。科学技术水平低下是发展中国家亟须解决的问题。为了帮助发展中国家在经济发展中减少环境破坏，提高清洁技术是当务之急，而重中之重是技术转移和知识产权问题。

中国有句古话：救急不救穷。"急"可以理解为天灾人祸。当别国发生天灾人祸或者其他紧急事件的时候，施以救援，是基于人道主义原则。而对于发展而言，则非单纯依靠提供资金和设备就能改变一个国家的落后状态。中国自身发展并非靠外援，同时也不认为一个国家可以靠外援发展。中国在实施国际援助时更重视经济领域和民生，包括农业、经济资助、文化、环境、人力资源发展、医药服务、减债、科技合作等等。现在美国也开始考虑通过援助基建和经济发展项目，提高援助的有效性。由于没有系统实施援助项目的成本收益分析和效应评估，目前中国对非洲的援助的确切影响难以计量，包括互补和竞争关系、直接影响和间接影响都难以确认。

对中国这样的发展中大国而言，更是一个通过对外援助树立国家形象和输出软实力的良好途径。根据绿色援助的特点，中国在今后的援助项目中可以重点关注以下方面：（1）吸引多方参与，降低风险。绿色援助的特点决定了该类项目周期长、投资大且需要配合的政府和各个部门众多，因此取得成功殊为不易。（2）提供多种形式的援助，按照需求搭配组合。绿色援助所需时间长，资金量巨大，并且对技术和治理环境有较高要求。因此在确定援助方式时，可以考虑将各种不同的援助手段搭配组合，而非单一地进行资金和物资输送。（3）在项目实施过程中，进行知识产权包括金融基础知识等的转让，提高绿色援助的层次和受援方的认同感。（4）通过双边合作和参与多边援助组织的形式，积极介入受援方的绿色发展规划和政策制定。（5）设立如国际水稻研究所（IRRI）类型的国际机构，通过绿色发展项目，一方面推广技术，另一方面利用国际上现行的援助发展评估技术，推广中国的软实力。（6）从更为宏观的层面看待和解释对外援助。（7）加强项目评估，提高项目的实施效果和国际影响。（8）对中国而言，纯粹绿色援助有可能是一件不容易的事（有时甚至遭到受援方当地居民的反对），因而需要慎重行事。中国目前亟须做到的是在国际援助过程中既注重发展，又注重绿色。换句话说，就是对目前的和未来的对外扶贫项目、经济合作项目、对外投资项目等都需要注重绿色发展。

第六章

论"全球有效发展合作伙伴"
议程的演化与前景*

"全球有效发展合作伙伴"（Global Partnership for Effective Development Cooperation，GPEDC）第一次高级别会议于 2014 年 4 月 15—16 日在墨西哥城举行，全球 130 多个国家共 1 500 多人参加了该会议。联合国秘书长潘基文（Ban Ki-moon）代表联合国在大会的开幕式中围绕 2015 年后全球发展的筹资框架、宏观经济稳定、发展援助、贸易联系、债务状况等问题进行了主题发言。他指出，"对于处于冲突之中或者难以受到国际融资流动惠及的世界上最不发达的国家而言，官方提供的发展援助尤为重要，传统的捐赠者与受助者之间的关系正在发生变化，发展势头迅猛的南南合作为世界发展提供了全新视角。"[1] 同时，墨西哥总统恩里克·佩尼亚·涅托（Enrique Peña Nieto）在开幕式上的致辞中强调"我们有机会携手共进，旨在实现我们所期望的具有包容

---

* 作者：李小云、马洁文、王伊欢。李小云，中国农业大学国际发展学院教授、院长。

① 新华网．首届"全球伙伴关系"高级别会议在墨西哥召开．2014 - 04 - 16，http：//news. xinhuanet. com/world/2014 - 04/16/c _ 1110266235. htm 以及 "The First High-Level Meeting of the Global Partnership for Effective Development Cooperation Marks a Major Milestone in the Global Fight against Poverty"，http：//www. effectivecooperation. org/hlm2014/，访问日期：2015 年 5 月 8 日。

性以及可持续性的、有效的发展合作，进而在此基础上建立一个国际援助新架构，并在 2015 年后发展议程的关键问题上达成一致"①。会议还着重就 2011 年 11 月在韩国釜山召开的"第四届援助有效性高级别论坛"（HLF - 4）上形成的《有效发展合作伙伴关系釜山宣言》（The Busan Partnership for Effective Development Cooperation）的推进情况、如何在发展中更多地依靠发展中国家内部发展资源、如何提升南南合作的有效性以及如何继续支持中等收入国家的全面发展、私营领域的发展路径选择等议题展开广泛讨论。会议最终通过了"迈向包容性的 2015 年后发展议程"（Building Towards an Inclusive Post-2015 Development Agenda），同时还正式形成并发布了由不同国家、国际组织、非政府组织和智库提出的 38 项后续行动计划。②

围绕着"全球有效发展合作伙伴"议程本身以及召开这个会议的意义等问题所展开的讨论一直持续不断。一方面，对该议程持保留态度的观点认为：虽然涉及全球发展的各利益相关者积极地参与了会议，但是该议程仍然摆脱不了发达国家对全球发展政策的实际控制，发达国家企图继续通过拉入（buy-in）更多的国家来支持其已被证明失败的发展主张③；中国和印度这两大新兴大国的实质性缺席和其他新兴国家如巴西、南非的消极反应都使该议程的合法性备

---

① 参见 "Global Leaders Pledge New Action to Boost Development Cooperation"，April 17，2014，http：//effectivecooperation. org/2014/04/17/global-leaders-pledge-new-action-to-boost-development-co-operation-in-mexico/，访问日期：2015 年 5 月 8 日。

② 该 38 项后续行动包括针对发展有效性进行的非洲行动计划、围绕国际援助有效性展开的努力、未来国际合作的政策网络等。更为细致的行动计划，请参见 "Annex 1：Voluntary Initiatives"，http：//effectivecooperation. org，访问日期：2014 年 5 月 16 日。

③ 这一企图的源头可回溯至对《关于援助有效性的巴黎宣言》（以下简称《巴黎宣言》）成果文件的分析。J. Brian Atwood（2012）在其文章中分析，《巴黎宣言》成果文件的意图之一，即是"保证同发展中国家一道共同担当发展的责任以及需要拉入的实现和相互问责机制的展开来实现国家自主权"。ATWOOD J B. Creating a Global Partnership for Effective Development Cooperation. A Paper Prepared for the University of Minnesota's Center for Integrative Leadership Conference on "Creating Public Value in a Multi-Sector，Shared-Power World"，2012，p. 2.

受质疑①，这意味着旨在开启一个传统援助者和新兴援助者在发展合作领域平等对话的新时代的愿望暂时落空，既有的国际发展合作结构的转型仍未实现②；另有观点将此次会议视为从"援助有效性"向"有效的发展合作"的范式转移，更多的参与方有可能使合作计划变得更碎片化，或是增加内部一致性断裂的风险③；此外，还有研究者担忧在联合国发展合作论坛（UN Development Cooperation Forum）之外发起这样的磋商将会对联合国的权威性产生一定影响。④另一方面，对"全球有效发展合作伙伴"议程持积极态度的观点认为，国际发展格局已经发生了根本变化，发达国家在全球发展中的话语权正在下降，该议程顺应了这一变化，其囊括了非政府组织、学术智库以及私营部门组织结构，与由经济合作与发展组织发展援助委员会（OECD-DAC）⑤下设的 24 个成员主导国际发展援助的格局相比更具合法性、代表性和包容性⑥；还有观点指出，全球有效发展合作伙伴对于培育一个包容性的、可持续发展的、多元利益

①　会议主办方宣称他们在会前就会议宣言的草稿与中方进行了沟通，中方虽提出了关于南南合作的意见，但最终没有参加该会议。印度只派出了驻墨西哥的外交官参加会议。南非派出了主管国家发展合作的高级官员参加会议。巴西政府虽派出代表团参加会议，但是巴西代表在大会上明确表示巴西不属于"全球有效发展合作伙伴"的成员，出席大会主要是出于外交礼仪的考虑。对此，UNDP（2014）在其 2014 年 4 月 30 日发布的《全球问题新闻简报》中指出，印度、中国因担忧全球发展合作伙伴关系高级别会议对于南南合作的有关做法以及会议成果文件的约束性，而共同抵制此次会议。

②　FUES, T., KLINGEBIEL S. Unrequited Love: What Is the Legacy to the First Global Partnership Summit？. German Development Institute, The Current Column, 17 April, 2014, p. 1.

③　参见 Homi Kharas, "Improve Aid Effectiveness", April 16, 2014, http：//devcooperation. org/，访问日期：2015 年 4 月 30 日。

④　参见 Benjamin Day, "Paradigm Shift or Aid Effectiveness Adrift? Previewing the First High Level Meeting of the Global Partnership", April 16th, 2014, http：//devpolicy. org/paradigm-shift-or-aid-effectiveness-adrift-previewing-the-first-high-level-meeting-of-the-global-partnership-20140416/，访问日期：2015 年 4 月 30 日；以及 Jonathan Glennie, "Development Partnership Conference: What Did We Learn?", April 22, 2014, http：//www. theguardian. com/global-development/poverty-matters/2014/apr/22/development-partnership-co-operation-conference，访问日期：2015 年 4 月 30 日。

⑤　以下简称"发展援助委员会"。

⑥　参见 Neissan Alessandro Besharati, "A Year after Busan: Where Is the Global Partnership Going?", Occasional Paper Number. 136, Feb 19th 2013, http：//www. saiia. org. za/occasional-papers/a-year-after-busan-where-is-the-global-partnership-going，访问日期：2015 年 5 月 2 日。

者参与的框架而言是一个绝佳的机会。^①另外，该议程讨论的内容从过去狭隘的"援助有效性"转向了"发展有效性"，这种转变不仅仅为中国，也为其他发展行动者适应其自主选择的发展路径提供了空间，充分反映出发展中国家对发展的强烈诉求。^②

"全球有效发展合作伙伴"议程的出现是 21 世纪以来多中心全球化格局在国际发展合作领域中的一个缩影。一方面，长期主导国际发展事务的西方国家由于受其经济实力的下降及其倡导的发展方式在发展中国家遭遇的重重挑战等影响，导致其对国际发展事务的影响力正在逐渐减弱；另一方面，新兴国家的崛起和不同发展方式的成功实践，特别是中国持续经济增长和大规模减贫所创造的发展中国家实现经济发展和社会转型的"奇迹"，深刻地改变着国际发展合作的格局^③，这无疑成了促进西方主导的传统国际发展合作体系发生变化的关键催化剂。本章旨在系统介绍"全球有效发展合作伙伴"议程形成的历史过程，分析该议程遭遇的挑战以及前瞻其未来的发展前景，并进一步就我国该如何应对国际发展格局的变化提出相应的政策建议。

一、"全球有效发展合作伙伴"议程形成的历史分析

"全球有效发展合作伙伴"议程的倡议来源于 2011 年 11 月在韩国釜山召开的"第四届援助有效性高级别论坛"。釜山高级别论坛在会后通过了长达 11 页的釜山会议文件，其中提出了建立一个"全球有效发展合作伙伴"的呼吁。

---

① 参见 Mark Suzman，"Fostering New Partnerships for an Inclusive Post-2015 Agenda"，April 17, 2014，http：//devcooperation. org/，访问日期：2015 年 5 月 2 日。

② 参见 Xiaoyun Li，Dan Banik，Lixia Tang and Jin Wu，"Difference or Indifference：China's Development Assistance Unpacked"，IDS Bulletin，Volume 45，Number 4，July 2014，pp. 22 - 33.

③ 李小云、唐丽霞，徐秀丽. 国际发展合作格局变化与我国的相应对策. 外交部课题报告，2014.

在发展援助委员会的推动下，有关各方在会后正式启动了这一议程。后经相关参与方广泛协商同意，由发展援助委员会和联合国开发计划署（UNDP）共同设立联合秘书处，推举印度尼西亚发展计划部部长阿尔米达·阿里沙赫巴纳（Armida Alisjahbana）、尼日利亚财政部部长恩戈齐·奥孔约-伊维拉（Ngozi Okonjo-Iweala）和英国国际发展大臣贾斯汀·格里宁（Justine Greening）共同担任该合作伙伴的联合主席，并设立了主要负责定期召开部长级会议以及例会的指导委员会。[①] 该议程联合主席的安排和指导委员会代表的分配比例主要出于两方面考量：一是突出受援方和新兴国家在全球发展政策决策中的作用；二是尽可能使伙伴议程的领导与管理结构具有最广泛的代表性。与以往由发展援助委员会为主讨论全球发展政策的结构不同，该议程在代表的参与性方面确实做到了更大的包容性，并在很大程度上提升了发展中国家在制度层面的参与。尽管仍有质疑该议程有效性的声音，认为无法期望其在短时间内取得明显效果[②]，但是该议程的出现仍被普遍视为全球发展治理方面的一个里程碑[③]。但同时需要认识到，虽然墨西哥城会议的参会方来自发达国家、发展中国家、国际发展组织、非政府机构、学术机构和相关智库等多方面，但该议程仍然因循了以西方为主导的发展援助制度发展路径，并且其最终的形成与发展援助委员

---

① 指导委员会的联合主席分别为墨西哥外交部部长 José Antonio Meade Kuribrena，荷兰贸易与发展部部长 Lilianne Ploumen 以及马拉维的财政、计划经济与发展部部长 Goodall Edward Gondwe。该委员会具体由代表援助方、受援方、国际组织、非政府组织、私营部门、国际发展金融组织和基金会等的共 20 位负责发展和经济事务的高级官员组成，其中包括 5 名来自受援方的代表，2 名既提供援助又接受援助的国家的代表，3 名援助方代表等。指导委员会的工作旨在公平和透明的原则下展开，确保最大限度地吸纳所有全球伙伴合作关系成员的意见。具体信息请参见 http：//effectivecooperation. org/about/steering-committee/。

② 参见 Jonathan Glennie，"Busan Has Been an Expression of Shifting Geopolitical Realities，" Dec. 2, 2011，http：//www. theguardian. com/global-development/poverty-matters/2011/dec/02/busan-shifting-geopolitical-realities，访问日期：2015 年 4 月 30 日。

③ ATWOOD, J B. Creating a Global Partnership for Effective Development Cooperation. A Paper Prepared for the University of Minnesota's Center for Integrative Leadership Conference on "Creating Public Value in a Multi-Sector，Shared-Power World"，2012，p. 2.

会的历史演变和功能直接相关。因此，为了能够更系统地分析该议程的演变过程，首先有必要简要地回顾一下发展援助委员会的历史。

一般认为，美国前总统杜鲁门（Harry Truman）于 1949 年 1 月 20 日的讲话中阐述的"4 点方案"（Point Four）标志着现代发展合作的开始。[①] 在第二次世界大战后的相当长一段时间内，国际发展援助的资金主要由美国提供并用于"马歇尔计划"（Marshall Plan）的实施，这使得战后的西欧及日本在很大程度上受益，国家经济得以迅速发展，并随后加入了提供国际发展援助的行列。在这样的情况下，为了避免出现国际发展援助各自为政的乱局，美国认为有必要建立一个国家间的制度机制来协调不同国家、国际组织和非政府组织提供的发展援助。基于此，美国和其盟友于 1960 年 1 月共同组建了"发展援助小组"或称"发展援助集团"（Development Assistance Group，DAG），该小组成立时吸纳了美国在内的 11 名小组成员。[②] 这既可以被看作是西方发展援助集体型组织形态的形成和美国主导地位的确立，也可以被视为国际发展援助体系在美国主导下的第一次扩张。1961 年 9 月，欧洲经济合作组织（OEEC）让位于现在的经济合作与发展组织（OECD）；同年 10 月，"发展援助小组"被并入经合组织，并更名为"发展援助委员会"（Development Assistance Committee，DAC）。为了配合发展援助委员会的工作，经济合作与发展组织内部成立了包括"发展筹资"和"技术援助"两个子部门的发展部，其中发展筹资部门于 1969 年改名为发展援助司，1975 年更名为现在的发展合作司，并长期扮演发展援助委员会的办事机构和秘书处角色。

从表面上看，建立这样一个体系的基本逻辑是首先假设不同的援助提供者

[①] 发展援助主要起源于基督教在非西方世界的传播以及欧洲民族国家形成时期相对发达的国家和落后的国家之间通过资金和物资转移形式开展的合作，现代的发展合作以"4 点方案"为主要标志。

[②] 1960 年成立的"发展援助小组"的成员为比利时、加拿大、法国、联邦德国、意大利、葡萄牙、英国、美国、欧共体、日本、荷兰，共 11 个。

都有一个共同的目标，但如果提供援助的方式、路径等相互不协调，那么援助的目标很难落实；其次，在一个具有共同目标的群体内，如果没有一个相互对照和制约的压力，也难以保证援助提供者履行其提供援助的承诺；最后，如果缺乏普遍适用的统一援助标准，援助质量的保障也是一道难题。基于上述考虑，发展援助委员会于 1961 年采用了"发达国家应提供占其国民生产总值（GNP）1％的资金用于发展援助"的标准，该比例在 1969 年经《皮尔森报告》建议后更改为 0.7％，又于 1993 年以国民总收入（GNI）替代了国民生产总值（GNP）这一概念，比例保持不变。① 此外，发展援助委员会于 1962 年首次实施了针对成员国的评估，也就是今天仍在坚持实施的"同伴评估"（peer review）。② 同时，发展援助委员还建立了不同国家之间可比较的数据统计和报告系统，致力于更加有效地推进同伴评估。然而从实质上看，建立这样一套发展援助整合机制是美国在发展援助提供者日趋多元的格局下力图确保发展援助的实施不会偏离美国政治目标的战略性措施，尤其考虑到在冷战这一历史背景下，其对美国的重要性不言而喻。再更进一步地来看，美国为了规避外界对其通过"绑架"其他国家的援助来达到实现其自身安全和政治利益的目的的质疑，它一方面继续强化其自身发展援助的政治影响，如向拉丁美洲派遣和平队，另一方面又不断通过强化其援助的技术特点的方式来力图将发展援助去政治化和中性化，并且通过在全球范围内倡导单一价值体系来实现其发展援助道

---

① 1970 年，联合国决议通过了官方发展援助占国民生产总值（GNP）0.7％的目标，发展援助委员会大部分成员都遵循该目标。1993 年，GNP 的概念又被国民总收入（GNI）的概念取代。时至今日，官方发展援助占 GNI 的 0.7％已成为国际社会公认的目标。

② 发展援助委员会是国际上唯一一个针对双边发展合作机制进行经常性评议的机构，每年会对 4 至 5 个成员的发展政策、战略和活动进行评议，成员每 4 年被评估一次。评议的内容包括成员对发展援助委员会及其下属工作组提出的政策建议的落实情况、履行国际和国内承诺的情况等。评议的目的是提高被评议国家发展战略、政策制定、机制调整和具体项目的实施水平，并分享关于发展的良好实践，从而提高成员整体的援助有效性水平。同伴评估所带来的压力被视为提升发展援助水平的有效途径。更多介绍，请参见：http://www.oecd.org/site/peerreview/。

德普世化。落实到更具体的做法来看，首先，美国着力推动发展援助与联合国第一个发展十年相挂钩，这奠定了发展援助的制度合法性基础，而联合国于1970年10月通过的决议中采纳了"发达国家将其 GNP 的 0.7% 作为全球发展资源"的提议，这一提议也进一步夯实了发达国家在国际发展援助体系中掌握话语权的经济基础。其次，经济合作与发展组织在美国的支持下成立了发展中心，许多发达国家也纷纷成立发展研究智库以展开有关发展援助的科学研究，积极为去政治化的发展援助提供知识储备。如自 20 世纪 70 年代以来提出的"基本需求战略""性别与发展""参与式发展""可持续发展"等概念均是西方通过其研究机构生产出的"发展知识"，这些知识打着"共同价值"的名号，以中性甚至同情发展中国家的视角出现，在发展中国家发展了一大批忠实拥趸。然而，这些知识的隐喻实则在不同程度上体现出了西方的霸权意志，而发展援助的技术官僚化发展也掩盖了发展援助的政治意图。① 不仅如此，西方在发展援助道德化与知识技术化的过程中还着力将其主导的发展援助同时植入教育体系，建立了一整套培养发展研究领域的学士、硕士和博士的教学体系，形成了发展知识生产与应用的完整链条，并且发展理论所一直坚持的在西方社会、经济和政治体系发展方面的经验普世化这一使命也长期主导着发展的理论和实践。与此同时，美国还进一步采用将其政治议程道德普世化的手段，巧妙地将不同的援助提供者统一到由美国制定的规范之下，实现了其对国际发展援助体系长期的主导和控制。总体而言，美国以占据普世化道德高地为前提，依托一系列规范建立起了一个能有效地践行自身价值，并通过所谓的"拉入"手段来实现的、旨在整合不同的援助资源的制度路径。其结果是一方面将不同的援助资源有效地纳入以美国为代表的西方发展援助体系，但另一方面也造成了

---

① MOOSE, D. Adventures in Aidland: The Anthropology of Professionals in International Development. New York: Berghahn Press, 2011, p. 90.

国际发展援助变革的严重路径依赖。同样地，在过去的十多年中，发达国家在整合非发达国家的发展援助的过程中使用的一系列做法，无论在动机上还是手段上都与 20 世纪 60 年代美国设法纳入其他西方援助提供国如出一辙。

另外，"全球有效发展合作伙伴" 议程的演化又与对以美国为主导的发展援助效果的质疑紧密相连。在 1995 年召开的发展援助委员会的部长级会议上，与会者集中讨论了 "发展援助如何有效地发挥可以度量的作用" 的问题。会议形成的《形塑 21 世纪：发展合作的贡献》报告提出发展援助的目标是 "使全球范围内绝对贫困人口减少一半"，该目标后被联合国采纳为 "千年发展目标" 的主要内容。随后，2002 年 3 月在墨西哥蒙特雷召开的第一届 "发展筹资问题国际会议" 上明确提出了 "增加援助数量并不必然导致好的援助效果" 这一观点，发展援助的有效性议题开始备受关注，发展援助委员会也随即将援助有效性问题纳入其主要的工作内容当中。2003 年 2 月，发展援助委员会在意大利罗马召开了 "第一届援助有效性高级别论坛"。在该论坛上，发展援助委员会的成员发现它们要求受援方提交的各类的报告给其造成了巨大负担，分散了它们专注于研究自身发展战略的精力，因此，罗马会议形成的宣言明确提出了 "和谐援助" 理念，并在此基础上成立了 "援助有效性工作组"（the Working Party on Aid Effectiveness，WP-EFF）。[①] 同时，发展援助委员会也意识到要想改善援助的有效性仅仅靠自身的努力是不够的，因此将讨论和制定援助有效性政策的范围扩大到双边机构、多边机构、发展中国家政府、新兴国家、民间

---

① 该工作组是受援方与援助机构共同参与的以提升援助有效性为核心目标的国际平台。2002 年 3 月在蒙特雷召开的 "发展筹资问题国际会议" 就如何建立全球发展伙伴关系并加速千年发展目标进程的行动达成了共识。作为后续行动，2003 年 5 月援助有效性工作组建立，主要目标是为提升援助有效性的政策和实践提供指导。工作组的一个标志性成果是 2005 年由 100 个国家签署的《巴黎宣言》，该宣言为提升援助质量制定了具体的路线图，提出了作为援助有效性基础的 5 大原则，分别为自主（ownership，受援方自主制定本国发展政策）、一致（alignment，援助体现受援方优先发展目标）、协调（harmonization，援助方之间的程序协调、信息分享）、结果导向式管理（managing for results，援助管理及决策重视援助效果）和相互问责（mutual accountability，援助方和受援方均对发展结果问责）。

社会组织以及公共和私营部门等领域，这是以西方为主导的国际发展援助体系第一次将其政策讨论范围扩大到发展援助委员会成员之外，该工作组最终由80位来自上述部门的代表组成。① 这个工作组实际上成为之后一系列有关发展援助有效性的高级别会议的发起者和组织者，并围绕这个工作组的运作形成了一个开放的讨论发展援助有效性的全球论坛，这一行动可被视为是在美国主导下的国际发展援助体系的第二次扩张。与第一次扩张相比，它呈现出了两个更加鲜明的特征：首先，这一次的扩张范围涉及参与全球发展的各个方面，参与方的广泛性前所未有；其次，参与方的扩大又意味着长期统治国际发展援助体系的发展援助委员会在援助政策决策中的作用开始下降，发展援助政策已不再可能仅由发展援助委员会成员单独主导，对全球发展援助政策的讨论已过渡至更加开放和包容的阶段，并逐步奠定了发展中国家话语权的制度性基础。继罗马会议后，援助有效性工作组于 2005 年在巴黎召开"第二届援助有效性高级别论坛"，并在论坛之后发表了《巴黎宣言》。该宣言围绕着援助的自主、一致、协调、结果导向式管理和相互问责 5 个方面提出了 56 项具体措施，其中最积极的贡献是开始认识到援助和发展之间的不对称关系，并试图充分调动受援方在利用援助上的自主性和能动性。随后，2008 年 9 月在加纳阿克拉召开了"第三届援助有效性高级别论坛"，最终形成《阿克拉行动议程》。参会各方在此次论坛上就如何进一步发挥受援方的自主性，特别是更大程度地利用受援方自身的系统展开工作达成共识。2011 年 11 月，援助有效性工作组在韩国釜山召开了"第四届援助有效性高级别论坛"。釜山会议不仅在参与方的范围上比以往三次会议更广泛，更重要的是论坛议程也从对"援助有效性"问题的关注转变到对"发展有效性"问题的讨论，这使得传统西方在国际发展援助体系

---

① 请参见 "The Working Party on Aid Effectiveness-Transforming Global Partnerships for Development", March 2010, http://www.oecd.org/development/effectiveness/45498646.pdf，访问日期：2015 年 5 月 3 日。

中的话语权和实际统治地位遭遇了空前挑战。为了应对挑战,发展援助委员会等会议主导方在会议文件、议题和参与机制等方面做出了很大让步,同时他们仍寄希望于依托传统的"拉入"方式坚守底线。因此,釜山会议可以被视为国际发展援助体系进行第三次扩张的标志性事件。与前两次不同的是,这次扩张致使统治国际发展援助议程的援助有效性问题被发展中国家关心的发展问题所取代;实际领导历次援助有效性高级别会议的"援助有效性工作组"至少在名义上消失了,并被"全球有效发展合作伙伴"的领导及其管理机制所取代。上述转变在一定程度上意味着以美国为中心的、依托发展援助委员会制度机制的国际发展援助体系在议程上和结构上发生了某种意义上的转型,而这一转型所具有的进步意义可见一斑。

然而,即便是发生了上述一系列积极的变化,新的"全球有效发展合作伙伴"议程无论在形成的方式上还是就其工作的具体内容而言,仍未彻底摆脱西方发达国家长期施加的实质影响。首先,西方发达国家关于发展的知识生产体系在过去60多年中积累了丰富的内容,其对国际发展援助体系的主导性话语影响难以在短时间内被迅速削弱,同时,包括新兴国家在内的发展中国家的自主性知识生产体系仍处于探索的起步阶段,还无法同西方的发展知识话语抗衡;其次,国际发展援助仍存在严重的对西方发展框架的路径依赖,虽然新兴国家特别是中国的发展经验在某种程度上对西方的发展路径形成了挑战,但仍不足以冲击既有的西方发展路径的长期影响;最后,"全球有效发展合作伙伴"议程在本质上还是以美国为主导的西方发展援助体系在新的条件下通过"拉入"策略使其继续发挥作用的一种隐蔽手段,对此我们应该有足够清晰的认识和判断。

二、"全球有效发展合作伙伴"议程的前景分析

如前所述,虽然"全球有效发展合作伙伴"议程在形式上比以往任何形式

的由发展援助委员会发起的全球发展援助论坛都更具有代表性①，但是，墨西哥城高级别论坛一直推迟到釜山高级别论坛的约两年半以后才举行，而且新的伙伴计划秘书处的经费也迟迟未得以落实，这在某种程度上传递出"即便是发达国家的政界高层也缺乏对该议程达成一致承诺"的消极信号。有研究者认为，几乎与釜山会议一样，组织者们为了争取更多国家的签名而有意识地淡化新的伙伴议程可能存在的分歧，而将分歧模糊化的做法最终只能导致签字各方对这样一个新的议程不了了之，并且特别指出"伙伴关系"（partnership）一词在这里的使用也有待斟酌，因为主要的援助方并未从中感受到任何实质性压力。② 综合目前各方的反应来看，该议程的发展前景主要受到以下几个方面的影响：

第一，中国和印度等新兴国家的态度对该议程的发展前景造成了直接影响。③ 新兴国家，特别是中国和印度在全球经济中的重要作用早已清晰地呈现在了世界面前。西方发展体系一方面认识到了新兴国家在国际发展体系中的潜在作用，另一方面则担心新兴国家，特别是中国的发展经验对西方自由主义和新自由主义发展框架构成挑战。许多西方学者直接宣称中国的发展援助抵消了西方国际发展援助组织实施的良政治理（good governance）的效果，尤其是中国提供"不附加政治条款"的援助给西方传统援助方施加了不小的压力，这导致受援方政治和经济制度的必要改革被延迟甚至取消。④ 因此，尽可能地拉入

---

① 该伙伴计划议程由共计 161 个国家和 56 个组织签署。请参见 "Who Supports the Global Partnership?"，http：//effectivecooperation. org/about/who-supports-the-global-partnership/，访问日期：2015 年 5 月 3 日。

② 请参见 Jonathan Glennie，"Development Partnership Conference：What Did We Learn?"，April 22，2014，http：//www. theguardian. com/global-development/poverty-matters/2014/apr/22/development-partnership-co-operation-conference，访问日期：2015 年 4 月 30 日。

③ FUES T，KLINGEBIEL S. Unrequited Love：What Is the Legacy to the First Global Partnership Summit?，German Development Institute，The Current Column，17 April，2014，p. 1.

④ MANNING，R. Will Emerging Donors Challenge the Face of International Co-operation？. Development Policy Review，2006，24（4）：371 - 383.

新兴国家加入西方阵营成了过去十多年西方发展援助体系的主要策略,这一策略始于 2003 年的罗马援助有效性高级别论坛上围绕"包容新兴国家参与援助有效性"所展开的讨论。虽然中、印等新兴大国都不同程度地参与了其后的巴黎、阿克拉和釜山等一系列有关援助有效性的高级别论坛,但这种参与并不意味着它们认同以西方为主导的国际发展路径。而中国直接缺席 2014 年 4 月在墨西哥城召开的援助有效性高级别论坛,印度只派驻墨西哥使馆官员参加以及其他新兴国家的消极反应均体现出新兴国家对待这一新议程的保留态度。

首先,新兴国家清楚地认识到西方国家事实上正在通过其以往惯用的手段,即设法将中国和其他新兴国家拉入一个看起来合理合法的框架内,从而迫使它们在西方主导的框架下承担更多的义务。对此,新兴国家特别是中国和印度的基本态度是它们在取得举世瞩目的发展成就的同时仍然面临国内发展的巨大压力,南南合作只能作为南北合作的补充,新兴国家无力为西方发展援助的问题买单。其中,对发展援助依赖性强的发展中国家自然也希望新兴国家能提供更加充裕的资金支持,在这一点上,发达国家的施压和许多发展中国家的现实需求共同制造出了性质不同的一致性。对此,中、印等新兴国家担心一旦发达国家绑架一些发展中国家向它们施加压力,作为发展中国家代表的中国和印度会陷入非常尴尬的处境。其次,以新自由主义为基础的西方发展援助存在很强的路径依赖,而为发展中国家提供支持的新兴国家几乎都认为自己参与的国际发展合作属于南南合作范畴,坚持有别于西方有条件的和干预性的发展援助。更为重要的是,新兴国家已联合建立了针对发展中国家的发展金融机构,如亚洲基础设施投资银行、金砖银行等,新兴国家没有必要依赖西方主导的全球发展机制来发挥自身作用。相反,按照新兴国家发展经验独立开展国际发展合作反倒会在某种程度上弥补传统发展机制的不足。此外,全球发展问题的讨论既有"联合国发展合作论坛"这样更为规范的平台,又有 APEC、G20 等非正式的多边机制,新兴国家有理由认为新的"全球有效发展合作伙伴"议程的实际意义并不突出，而无论从合法性还是有效性的角度看，全球发展问题的讨论和磋商都更应该在联合国的框架下展开。综合来看，至少中国和印度不大可能实质性地参与这一新的伙伴议程，而离开中国和印度的积极参与，新的伙伴议程的合法性与有效性无疑会大打折扣。

第二，长期以来，发展援助在促进发展中国家发展方面效果平平，这导致了国际社会对传统发展援助的信心持续下降。在釜山高级别论坛上，援助有效性议程转变成了发展有效性议程，这一转变的进步性是显而易见的。新的"全球有效发展合作伙伴"议程假定只要涉及发展援助的各个国家、各种发展组织甚至企业是具有一致目标的，再加上协调整合各个方面的资源，发展援助即能够有效地促进发展。然而，援助与发展之间的关系错综复杂，"援助究竟能否促进增长"是国际发展领域中长期聚焦的问题之一。

其一，受国内政治和西方发展理论路径依赖的影响，西方发展援助首要强调的是在发展中国家创造适合接受援助的条件，如良政治理、性别平等、腐败防治等。从这个意义上说，西方的发展援助议程与发展中国家的发展实际之间存在明显的断层，如果这一框架不发生变化，援助就难以有效地促进发展。虽然新的"全球有效发展合作伙伴"议程在议题上关注了发展问题，西方发展援助在过去十多年里也一直将减贫作为其核心工作目标，但在具体的操作层面上，西方援助工作的重点仍然是援助管理，而援助管理的核心是满足援助方国内政治的需要，也就是西方发展援助强调的问责。

其二，西方发展援助在 60 多年的运行中已经建立起了一套相对完善的知识和技术的双重官僚体系。这个体系形成了其独特的价值取向，发育出了相应的利益链条，也创造出了极其复杂的知识和技术框架，且长期维持在高成本的运行水准。虽然这一体系是在和发展中国家的长期互动中逐渐形成的，但该体系更多地受到发达国家的发展经纪人和代理人的操控，并且他们为发展援助提供的知识和技术大多源于西方的发展经验，因此在发展中国家的实践过程中会

遭遇不断涌现出来的各种问题。以对发展援助的有效性问题的讨论为例，从
20 世纪 90 年代开始关注援助有效性到 2011 年釜山高级别论坛，西方发展援
助体系无论从援助方还是受援助方的角度均提出了相应的问题解决办法。这些
包括和谐援助、援助协调等内容的方案自《巴黎宣言》发布特别是阿克拉高级
别论坛以来取得了一些进展，初步建立了从计划层面到执行层面的协调机制。
例如发展援助委员会通过成员间的共识，依托同行评估手段在计划层面相对统
一了援助的目标和手段，在受援方建立了协调小组，建立了与受援方匹配的集
体协调机制，大幅减少了受援方与每一个援助方之间的协调成本等。但是，援
助如何能通过受援方的内生性制度进行有效落实的问题则一直悬而无解。许多
发展中国家埋怨发达国家忽视发展中国家已有的制度条件，对其内生性制度总
以不透明、腐败、低效等借口不予信任。正如"全球有效发展合作伙伴"议程
合作主席之一尼日利亚财政部部长指出的那样，"问题的关键是援助方是否愿
意以及如何利用我们已有的国家系统来展开工作"。① 与过去不同的是，发展中
国家目前纷纷将减少援助在预算中的比例作为其改善发展环境的指标，转而着重
考虑如何增加国内财政收入以及提高其自主发展资源在发展中的比重。以西方普
遍认为援助使用情况良好的坦桑尼亚为例，在其 2013—2014 年度预算中，来自
西方发达国家提供的预算援助由之前的 22% 左右降到了 15% 左右。② 由此可见，
在全球发展资源多元化的条件下，传统发展援助的主体作用已逐渐呈现出下降趋
势。虽然新的"全球有效发展合作伙伴"议程希望能将多元化的发展资源协调统

---

① 参见 "Global Leaders Pledge New Action to Boost Development Co-operation", April 17, 2014,
http：//effectivecooperation. org/2014/04/17/global-leaders-pledge-new-action-to-boost-development-co-
operation-in-mexico/，访问日期：2015 年 5 月 3 日。

② 以 2013 年和 2014 年为例，2013 年坦桑尼亚政府预算总额为 113.75 亿美元，其中援助预算为
24.86 亿美元；2014 年坦桑尼亚政府预算总额为 120 亿美元，其中援助预算为 17.6 亿美元。相关数据
请参见 http：//www. mofcom. gov. cn/article/i/jyjl/k/201306/20130600168629. shtml，访问日期：2013 年 6
月 19 日；http：//tz. mofcom. gov. cn/article/jmxw/201406/20140600628796. shtml，访问日期：2015
年 5 月 3 日。

一，但是，由于议程的实质还是西方的援助有效性问题，加上发展中国家对援助的依赖性的下降，因此，新兴国家不大可能在实质上参与这个议程，并且伴随着以亚投行、金砖银行等为代表的非传统发展金融组织的应运而生，仍固守以传统西方发展援助为主线的新的"全球有效发展合作伙伴"议程的发展前景并不乐观。

第三，"全球有效发展合作伙伴"议程的内容本身也具有一定的争议性。"2015 年后发展议程"和"全球气候变化"是目前在联合国主导的多边发展机制下所主要关注的问题，而墨西哥城高级别论坛并未对这两个问题进行正式讨论，只是在一些非正式的焦点小组会议中进行了交流。[1] 论坛组织者显然是考虑到这两个议题争议太大，在这个论坛上展开讨论不利于使新的发展议程获得更广泛的支持，也会对论坛的参与性造成一定影响。但如果这是一个全球性的讨论发展问题的论坛，那么就不可避免地要讨论发展援助应如何应对这两个全球热点问题，而此次论坛对上述议题的忽视也就使外界自然产生了"这个论坛是否与全球发展真正相关联"的疑虑。

三、结　语

新兴国家的迅速成长不仅正在改变着全球政治经济的格局，同时也在形塑着全球发展治理的格局。虽然"全球有效发展合作伙伴"议程在很大程度上顺应了这一变化，但是，发达国家仍然希望继续在全球范围内的发展合作中发挥主导作用，并通过一系列"让步"将新兴国家的资源纳入其全球发展的框架中。

---

① 涉及的焦点小组讨论为 2. Africa Action Plan on Development Effectiveness，26. Launch of Coalition for Sustainably Resourced Public Service Delivery 和 31. Partnership for Climate Finance and Development，April 16，2014，http://effectivecooperation.org/wordpress/wp-content/uploads/2014/07/ENG _ Final-Consensus MexicoHLMCommunique.pdf，访问日期：2015 年 5 月 3 日。

"全球有效发展合作伙伴" 议程本质上是以西方为主导的国际发展援助体系的又一次扩张。该议程的主要目的是在充分承认新兴国家特别是中国的作用的同时，通过结合共同目标与不同责任的策略，试图将新兴国家拉入其主导的发展援助的框架中。这一传统的欧洲中心主义的意图显然受到了新兴国家的抵制，而其中的核心分歧点在于新兴国家无法按照西方的框架来界定所谓的共同目标和不同责任。事实上，新兴国家更多地在意是否能按照自主经验为全球发展做出贡献，而并非在意其具体承担责任的多少，西方发达国家对此的认识还不够充分。另外，新兴国家对这样一个议程的消极态度主要来源于对发展援助和发展之间关系的关切。虽然西方主导的国际发展援助一直旨在促进发展，但这一体系的理论指导和实践路径均存在局限性。围绕发展援助的讨论实际上已经演化成了如何按照西方国家的国内政治需要进行改革的问题，这一意旨在历次高级别论坛的议程中均有充分体现，墨西哥城高级别论坛也未能从根本上改变这一格局。此外，新兴国家认为全球发展机制的多元化应主要体现为不同机制的共存和互补，而仅仅通过一个共同的框架并不有助于不同的发展机制有效地发挥各自的作用。更为重要的是，发展援助真正发挥作用的关键还在于受援方能动性的施展，因此，根据受援方的需要在不附条件的前提下提供援助的方式更为行之有效，而在现有的西方主导的框架下如何解决上述问题还未能达成共识。

在过去的十多年中，国际发展合作议程的决策机制也在潜移默化中发生着变化。虽然发展援助委员会所代表的发达国家依托其主要提供官方援助的优势继续影响着国际发展合作议程，但是，广大的受援方在如何接受和使用发展援助与实施发展援助方面较以往而言已有了更加充分的话语权，这一趋势也是建立 "全球有效发展合作伙伴框架" 的重要地缘政治因素之一。从某种意义上说，该议程的构架有可能消解发展援助委员会的主导作用，就如同 G20 正在消解 G8 的主导作用那样。同时，在釜山会议之后形成的决议中决定由印度尼西亚发展计划部部长、尼日利亚财政部部长与英国国际发展大臣组成共同主席来领导该伙伴计划的实施，这使得该伙伴计划至少从结构上来看具有较高的政治合法性和广泛的代表性，多数发展中国家和中等收入国家也基本认可这一结构。从这个基本判断来看，如果因中国的缺席产生中国抵制该议程的国际议论，恐不利于我国在这样一个国际治理空间中依托自己的独到优势支持发展中国家的主张。另外，中国的崛起正在引发相当多的并不有利于我国的国际地缘政治因素，而同时我国又非常需要一个相对有利的国际发展环境。国际发展合作现正在成为全球治理的重要组成部分，与其他全球治理领域相比，中国与其他国家在国际发展合作领域的根本性冲突不多，相反，国际发展领域对中国自身发展的成就和长期巨大的对外援助对国际发展的贡献持肯定态度。事实上，西方发达国家虽然希望利用这样一个新的平台影响中国，或向中国施加压力，但它们同时更加希望能够在借鉴中国发展经验的基础上开展有效合作。2015年7月初，李克强总理在对经合组织总部的访问中表示："中方赞赏经合组织在加强国际经济合作和促进全球经济发展中发挥的重要作用，愿与经合组织加强交流与合作，欢迎经合组织在中国现代化进程中提供更多政策支持和建议。"[1] 习近平主席更是在2015年9月联合国峰会上的发言中承诺："中国将设立国际发展知识中心，同各国一道研究和交流适合各自国情的发展理论和发展实践。"[2] 这无疑都是中国政府所释放出的愿意与国际发展合作领域充分沟通和对话的积极信号。如此看来，在一个中国相对具有优势的空间中与西方发达国家进行合作有利于中国增大自身在全球治理中的话语权，同时在这个领域的合作也会巧妙地平衡与西方国家在其他领域的冲突和矛盾。基于此，国际发展合作大有可能成为一个有利于营造我国积极国际环境的战略抓手。

总体而言，国际发展合作领域正在发生很大变化，西方国家的主导性正在

---

① 中华人民共和国中央人民政府门户网站：《李克强：欢迎经合组织在中国现代化进程中提供更多政策支持和建议》，2015年7月2日，http://www.gov.cn/guowuyuan/2015-07/02/content_2888452.htm，访问日期：2015年7月7日。

② 环球网：《习近平：谋共同永续发展 做合作共赢伙伴——在联合国发展峰会上的讲话》，2015年9月26日，http://www.gov.cn/guowuyuan/2015-07/02/content_2888452.htm，访问日期：2015年10月3日。

下降，未来如何应对发展援助委员会，如何应对联合国 2015 年后发展议程的
筹资，如何开展与新兴国家、中等收入国家以及发达国家的发展合作，如何适
应发展中国家对援助的要求等，这些问题均需要仔细研究，通盘考虑，以免在
不同的国际空间中出现政策的不一致性和不确定性等问题。西方国家近几年来
纷纷寻求与我国在援外领域进行合作，其一方面是旨在通过合作表明其承认中
国发展成绩的态度，巩固其统治地位，另一方面则意图通过合作的方式变相消
解我国的影响力。针对国际发展格局发生的种种变化，我们应坚持在依循中国
经验和原则的前提下，以发展中国家的诉求为基础，积极参与各种发展议程以
回应传统西方主导的发展援助与治理体系，力求通过中国在国际社会中日益增
长的影响力重新形塑国际发展治理体系，占据我国在国际发展领域应有的位置
和地位。

第七章
东盟—中国贸易与投资关联 *

一、引　言

东南亚包含缅甸、泰国、柬埔寨、老挝、越南、马来西亚、新加坡、印度尼西亚、菲律宾和文莱，这一地区发展迅速，将成为全球一个相当重要的经济区，对全球经济和贸易增长举足轻重。东盟自由贸易区，或称大西洋自由贸易区，现在是国际贸易关税最低的地区之一。与此同时，中国作为一个人口超过十亿的大国，也发展迅速，被普遍认为有望成为世界领先的经济大国。中国与东南亚地区历史渊源深厚，后者拥有丰富的石油、天然气、矿产、水电、大米、棕榈油、咖啡和木材资源。到 2015 年，中国与东盟的双边贸易额将从 2010 年的 2 320 亿美元增加到 5 000 亿美元，比翻一番还多，届时中国将成为东盟最大的贸易伙伴，而如此的双边贸易增长，始自 2010 年中国与东盟签订的自由贸易协定（FTA）（被称为《中国—东盟全面经济合作框架协议货物贸易协议》）。

东盟—中国自由贸易区（ACFTA）是规模最大的自由贸易协议，总共包

　* 作者简介：Tulus T. H. Tambunan，印度尼西亚帝利沙地大学产业、中小企业和商业竞争研究中心教授（Center for Industry，SME and Business Competition Studies University of Trisakti，Indonesia）。论文原标题为：ASEAN-China Trade and Investment Links。

括 19 亿人。从经济规模来看，拥有累计 5.8 万亿美元的国内生产总值（GDP）使 ACFTA 成为世界经济规模第三大的自由贸易区。在总的贸易量上，ACFTA 排在欧盟（EU）和北美自由贸易区之后，位居世界第三。在 2008 年，东盟与中国总计贡献了 4.3 万亿美元的贸易额，占到全球贸易总额的 13%。因此，东盟的整体经济增长与中国的迅速经济扩张成为该区域乃至全球经济增长的强劲助力。东盟和中国正在快速地融入全球经济，并被迅速吸纳到全球供应链中，承担了世界工厂的角色。生产基地地理相邻、历史渊源以及共享文化纽带等原因，使得东盟与中国之间存在天然的相互吸引（Pushpanathan，2010）。

二、东　盟

在 2015 年，东南亚将成为一个庞大的经济区，包括缅甸、泰国、柬埔寨、老挝、越南、马来西亚、新加坡、印度尼西亚、菲律宾和文莱。由这 10 个国家组成的东南亚国家联盟，或称东盟，拥有全世界 9% 的人口（超过 6 亿人），这一数字是美国人口的两倍，东盟国家的联合国内生产总值（GDP）超过 2 万亿美元。表 7-1 给出了 2014 年 12 月东盟的基本指标。

表 7-1　　　　　　　　　　　　2014 年 12 月东盟的基本指标

国家	总土地面积	总人口	人口密度	每年人口增长率	当前价格下的国内生产总值	当前价格下的人均国内生产总值	
	平方千米	千	人/平方千米	%	百万美元	美元	美元的购买力
文莱	5 769	406.2	70	1.6	16 117.5	39 678.7	73 775.0
柬埔寨	181 035	14 962.6	83	1.5	15 511.1	1 036.7	3 081.8
印度尼西亚	1 860 360	248 818.1	134	1.4	860 849.5	3 459.8	9 467.1
老挝	236 800	6 644.0	28	2.0	10 283.2	1 547.7	4 531.6
马来西亚	330 290	29 948.0	91	1.5	312 071.6	10 420.4	23 089.0

续前表

国家	总土地面积	总人口	人口密度	每年人口增长率	当前价格下的国内生产总值	当前价格下的人均国内生产总值	
	平方千米	千	人/平方千米	%	百万美元	美元	美元的购买力
缅甸	676 577	61 568.0	91	1.0	54 661.2	887.8	3 464.4
菲律宾	300 000	99 384.5	331	1.8	269 024.0	2 706.9	6 403.8
新加坡	716	5 399.2	7 541	1.6	297 941.3	55 182.5	78 761.9
泰国	513 120	68 251.0	133	0.5	387 573.8	5 678.7	14 131.6
越南	330 951	89 708.9	271	1.1	171 219.3	1 908.6	5 314.7
东盟	**4 435 618**	**625 090.5**	**141**	**1.4**	**2 395 252.5**	**3 831.8**	**9 389.8**

资料来源：东盟秘书处（www.asean.org）。

三、贸　易

在 2003 年，东南亚各国领导人一致同意到 2020 年实现东盟共同体，该共同体有三大支柱：东盟政治安全共同体（APSC）、东盟经济共同体（AEC）和东盟社会文化共同体（ASCC）。在 2007 年，东南亚各国领导人进一步承诺把实现东盟共同体的时间提前到 2015 年。为了在 2015 年实现东盟共同体，东南亚各国领导人决定自 2007 年开始着手构建所谓的东盟经济共同体（AEC）蓝图，AEC 的最初目标是在 2015 年实现在东盟内部建立统一的市场经济，以促进商品、服务、投资和熟练劳动力在东盟内部的自由流动。东盟经济共同体在 2015 年的主要目标如下：建成一个完全融入全球经济的高度竞争的经济区域（ASEAN，2011b）。

我们至少可以在理论上预期，在 2015 年建成的东盟经济共同体将在东盟内部实现单一的市场和生产基地，这样可以提高东盟的竞争力，到时不仅全部现存的进出口关税将被消除，而且非关税壁垒也将被逐渐淘汰。投资东盟的人能够对东盟内的所有经济部门进行投资，同时东盟内部的专业人员和熟练劳动力可以自由流动。简单、统一和标准化的贸易规则将减少贸易成本,在2015年东盟经济共同体将推动互联网的发展,这将促进区域一体化,并促进业务人员、熟练工人和其他人才自由流动。东盟经济共同体的单一市场和生产基地包括5个如下核心要素:商品的自由流动、服务的自由流动、投资的自由流动、资本的自由流动和熟练工人的自由流动。单一的商品和服务市场能够增强东盟作为全球生产中心的能力,并能更好地满足全球供应链上的需求(ASEAN,2011b)。

根据东盟(2011b),从单一市场和生产基地获益的主要行业包括:农产品、航空旅行(空运)、汽车、电子行业、渔业、医疗、橡胶制品、纺织品、服装、旅游、木制品和物流服务等。

建立经济联盟,或者开展区域经济合作,或者在国家的某一地区建立区域性自由贸易区的主要目的是提高成员之间的贸易额,在国际贸易学中这被称为"内部贸易"。换句话说,成功的自由贸易区或经济联盟应具有这样的性质:成员之间的贸易额比成员与非成员之间的贸易额对成员的影响更大。

但事实表明,东盟自建立至今,其内部贸易从来没有超过外部贸易。截至2011年11月,东盟的内部贸易额为5 982.4亿美元,约占东盟贸易总额的23.0%;同年,东盟的外部贸易额为1 790.35亿美元(77%)。根据东盟秘书处提供的最新数据,2013年东盟的内部贸易额接近6 090亿美元,占东盟贸易总额的24%左右;同年,东盟的外部贸易额达到1.903万亿美元,占东盟贸易总额的76%左右(见图7-1)。同时,从表7-2可以看出,东盟各成员国的内部贸易与外部贸易的总额,以及它们贸易额的市场占有率是不同的,但对所有东盟成员国来说,中国、日本、欧盟(27国)和美国这样的国家仍然是东盟各成员国最重要的贸易伙伴(见表7-3)。

有关出口的具体情况见表7-4,截至2012年11月,东盟的内部出口额约为3 275.3亿美元,仅占东盟出口总额的26.4%左右;同年东盟的外部出口额接近 9 147.6 亿美元，占市场份额的约 73.6%。从表 7 - 4 可知，除新加坡之外，泰国是内部出口额最大的国家，内部出口额高达 722.3 亿美元；其次是马来西亚，内部出口额为 560.5 亿美元；再接着是印度尼西亚，内部出口额接近 421 亿美元。在外部贸易方面，除新加坡之外，马来西亚是东盟外部贸易额最高的国家，高达 1 721.3 亿美元；其次是印度尼西亚，接近 1 614 亿美元。

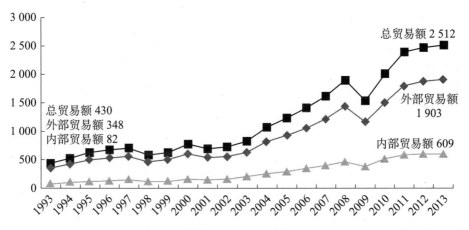

图 7 - 1　1993—2013 年东盟贸易总量的趋势（十亿美元）

资料来源：东盟（2014）。

表 7 - 2	2014 年 12 月东盟的内部和外部贸易				
成员国	东盟内部贸易		东盟外部贸易		贸易总额（百万美元）
	价值（百万美元）	占贸易总额的百分比（%）	价值（百万美元）	占贸易总额的百分比（%）	
文莱	4 488.0	29.8	10 569.2	70.2	15 057.2
柬埔寨	4 119.1	22.5	14 205.0	77.5	18 324.2
印度尼西亚	94 661.8	25.6	274 518.7	74.4	369 180.5
老挝	3 729.3	63.4	2 155.6	36.6	5 884.9
马来西亚	119 032.2	27.4	315 196.5	72.6	434 228.7
缅甸	9 869.0	42.1	13 576.5	57.9	23 445.4

续前表

成员国	东盟内部贸易		东盟外部贸易		贸易总额（百万美元）
	价值（百万美元）	占贸易总额的百分比（%）	价值（百万美元）	占贸易总额的百分比（%）	
菲律宾	22 786.2	19.1	96 322.7	80.9	119 108.9
新加坡	206 672.3	26.4	576 593.2	73.6	783 265.5
泰国	103 668.6	21.7	374 578.7	78.3	478 247.3
越南	39 531.9	14.9	225 242.1	85.1	264 774.0
东盟	**608 558.3**	**24.2**	**1 902 958.2**	**75.8**	**2 511 516.5**

资料来源：东盟数据库（www.asean.org）。

表7-3　　　　　　　　　　2014年12月东盟重要的贸易伙伴国家/地区

伙伴国家/地区	价值（百万美元）			占东盟贸易总额的份额（%）		
	出口	进口	贸易总额	出口	进口	贸易总额
东盟内部	330 318.1	278 240.2	608 558.3	26.0	22.4	24.2
澳大利亚	45 526.1	22 531.4	68 057.5	3.6	1.8	2.7
加拿大	7 247.4	6 219.0	13 466.4	0.6	0.5	0.5
中国	152 545.5	197 962.8	350 508.3	12.0	16.0	14.0
欧盟	124 434.1	121 794.1	246 228.2	9.8	9.8	9.8
印度	41 935.2	25 926.7	67 861.9	3.3	2.1	2.7
日本	122 863.2	117 903.9	240 767.1	9.7	9.5	9.6
韩国	52 823.0	82 139.6	134 962.6	4.2	6.6	5.4
新西兰	5 684.1	4 101.3	9 785.4	0.4	0.3	0.4
巴基斯坦	5 274.3	864.2	6 138.5	0.4	0.1	0.2
俄罗斯	5 243.5	14 706.0	19 949.5	0.4	1.2	0.8
美国	114 509.7	92 345.7	206 855.4	9.0	7.4	8.2
其他	262 723.8	275 653.5	538 377.3	20.7	22.2	21.4
东盟合计	**1 271 128.1**	**1 240 388.4**	**2 511 516.5**	**100.0**	**100.0**	**100.0**

资料来源：东盟数据库（www.asean.org）。

表7-4　　　　　　　　　　2012年11月东盟的内部和外部出口

成员国	东盟内部贸易		东盟外部贸易		总出口（百万美元）
	价值（百万美元）	占总出口的百分比（%）	价值（百万美元）	占总出口的百分比（%）	
文莱	1 721.1	13.9	10 641.2	86.1	12 362.3
柬埔寨	833.7	12.4	5 876.8	87.6	6 710.6

续前表

成员国	东盟内部贸易		东盟外部贸易		总出口(百万美元)
	价值(百万美元)	占总出口的百分比(%)	价值(百万美元)	占总出口的百分比(%)	
印度尼西亚	42 098.9	20.7	161 397.8	79.3	203 496.7
老挝	959.8	55.0	786.7	45.0	1 746.5
马来西亚	56 049.7	24.6	172 129.5	75.4	228 179.1
缅甸	3 957.4	48.7	4 161.8	51.3	8 119.2
菲律宾	8 635.3	18.0	39 406.9	82.0	48 042.2
新加坡	127 544.5	31.2	281 899.0	68.8	409 443.5
泰国	72 226.6	31.6	156 594.1	68.4	228 820.7
越南	13 504.8	14.2	81 860.7	85.8	95 365.6
东盟	**327 531.8**	**26.4**	**914 754.6**	**73.6**	**1 242 286.4**

资料来源:东盟数据库(www. asean. org)。

东盟的内部贸易情况如表7-4所示。可以预期,2015年单一市场的实现将鼓励东盟内部更多的贸易往来,从而在其他条件不变的情况下,东盟的内部贸易额自然会提高。但现在的问题是:什么商品的内部贸易额会提高?这个问题的回答对东盟中小微企业的发展尤为重要,这主要是因为众多中小微企业在商品出口中直接或间接地承担着生产商/供给商/出口商的角色。因此,可以预期,2015年东盟经济共同体的实现将会对东盟的中小微企业带来利益。

总结以上讨论,东盟出口中位列前五的商品如下:

(1)电子机械、设备和配件、音响设备、电视设备;

(2)矿物燃料、矿物油及其制品;

(3)机械及机械器具;

(4)橡胶及其制品;

(5)动物/植物脂肪和油以及它们的裂解产物。

东盟内部贸易中位列前七的商品如下:

    （1）动物/植物脂肪和油以及它们的裂解产物；

    （2）矿物燃料、矿物油及其制品；

    （3）有机化工产品；

    （4）塑料及其制品；

    （5）橡胶及其制品；

    （6）机械及机械器具；

    （7）车辆及配件。

基于 WTO 数据库，东盟内部主要出口产品如下（www.wto.org）：

    （1）化工产品；

    （2）中西药品；

    （3）办公及通信设备和电子数据处理设备；

    （4）电信设备；

    （5）连接器元件和电子装备；

    （6）汽车产品；

    （7）纺织和服装。

四、投　资

    2012 年东盟发布的《东盟全面投资协议》（ACIA），将取代《东盟投资区框架协议》与《促进和保护投资协议》。《东盟全面投资协议》主要关于投资的自由化、推广、便利性和保护，其目的是在东盟内部实现资金的自由流动。《东盟全面投资协议》的条款是一致的，所有东盟成员国都开始改善投资环境，以实现东盟地区更大的投资自由和透明度，从而建造一个更加透明的东盟，并把东盟作为单一投资区域来宣传。此外，东盟希望通过项目的发展来增强投资的便利性，实施项目的主要目的是提高在东盟开展业务的便利性，改进业务的批准程序。除了这些措施，东盟为投资者建立了投资论坛，这是一个交流观点并讨论战略方针，以促进在东盟的投资的主动性平台（ASEAN，2013）。事实表明，东盟确实需要《东盟全面投资协议》，因为自东盟建立至今，成员国吸引的东盟以外投资额比东盟内部相互的投资额高很多，尤其以外商直接投资的形式为主。如表 7-5 所示，根据东盟秘书处提供的最新数据，在 2013 年，东盟外商直接投资的净流入额超过 1 000 亿美元，而同年东盟内部相互的投资额仅有 210 亿美元。同时从表 7-5 可以进一步看出，尽管不同东盟成员国之间增长的百分比不同，东盟内部相互的投资额和东盟吸引外商直接投资的净流入额每年都在增加。表 7-6 给出了 2013 年东盟内部相互投资与东盟吸引外商直接投资的百分比。

表 7-5　　　　　　　　2010—2013 年东盟内部相互投资与
东盟吸引外商直接投资的投资额　　　　　　单位：百万美元

成员国	2011			2012			2013		
	东盟内部	东盟外部	净流入总额	东盟内部	东盟外部	净流入总额	东盟内部	东盟外部	净流入总额
文莱	67.5	1 140.8	1 208.3	31.5	833.3	864.8	−72.6	981.0	908.4
柬埔寨	223.8	667.9	891.7	523.0	1 034.1	1 557.1	298.8	976.1	1 274.9
印度尼西亚	8 334.5	10 907.2	19 241.6	7 587.9	11 550.0	19 137.9	8 721.1	9 722.7	18 443.8
老挝	75.0	391.8	466.8	73.6	220.7	294.4	104.6	322.1	426.7
马来西亚	2 664.3	9 336.6	12 000.9	2 813.9	6 586.1	9 400.0	2 187.5	10 109.9	12 297.4
缅甸	84.6	1 973.6	2 058.2	151.2	1 203.0	1 354.2	1 186.8	1 434.1	2 620.9
菲律宾	−74.1	1 890.0	1 815.9	145.2	2 651.8	2 797.0	−41.7	3 901.5	3 859.8
新加坡	2 386.2	46 088.3	48 474.5	8 410.8	51 400.7	59 811.5	5 706.2	54 938.7	60 644.9
泰国	−50.7	3 911.7	3 861.1	−342.0	11 041.2	10 699.2	1 256.8	11 743.0	12 999.8
越南	1 517.3	6 001.7	7 519.0	1 262.5	7 105.5	8 368.0	2 078.6	6 821.4	8 900.0
东盟	15 228.4	82 309.7	97 538.1	20 657.6	93 626.4	114 284.0	21 426.1	100 950.5	122 376.5

资料来源：东盟数据库（www.asean.org）。

表 7-6 2013 年东盟内部相互投资与东盟吸引外商直接投资的百分比（%）

成员国	东盟净流入的份额，2013			东盟内部所占的份额，2013		
	东盟内部	东盟外部	总的净流入	东盟内部	东盟外部	总的净流入
文莱	−0.3	1.0	0.7	−8.0	108.0	100.0
柬埔寨	1.4	1.0	1.0	23.4	76.6	100.0
印度尼西亚	40.9	9.7	15.1	47.3	52.7	100.0
老挝	n.a	n.a	0.3	n.a	n.a	100.0
马来西亚	10.3	10.0	10.0	17.8	82.2	100.0
缅甸	5.6	1.4	2.1	45.3	54.7	100.0
菲律宾	−0.2	3.9	3.2	−1.1	101.1	100.0
新加坡	26.8	54.6	49.6	9.4	90.6	100.0
泰国	5.9	11.7	10.6	9.7	90.3	100.0
越南	9.7	6.8	7.3	23.4	76.6	100.0
东盟	100.0	100.0	100.0	17.4	82.2	100.0
ASEAN 5	83.6	89.9	88.5	16.5	83.5	100.0

资料来源：东盟数据库（www.asean.org）。

接下来，表 7-7 显示了来自东盟外部最重要国家或地区的外商直接投资净流入额。同时，表 7-8 显示了东盟吸引外商直接投资净流入前十的国家或地区。从表 7-7 和表 7-8 可以看出，就总额而言，欧盟仍然处于主导地位，在 2011—2013 年期间，价值总量超过了 740 亿美元。中国大陆处于第四。虽然中国大陆对东盟的直接投资额仍然相对较少，总额仅为 218 亿美元，仅占东盟吸引外商直接投资额的 6.5%，然而，从如图 7-2 所示的年同比变化中可以看出，在 2011—2012 年期间，中国所占的百分比已经超过了欧盟。

表 7-7 东盟吸引的来自伙伴国家或地区的外商直接投资净流入

伙伴国家/地区	价值（百万美元）				占总净流入的份额（%）			
	2011	2012	2013	2011—2013	2011	2012	2013	2011—2013
东盟	15 228.4	20 657.6	21 426.1	57 312.2	15.6	18.1	17.5	17.1
澳大利亚	1 530.2	1 831.0	2 002.3	5 363.5	1.6	1.6	1.6	1.6
加拿大	767.9	923.9	851.0	2 542.8	0.8	0.8	0.7	0.8
中国	7 857.7	5 376.8	8 643.5	21 878.0	8.1	4.7	7.1	6.5
欧盟	29 693.3	18 084.9	26 979.6	74 757.8	30.4	15.8	22.0	22.4

续前表

伙伴国家/ 地区	价值（百万美元）				占总净流入的份额（%）			
	2011	2012	2013	2011— 2013	2011	2012	2013	2011— 2013
印度	(2 230.5)	2 233.4	1 317.5	1 320.4	—2.3	2.0	1.1	0.4
日本	9 709.0	23 777.1	22 904.4	56 390.5	10.0	20.8	18.7	16.9
新西兰	7.5	(107.6)	246.5	146.3	0.0	—0.1	0.2	0.0
巴基斯坦	12.5	(21.4)	(0.6)	(9.5)	0.0	0.0	0.0	0.0
韩国	1 742.1	1 708.4	3 516.2	6 966.7	1.8	1.5	2.9	2.1
俄罗斯	67.6	184.4	542.1	794.2	0.1	0.2	0.4	0.2
美国	9 129.8	11 079.5	3 757.5	23 966.9	9.4	9.7	3.1	7.2
所选伙伴国或地区的总额	73 515.5	85 728.0	92 186.1	251 429.8	75.5	75.1	75.3	75.2
其他地区	24 022.7	28 556.0	30 190.3	82 769.0	24.6	25.0	24.7	24.8
欧盟的 FDI 总额	**97 538.2**	**114 284.0**	**122 376.4**	**334 198.8**	**100**	**100**	**100**	**100**

注：括号表示数据为负。下同。

资料来源：东盟数据库（www.asean.org）。

表 7-8　　　　东盟吸引外商直接投资净流入前十的国家或地区

国家/地区	价值（百万美元）				占净流入总额的份额（%）			
	2011	2012	2013	2011—2013	2011	2012	2013	2011—2013
欧盟	29 693.3	18 084.9	26 979.6	74 757.8	30.4	15.8	22.0	22.4
日本	9 709.0	23 777.1	22 904.4	56 390.5	10.0	20.8	18.7	16.9
东盟	**15 228.4**	**20 657.6**	**21 426.1**	**57 312.2**	**15.6**	**18.1**	**17.5**	**17.1**
中国	7 857.7	5 376.8	8 643.5	21 878.0	8.1	4.7	7.1	6.5
中国香港	4 273.8	5 029.9	4 517.3	13 821.0	4.4	4.4	3.7	4.1
美国	9 129.8	11 079.5	3 757.5	23 966.9	9.4	9.7	3.1	7.2
韩国	1 742.1	1 708.4	3 516.2	6 966.7	1.8	1.5	2.9	2.1
澳大利亚	1 530.2	1 831.0	2 002.3	5 363.5	1.6	1.6	1.6	1.6
中国台湾	2 317.0	2 242.3	1 321.7	5 880.9	2.4	2.0	1.1	1.8
印度	(2 230.5)	2 233.4	1 317.5	1 320.4	(2.3)	2.0	1.1	0.4
前十总额	79 250.8	92 021.0	96 386.2	267 658.0	81.3	80.5	78.8	80.1
其他	18 287.3	22 263.1	25 990.4	66 540.7	18.7	19.5	21.2	19.9
东盟总的 FDI	**97 538.1**	**114 284.0**	**122 376.5**	**334 198.7**	**100.0**	**100.0**	**100.0**	**100.0**

资料来源：东盟数据库（www.asean.org）。

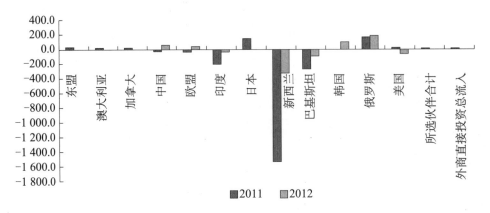

图 7-2　东盟吸引外商直接投资的年同比变化

资料来源：东盟数据库（www.asean.org）。

　　尽管一些主要贸易伙伴与东盟的贸易额仅占东盟贸易总额的很小部分，但对东盟的发展起到了非常重要的作用。除了巴基斯坦，每个主要贸易伙伴选择的中小型企业商品之间高度相关（与东盟贸易中超过 75% 的份额集中于同一种特定商品）。根据东盟秘书处最新的数据，在 2013 年，东盟进口的中国中小型企业所生产的商品数量为 22 种；同时，东盟进口的欧盟中小型企业所生产的商品数量为 15 种。澳大利亚和新西兰作为活畜、肉类、羊毛和燕麦的进口供应商，也起到了非常重要的作用，从澳大利亚和新西兰进口的这些商品超过东盟进口的这些商品总额的 80%。同时，东盟从日本进口的碱金属、银或复合金以及羊毛纤维超过东盟进口的这些商品总额的 80%。东盟也高度依赖从加拿大进口钴矿石和精矿，从印度进口花生油渣和其他固体残渣，从俄罗斯进口石棉（ASEAN，2014）。

　　印度尼西亚的人口占东盟总人口的 40% 左右，是最大的东盟成员国，亚洲（包括一些其他东盟成员国）是其主要的外商直接投资来源。在 2012 年，印度尼西亚的外商直接投资约有 45% 来自亚洲，10.5% 来自欧洲，4.9% 来自非洲。由表 7-9 可知，对印度尼西亚来说，来自亚洲的外商直接投资总额从 2006 年的约 27 亿美元增加到 2009 年的约 60 亿美元，并且在 2012 年达到 110 亿美元。虽然澳大利亚是印度尼西亚在东部的邻居,但它在印度尼西亚的投资一直很小。2009年,印度尼西亚来自澳大利亚的外商直接投资仅占印度尼西亚外商直接投资总额的 1.6%,在 2012 年有 3% 左右的提高。在印度尼西亚,马来西亚和新加坡是来自东盟的主要投资国,投资于不同行业,包括制造业、种植业、房地产和其他服务。相对于东盟的其他地区,日本仍然是印度尼西亚最主要的投资者,主要投资于制造业,包括汽车、金属和电子行业,也包括自然资源开采(煤、石油和天然气)以及电力。接着依次是韩国、中国香港、中国台湾、印度和中国。

表 7 - 9 　　　　　　　　印度尼西亚吸引外商直接投资的地理分布,
2006 年至 2013 年第一季度 　　　　　　　单位:百万美元

经济体	2006	2007	2008	2009	2010	2011	2012	2013Q1
世界	5 991.7	10 341.4	14 871.4	10 815.2	16 214.8	19 474.5	24 564.7	7 048.2
发达经济体								
欧洲	895.6	1 952.4	1 091.5	2 109.1	1 302.3	2 179.9	2 573.9	1 139.0
欧盟	821.8	1 871.6	1 018.7	1 972.6	1 160.6	2 158.1	2 303.3	1 051.0
法国	104.9	9.4	164.0	29.0	3.3	134.3	158.7	42.1
荷兰	35.2	147.2	89.9	1 198.7	608.3	1 354.4	966.5	330.5
英国	660.5	1 685.8	513.4	587.7	276.2	419.0	934.4	544.0
其他欧洲经济体	74.4	80.8	72.8	136.5	141.7	21.8	270.5	88.0
瑞士	61.6	77.5	72.2	132.1	129.6	9.4	255.1	84.0
挪威	11.8	3.2	0.4	2.9	6.6	—	7.8	—
北美								
加拿大	1.4	0.2	0.9	0.4	147.9	2.2	8.5	64.8
美国	65.8	144.7	151.3	171.5	930.9	1 487.8	1 238.3	885.7
其他发达经济体								
澳大利亚	9.0	195.3	36.0	79.7	214.2	89.7	743.6	134.5
日本	902.8	618.2	1 365.4	678.9	712.6	1 516.1	2 456.9	1 151.7
新西兰	—	—	—	1.3	3.0	—	—	—
发展中经济体								
非洲	700.0	505.7	6 542.8	496.1	150.0	202.1	1 195.7	12.5
毛里求斯	385.6	223.9	6 477.9	159.5	23.3	72.5	1 058.8	12.5
塞舌尔	306.9	281.0	63.9	322.2	8.4	79.7	136.2	—

续前表

经济体	2006	2007	2008	2009	2010	2011	2012	2013Q1
亚洲	2 678.5	5 942.8	3 871.5	6 003.4	8 416.9	9 135.5	11 098.4	2 914.5
东盟经济体	926.5	4 028.4	1 855.7	4 536.6	6 131.9	5 841.8	5 460.0	779.0
马来西亚	407.6	217.3	363.3	129.3	472.1	618.3	529.6	155.4
新加坡	508.3	3 748.0	1 487.3	4 341.0	5 565.0	5 123.0	4 856.4	616.0
亚洲其他	1 752.0	1 914.4	2 015.8	1 466.8	2 285.0	3 293.6	5 638.4	2 135.5
中国	31.5	28.9	139.6	65.5	173.6	128.2	141.0	60.2
中国香港	187.8	156.7	120.2	21.0	566.1	135.0	309.6	45.9
印度	88.4	11.6	17.8	26.2	8.9	41.9	78.1	29.7
韩国	475.7	627.7	301.1	624.6	328.5	1 218.7	1 949.7	774.7
中国台湾	63.6	469.7	69.4	31.7	47.5	243.2	646.9	7.7
拉丁美洲和加勒比地区	153.3	330.6	175.8	173.2	1 636.2	528.8	892.7	159.1
巴西	—	165.1	0.6	0.3	0.1	—		
巴拿马	85.0	1.1	0.9	—	0.2	0.1	—	3.9

资料来源：国家投资协调机构（BKPM）(www.bkpm.go.id)。

在过去的几年里，中国在东盟的投资每年以两位数的速度增长。2011—
2012 年，中国在东盟的前六大投资地分别是印度尼西亚、越南、菲律宾、马
来西亚、泰国和新加坡，投资领域分布在纺织品、电子、钢铁、造船、化工和
信息技术。[①]

五、东盟—中国自由贸易区

东盟—中国自由贸易区（ACFTA），也被称为中国—东盟自由贸易区，
是由东盟十国和中国共同组建的自由贸易区。2002 年 11 月 4 日，在金边举
办的第六届中国—东盟峰会上签署了最初的《中国—东盟全面经济合作框架
协议》（又称《中国—东盟自由贸易协议》），计划到 2010 年时在东盟与中国

———————————

① http://www.theguardian.com/world/2012/mar/22/china-south-east-asia-influence.

之间建立一个自由贸易区。2004 年 11 月，中国总理温家宝和东盟成员国领导人签署了中国—东盟自由贸易区《货物贸易协议》，这一协议于 2005 年 7 月生效。2007 年 1 月，东盟与中国签署了《服务贸易协议》，并于同年 7 月生效。2009 年 8 月，东盟与中国签署了《投资协议》。中国—东盟自由贸易区的建立使双方经济的贸易关系更加密切，这将更有利于亚洲和世界的经济发展。

2010 年 1 月，中国—东盟自由贸易区正式成立。就人口而言，该贸易区是世界上人口第一、GDP 总值第三的自由贸易区。就名义生产总值而言，2008 年东盟与中国的联合名义生产总值接近 6 万亿美元。在贸易量上，中国—东盟自由贸易区排在欧盟经济区和北美自由贸易区之后，排第三。①

2000 年 11 月，中国首次提出建立中国—东盟自由贸易区的想法 (Richardson，2000)。当《中国—东盟自由贸易协议》生效时，中国已经超过美国，仅次于日本和欧盟，成为东盟的第三大贸易伙伴 (Moore，2009)。2003—2008 年期间，中国与东盟的贸易额从 596 亿美元增长到 1 925 亿美元。21 世纪初，中国成为世界主要经济力量后提升了国外在中国的投资。同时，中国也是世界上最大的出口国。②

《中国—东盟自由贸易协议》把来自东盟的 7 881 种产品或者说 90% 的进口商品关税减至零。这一举措惠及中国与东盟六个创始成员——文莱、印度尼西亚、马来西亚、菲律宾、新加坡和泰国。2010 年 1 月 1 日，该协议惠及东盟剩余的成员，在那时中国销往东盟的商品的平均关税从 12.8% 下降到 0.6%，与此同时，东盟销往中国的商品的平均关税从 9.8% 下降到 0.1%，并且东盟创始国把它们之间贸易商品的 99.11% 关税降到零。

---

① http：//en. wikipedia. org/wiki/ASEAN％E2％80％93 China＿Free＿Trade＿Area.

② http：//en. wikipedia. org/wiki/ASEAN％E2％80％93 China＿Free＿Trade＿Area.

　　《中国—东盟自由贸易协议》的实施，至少从理论上使整个东盟或者单个东盟成员国可以利用中国的迅速发展实现本身的加速发展。中国日益壮大的中产阶级拥有高的消费能力和未来消费潜力，为东盟产品和服务提供了一个巨大的消费市场。这个市场涵盖了各种各样的商品和服务，包括消费电子产品、食品、旅游、卫生和教育服务。同样，东盟可以利用自由贸易区建立一个网络，该网络可以充分利用中国经济扩张来防止由于东盟或者西方传统市场原因导致的产品需求下降。通过自由贸易协议，东盟和中国双方在处理关税问题、非关税壁垒、服务贸易和投资问题等时有一个更加可持续的方法。在贸易便利化方面，双方也在探索进一步合作，包括统一标准和简化手续等。这一过程将使东盟和中国的经济合作达到更高水平（Pushpanathan，2010）。

　　2002年，当东盟与中国签订《中国—东盟自由贸易协议》时，可以预期东盟与中国的贸易会显著增加。如图7-3所示，尽管2002年以前，即该协议签订之前，中国占东盟出口总额的份额已从1993年的2.3%增加到2001年的3.9%，但增幅不大。而2002—2013年，中国占东盟出口总额的份额从5.1%

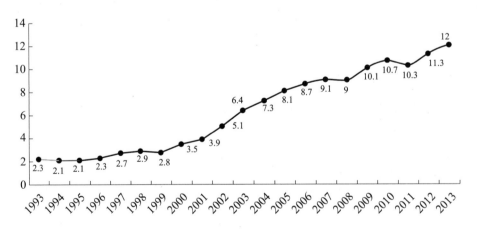

图7-3　中国占东盟出口总额的份额，1993—2013年（%）

资料来源：东盟（2015）。

增长到 12%，东盟向中国的出口量趋于稳步增长。东盟从中国的进口也是一样：在《中国—东盟自由贸易协议》实施之前，东盟从中国的进口量不断增加（见图 7-4）。总体来说，作为普遍的预期，东盟从中国的进口额总是比东盟向中国的出口额大（见图 7-5）。

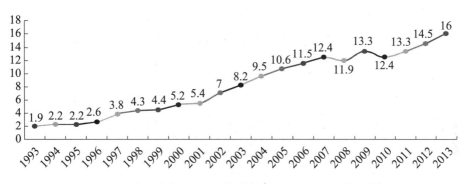

图 7-4　中国占东盟进口总额的份额，1993—2013 年（%）

资料来源：东盟（2015）。

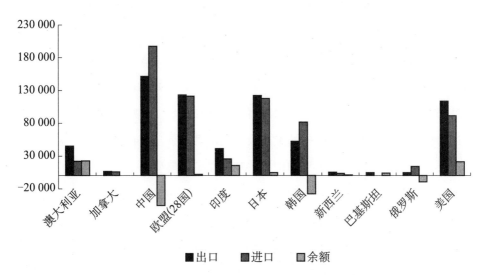

图 7-5　东盟贸易余额（百万美元）

资料来源：东盟（2015）。

六、自由贸易区对东盟企业真的重要吗？

过去 25 年见证了国家与国家之间的贸易发展到了一个空前的自由化水平。经济全球化的最新阶段与过去几个世纪相比，在许多方面都不同。最值得注意的是，经济全球化是超过 180 个国家与地区的经济伙伴参与的过程。经济全球化当前阶段的第二个关键特征是该过程得到多方机构的支持，例如国际货币基金组织（IMF）和世界银行。一方面多边金融机构为这个全球化过程提供了最初的动力，另一方面多边贸易体系为各国提供了多个平台论坛，各国可以利用这些平台寻求进一步深化和扩大国际贸易及投资自由化的方式（Dhar，2008）。

毫无疑问，国际贸易自由化为多数发展中国家带来了巨大的竞争挑战，包括印度尼西亚。自 20 世纪 90 年代中期以来，许多研究已经估计了全球贸易一体化对经济增长、就业、贫困、收入分配及对当地企业生存的影响。然而，国际贸易自由化的真实影响仍然是一个备受争议的问题。理论上，在总体层面，国际贸易改革通过下列方式带来了广泛的好处：资源分配的改善，新的和更好的技术、投入和中间产品，规模经济和范围经济，更好的国内竞争，有利的经济外部性（Falvey and Kim，1992）。Raihan（2008）认为，国际贸易改革是通过价格变化引起商品和服务的生产及消费的替代效应来起作用的。这些因素反过来又影响到进出口的水平和构成。特别是，国际贸易自由化引起的相对价格变化导致了资源的有效再分配。国际贸易自由化也被视为通过扩大市场规模以及提高知识溢出的影响来扩大经济机会。

然而，支持这些命题的实证分析的结果远非结论性的。例如，Feridhanusetyawan 等（2000）在乌拉圭回合谈判中，在亚太经合组织（APEC）和东盟自由贸易区（AFTA）关于亚太经济区的背景下，用数量经济模型估计了国际贸易自由化的影响。这项研究的目的是测算潜在收益或损失，并预测因上述贸易自由化的各个方面所带来的贸易形式的改变和资源的再分配。这一研究通过采用被熟知的全球可计算一般均衡模型（CGE）——GTAP（第三版），比较了每种不同情况对印度尼西亚经济在福利、产出和资源分配上的影响。五种不同的自由化情景在该研究中得到考察，它们包括乌拉圭回合谈判、AFTA 和 APEC 合约，以及另外两种涉及更大幅度农业改革的自由化情景。第一种情景是模拟国际贸易体制，在这种体制下，乌拉圭回合谈判是唯一可以利用的自由化力量。这可以作为其他模拟结果的基准。第二和第三种情景模拟除了乌拉圭回合谈判对东盟经济的影响以外，还有东盟自由贸易区对东盟经济的影响。《中国—东盟自由贸易协议》仅仅减少了进口关税，该关税只是东盟内部贸易的关税。其计划在 2003 年全面降低关税，明显快于亚太经合组织 2010 年和 2020 年的目标。《中国—东盟自由贸易协议》计划将东盟经济体之间的边境关税减至零，而东盟与非东盟经济体之间的关税仍保持在乌拉圭回合谈判的水平。第四和第五种情景是乌拉圭回合谈判和亚太经合组织（APEC）最惠国自由化的组合（2010 年发达国家采取零关税而亚太经合组织经济体有 5％的关税，到了 2020 年，亚太经合组织经济体的关税减为零）。类似于第二和第三种情景模拟，在第四种情景模拟中，亚太经合组织经济体之间的农业部门不是自由化的，而在第五种情景模拟中，农业部门被包含在自由化的进程之中。

　　这些结果在某些方面证实了之前的一些研究，例如 Anderson 等（1997）在亚太地区关于贸易自由化的研究。通常观点是，关税降低得越多，贸易自由化覆盖的产品和地区就越广，经济由此获得的福利就越大。这一福利的增加是由更有效的资源配置导致的。在亚太地区现行的自由化承诺中，两个最大的承诺——乌拉圭回合谈判与亚太经济合作组织——的实施，将大大有利于印度尼西亚。此外，东盟自由贸易区为该地区，尤其是发展中国家带来的预期福利并不大。这主要是因为东盟自由贸易区在东盟创建了一个具有歧视性的贸易区，该地区贸易的转移将抵消潜在的贸易创造。通过亚太经合组织建立的国际贸易自由化，预计将为大多数经济体创造额外的福利，尽管这些福利较小，并且在不同经济体间差距很大。

Feridhanusetyawan 和 Pangestu（2002）评价了印度尼西亚国际贸易自由化的不同路径，并且定量分析了贸易自由化对经济的影响。这一研究考虑了几种自由化的方案，除了分析乌拉圭回合的多边贸易自由化计划的影响外，它还分析了亚太经合组织和东盟自由贸易区的单边自由化和区域性自由化带来的影响。结果表明，全面落实乌拉圭回合谈判和亚太经合组织的承诺将大大有利于印度尼西亚。研究结论还表明，在乌拉圭回合承诺的基础之上，从单边自由化获得的福利将会得到大大提高。另外，预计东盟自由贸易区的建立将为印度尼西亚和其他东盟成员国带来很多的额外福利。

Pambudi 和 Chandra（2006）考察了中国—东盟自由贸易区的实施对印度尼西亚经济的影响。该研究使用了分析经济区域层面的均衡模型，被称作EMERALD，这一模型能同时用于长期和短期的情形。该模型本身是印度尼西亚的一个多维、多区域可计算一般均衡模型。该模型包含农业的各种子部门，这些子部门都包含在协议中，并且该模型的输出是从原来均衡按百分比变化的。原来的均衡是印度尼西亚 2000 年的投入产出表。模拟结果揭示了很多重要发现。第一，对于包含在协议中的商品（例如，蔬菜、水果和鱼）而言，印度尼西亚的进口将比出口增加得更快。第二，国内各种生产成本将增加。第三，在长期和短期，实际国内生产总值都将下降，原因是印度尼西亚在这些商品的贸易上都将面临赤字。国内的一些地区将比其他地区的损失更大。这些发现是根据单边模拟得到的，即印度尼西亚销往中国的商品关税被取消。如果模拟是双边的，即由中国向印度尼西亚出口商品的关税也被取消，印度尼西亚的损失很可能会更大。

Hutabarat 等（2007）也研究了农业贸易协议对印度尼西亚、中国和东盟自由贸易区的影响。该研究使用了两种分析模型，即格鲁贝尔-劳埃德指数的双边/区域性分析模型和多国与多商品的 CGE/GTAP 模型。关于农业商品贸易相关事项，诸如关税减免，该研究做出了数据分析。同时，该研究也考察了贸易促进问题。这一研究得到如下主要结论：第一，中国—印度尼西亚自由贸易区给印度尼西亚带来了好处，但仅针对橡胶和棕榈油那样的特殊商品。印度尼西亚的这些商品的出口增加了，但该自由贸易区也对印度尼西亚与中国贸易的其他部分商品带来了某种程度的损害，尤其是大米、蔬菜和油料。第二，相对于东盟自由贸易区，印度尼西亚从其他东盟国家的进口增加了，同时印度尼西亚出口到东盟市场的商品的多样性趋于下降。

Octaviani 等（2008）分析了东盟自由贸易区对宏观经济变量（如国内生产总值、贸易条件、贸易平衡、通货膨胀和实际工资等）的影响以及东盟自由贸易区在 6 个东盟创始成员国（印度尼西亚、马来西亚、菲律宾、泰国、新加坡和越南）对农业的影响（产出、出口和进口）。该研究同时分析了在印度尼西亚，贸易自由化对收入分配的影响。该研究将 GTAP 模型作为主要的分析工具。为了分析东盟自由贸易区对印度尼西亚农业部门和收入分配的具体影响，该研究将 GTAP 模型与一国的印度尼西亚一般均衡模型联系起来。为了分析贸易自由化在一组国家间产生的影响，在 GTAP 模型中将每个国家所有相关政策干预（出口税和出口补贴、进口税和进口补贴）都移除了。

在他们的研究中考虑了三种东盟自由化的情形：在 6 个东盟创始成员国之间将所有农产品关税都降为零（情形 1）；除了敏感和高度敏感的所有农产品外，贸易是自由化的（情形 2）；在情形 1 中贸易自由化的基础上增加贸易促进措施，后者通过在金融和企业部门增加 10% 的份额来达到（情形 3）。研究结果表明，在所有东盟成员国中，除了印度尼西亚的实际 GDP 外，情形 1 和情形 2 都有正的影响，印度尼西亚的贸易平衡、名义国内生产总值和贸易条件都有正向变化，但印度尼西亚的实际 GDP 不受影响（变化率几乎为零）。总而言之，在东盟 6 个创始成员国中，印度尼西亚的福利改善最小。在情形 3 的情况下，6 个东盟创始成员国的福利都得到了改善，尤其是新加坡。总体来看，东盟农业贸易自由化将增加东盟成员国的产出。然而，情形 3 恶化了大多数东盟成员国的贸易平衡。当所有东盟成员国都对农业实行零关税时，印度尼西亚的实际收入几乎没有变化。相反，当零关税和贸易便利性同时实施时，对所有家庭的名义收入和实际收入的影响都为正。在全部模拟中，虽然东盟贸易自由化使得几乎所有家庭的福利都略有增加，但情形 1 中福利增加的幅度最小（变化几乎为零）。为了提高家庭福利，特别是农业型家庭，我们仍需保护一些敏感和高度敏感的产品以免其受到贸易自由化的负面影响。

Tambunan 和 Suparyati（2009）也试图估计贸易自由化对东盟的影响，他们运用 GTAP 模型分析中国—东盟自由贸易区对印度尼西亚产品和农业出口的影响。研究结果或多或少地显示：在与中国的自由贸易中，印度尼西亚的获益并不一定最大。他们的研究表明，对许多农产品而言，中国比印度尼西亚在出口上做得更好。

在过去的两年中，东盟各类报道和文章都表明，在《中国—东盟自由贸易协议》下，一些东盟成员国的出口或国内生产比例可能会减少。例如，Pratruangkrai（2014）依据泰国商会大学（UTCC）的报道进行的一项研究表明，在未来 5 年（2015—2019）内，在《中国—东盟自由贸易协议》下，泰国可能损失出口价值达 1180 亿泰铢（46 亿美元）商品的机会，这是由来自柬埔寨、老挝、缅甸和越南的竞争更加激烈造成的。该项研究同时发现，泰国将失去大米、水产养殖产品、纸张、木材及制品、电子电器、纺织、服装、鞋类和珠宝等商品的市场份额和贸易机会。享有较高出口增长的产品有木薯、水果和加工食品。根据这项研究，在中国当年的贸易总值 2 500 亿美元中，东盟占了 10%。到 2019 年，中国贸易总额预计将显著增加，其中东盟所占的份额将为 11%。随着东盟从中国进口的增长速度远高于向中国的出口，东盟预计将面临更高的对华贸易赤字。据预测，在未来 5 年内，东盟每年可能面临的贸易赤字高达 300 亿美元。这项研究还显示：目前，在东盟中，马来西亚是中国最大的出口国，其次是泰国、印度尼西亚、新加坡和越南。然而，在 2015—2019 年期间，马来西亚占东盟向中国出口总额的份额从 31.2% 下降到 26.3%，泰国从 20.2% 下降到 18.2%，印度尼西亚从 15.5% 下降到 14.9%，新加坡从 15% 下降到 14.4%。与此同时，越南所占的份额将从 6.8% 增加到 10.1%，缅甸从 0.9% 增加到 4.6%，老挝从 0.4% 增加到 1.3%，以及柬埔寨从 0.1% 增加到 0.2%。菲律宾和文莱基本保持不变，其所占份额分别为 9.8% 和 0.1%。

七、未来的挑战

毫无疑问，进一步提升中国与东盟之间的贸易与投资合作还需要克服很多挑战，主要挑战如下：

（1）在中国与东盟之间以及东盟成员国之间逐步放开和促进商品与服务贸易，降低所有商品和服务贸易的全部关税和非关税壁垒，制定贸易与投资便利化措施，加强动植物卫生检疫措施和海关清关手续，同时制定相互认证的制度安排。

（2）逐步实现服务贸易的自由化。

（3）在中国与东盟之间以及东盟成员国之间制定有效措施以期平衡贸易和投资。采取有效的投资便利化措施来创造一个透明、自由和便利的投资管理体制，包括但不限于如下措施：简化投资程序和制定相互认证的制度安排。

（4）开拓新领域并制定有效措施，以期在中国与东盟之间以及东盟成员国之间实现更为密切的经济合作。

（5）制定措施以防止东盟—中国自由贸易区的贸易转移效应，由此防止对其他贸易伙伴造成不利影响。否则，东盟与中国之间的自由贸易协议可能不被其他贸易伙伴所支持。

（6）缩小中国与东盟之间以及东盟成员国之间的发展差距。

（7）逐步鼓励和激励国内私有部门企业充分参与到东盟—中国自由贸易区

的建设中来，采取有助于提高企业对东盟—中国自由贸易区的认识（包括如何申请自贸区的优惠等）和参与的措施。

（8）建立有效机制以顺利落实与东盟—中国自由贸易区有关的所有协议。

（9）作为一个前提条件，逐步解决中国与东盟部分国家有关中国南海的领土争端问题。

第八章

亚洲与非洲官员对中国国家形象的认知

——基于 205 个援外培训官员的问卷调查与访谈 *

一、引 言

在 20 世纪 80 年代中期，国际经济出现了革命性变化，因为跨国公司和外商直接投资（FDI）开始对世界经济的几乎每个方面都产生了深刻的影响（Gilpin，2001）。[①] 中国是经济全球化的受益者，通过制定有利于跨国公司和外商直接投资的政策，加之政治稳定和劳动力优势，形成了出口导向的外向型经济。自 2008 年以来，中国的商品出口已经连续 5 年超过美国，成为世界第一大商品出口国（世界银行，2013）。[②] 随着一国经济实力的不断增强，大多会由单一的商品贸易扩张转向对外直接投资与商品和服务贸易共同扩张的阶段。中国也不例外。进入 21 世纪，中国对其他发展中国家的援助、投资和贸易活动日益活跃。中国对其他发展中国家的这些经济活动已经成为中国国家形

* 作者简介：刘倩倩，英国剑桥大学博士，中国国际发展知识中心研究员；王小林，博士，复旦大学六次产业研究院教授。

[①] GILPIN, R. Global Political Economy：Understanding the International Economic Order, Princeton University Press，2001.

[②] 世界银行. 世界发展指标 2013. 北京：中国财政经济出版社，2013.

象的重要组成部分。

Boulding（1959）认为，"国家形象"是一个国家对自己的认知以及国际体系中其他行为体对它的认知的结合。[①] 李安山（2008）在《为中国正名：中国的非洲战略与国家形象》一文中，将"国家形象"一词定义为一个国家在国际舞台上的形象，即别国对该国的总体印象和看法，主要包括三个层面：政府观点、学者评论和民间（包括非政府组织）的印象。[②] 发展中国家官员对中国国家形象的认知，对于中国在全球的政治和经济地位都显得尤其重要。本章对于中国国家形象的研究，并不包括中国国民对中国的认知，专指发展中国家对中国的认知。本章旨在对亚洲和非洲发展中国家官员对中国国家形象的认知进行比较研究，为此笔者于 2013 年和 2014 年对 205 名亚洲和非洲来华研修的人员（包括政府官员、学者以及非政府组织的官员）进行了问卷调查和访谈。

二、对中国硬实力与软实力的认知

中国是一个正在崛起的大国，而大国崛起需要综合实力。约瑟夫·奈（2013）认为，世界政治犹如一盘三维棋局，要想赢得这盘棋就得同时在水平和垂直空间里落子。在这盘三维棋局中，上层棋盘是传统的国家军事较量，美国凭借其全球军事影响力的确称得上是唯一的超级大国。[③] 三维棋局的中层棋盘是经济力量的角逐，这里的实力分配呈多极态势。在贸易、反垄断以及金融监管问题上，如果没有欧盟国家、日本、中国和其他国家的同意，美国就无法达到预期目的。下层棋盘是各种跨国议题，比如恐怖主义、国际犯罪、气候变

---

① BOULDING K E. National Images and International Systems. The Journal of Conflict Resolution，1959，3（2）：120 - 131.

② 李安山. 为中国正名：中国的非洲战略与国家形象. 世界政治，2008（4）：6 - 15.

③ 约瑟夫·奈. 软实力. 北京：中信出版社，2013.

化、疾病传播等。在这个棋盘上，各种力量广泛而无序地分布在国家和非国家主体之间。一个国家在三维棋局中的位置，实质上反映了这个国家的真正实力，它包括军事实力、经济实力和软实力。依据奈的实力理论，本章将军事实力与经济实力界定为硬实力，而发展和减贫模式都可归为软实力。

（一）经济实力与军事实力

对亚洲和非洲在华研修官员的问卷调查发现（见表 8 - 1），69.95％的官员只关注中国的经济实力，仅有 1.48％的官员只关注中国的军事实力，对经济和军事实力都关注的占 25.12％。这说明，在硬实力方面，亚洲和非洲官员更加关注中国的经济实力对世界的影响。

表 8 - 1　　　　　　　你更关注中国的经济实力还是军事实力？

地区	拒绝回答	经济	军事	两者	都不	合计
亚洲	0.00	54.55	4.55	31.82	9.09	100.00
非洲	1.66	71.82	1.10	24.31	1.10	100.00
合计	1.48	69.95	1.48	25.12	1.97	100.00

比较而言，71.82％的非洲官员只关注中国的经济实力，而 54.55％的亚洲官员只关注中国的经济实力。这一结果反映了中国经济实力的影响在非洲大于亚洲。31.82％的亚洲官员对中国的经济实力和军事实力都关注，这一比例显著高于非洲官员。非洲国家比亚洲国家更加关注中国的经济实力。相对而言，亚洲国家除了关注中国的经济实力之外，也比较关注中国的军事实力。

（二）软实力：中国发展与减贫模式

关于中国发展和减贫模式（软实力）的认知分析表明（见表 8 - 2），认为中国经济发展和减贫模式对其所在国家有用以及非常有用的比例高达 91.66％。这说明中国发展和减贫模式普遍得到亚洲和非洲官员的认同。亚洲与非洲官员认为中国发展和减贫模式对他们国家有用的比例都很高。亚洲和非洲都认同中国经济发展模式的软实力，由于地缘政治以及中国对亚洲和非洲具有差别的外交战略，两个地区对中国经济发展模式的软实力的认知具有差异。

表 8-2　你认为中国经济发展和减贫模式在大程度上对你们国家有用？（%）

地区	拒绝回答	非常有用	有用	一般	没用	合计
亚洲	4.55	50.00	45.45	0.00	0.00	100.00
非洲	1.10	63.74	27.47	6.04	1.65	100.00
合计	1.47	62.25	29.41	5.39	1.47	100.00

自 1995 年至今，中国对非政策受到新时期战略的影响，逐步完成了意识形态从强调到弱化、交流领域从单一到多元以及合作性质从注重经济援助到强调互利双赢的三重转变（李安山，2006a）。[1] 2000 年中非合作论坛建立起来，中国的非洲战略发生重大转变。对非战略确定为与非洲建立政治互信、经济互利和文化互鉴的新型战略伙伴关系，并因其独特的理念和表现方式（首脑外交、平等观念、互利双赢和规范机制）而更具生命力（李安山，2006b；李安山，2008）。[2][3] 2013 年，中非贸易额达到 2 102 亿美元，是 1960 年的 2 000 多倍。中国已连续 5 年成为非洲第一大贸易伙伴国（李克强，2014）。[4]

在亚洲，虽然中国在努力打造"好邻居"[5]，但受"美国重返亚太"战略的影响，亚洲国家对中国军事实力的提升会比非洲国家更加担心。虽然中国与亚洲的经济合作非常紧密，但是从战略上讲并没有对非战略那样清晰。2013 年 12 月，习近平在周边外交工作座谈会上提出"亲、诚、惠、容"新的周边

---

[1]　李安山. 中国对非政策的调适与转变. 西亚非洲，2006 (8)：11-20.

[2]　李安山. 论"中国崛起"语境中的中非关系. 世界经济与政治，2006 (11)：7-14.

[3]　李安山. 为中国正名：中国的非洲战略与国家形象. 世界政治，2008 (4)：6-15.

[4]　李克强. 中国愿不保留分享减贫经验. 大公报，2014-10-16. 全文见 http://news.takungpao.com/paper/q/2014/1016/2783182.html。

[5]　王毅. 探索中国特色大国外交之路——王毅部长在第二届世界和平论坛午餐会上的演讲. 人民网，http://theory.people.com.cn/n/2013/0809/c112852-22507356.html。

外交战略理念（习近平，2013），使我国对亚洲国家的外交战略进一步提升和更加明确。习近平强调，我国周边外交的基本方针，就是坚持与邻为善、以邻为伴，坚持睦邻、安邻、富邻，突出体现亲、诚、惠、容的理念。简而言之，就是在我国展开合作的同时，要使其他发展中国家也相应地受益于我国的经济发展，实现共赢。[①]

三、对"新殖民主义论"与"中国威胁论"的认知

中国在 2003 年博鳌论坛上提出"和平崛起"，虽然很快用"和平发展"取代，但"中国崛起"在国际上引起很大反响。以西方发达国家特别是美国为主导的一种论调极力宣扬中国在非洲的"新殖民主义论"；以日本和美国为主导的一种论调则极力宣扬"中国威胁论"。

在如何看待"中非关系发展"这一命题上，中国自身和外部世界之间在认知上存在巨大差异。在一些西方媒体和智库（包括某些政界人士）看来，中国重视发展对非关系完全是出于对石油等战略资源的争夺，中国在非洲政治经济影响的扩大（如指责中国以廉价商品占领非洲市场，向非洲国家推销中国经济发展模式等）是一种"新殖民主义"的表现。综合来看，所谓"新殖民主义"的指责，其具体内涵主要有三种：第一，掠夺非洲能源。第二，以廉价商品占领非洲市场。第三，向非洲国家推销中国经济发展模式（贺文萍，2007）。[②] 英国外交大臣杰克·斯特劳于 2006 年 2 月访问尼日利亚时表示："中国今天在非洲所做的，多数是 150 年前我们在非洲做的。"这是"新殖民主义论"的含蓄表达。对此，中国政府以及学者进行了批判与辨析（贺文萍，

---

① 习近平. 为我国发展争取良好周边环境 推动我国发展更多惠及周边国家. 新华网，http：//news. xinhuanet. com/2013 - 10/25/c _ 117878944. htm.

② 贺文萍. "新殖民主义论"是对中非关系的诋毁. 学习月刊，2007，285（3）：46 - 47.

2007；李安山，2008）。

　　与批评中国在非洲搞新殖民主义不同的是，在亚洲则是强调"中国威胁论"。日本是"中国威胁论"的大力倡导者之一。1990年8月，日本防卫大学村井友秀在《诸君》月刊发表了《论中国这个潜在的威胁》一文。他从国力角度把中国视为一个取代苏联的潜在威胁（王子昌，2003）。近十几年来，中国经济迅速发展，国际地位进一步提升，军事现代化步伐也明显加快。并且，随着中国的产品开始大批进入日本市场，日本感到在经济方面受到中国"威胁"。另外，中国对于本国海洋利益的合理开发，也受到日本的关注。日本的"中国威胁论"主要有"中国经济威胁论"和"中国军事威胁论"两种（肖传国，2011）。① 虽然"中国威胁论"最初由日本学者提出，但真正成为体系却是在美国（刘小彪，2002）。② Gertz（2002）认为中国对美国的威胁既包括中国本身的经济军事实力，也包括中国文化和哲学。③

　　王子昌（2003）认为，在"中国威胁论"从一个普通学者的观点转为霸权话语的过程中，美国学者塞缪尔·亨廷顿（Samuel P. Huntington）和莱斯特·布朗（Lester R. Brown）起到了至关重要的作用。④ 亨廷顿（1998）认为，"中国有与西方极为不同的伟大的文化传统，并且其传统远较西方的优越。在与西方的关系中，随着其力量和自我伸张性的增强，与西方在价值观念和利益方面的冲突日益增多和加剧。""中国这个亚洲最大国家的经济增长会扩大其在该地区的影响，以及恢复其在东西传统霸权的可能性，迫使其他

----

① 肖传国. 日本"中国威胁论"的成因及消弭措施. 和平与发展，2011，121（3）：15 - 19.

② 刘小彪.《唱衰》中国的背后：从"威胁论"到"崩溃论". 北京：中国社会科学出版社，2002：4.

③ GERTZ B. The China Threat：How the People's Republic of China Targets America, Washington D. C.：Regnery Publishing，2000.

④ 王子昌. 解构美国话语霸权——对"中国威胁论"的话语分析. 东南亚研究，2003（4）：46 - 50.

国家要么'搭车'和适应这一发展，要么用'均势来平衡'和试图遏制中国的影响。"①

　　Brown（1994）在《谁来养活中国》一文中指出，一方面，随着社会人口增加和消费结构的改善，到 2030 年中国粮食的需求增长 85％。另一方面，由于生产率下降、城市化使耕地减少、工业化使环境受到破坏，到 2030 年中国粮食的供给会比 1994 年减少 20％。由此，布朗得出结论，在发生人口增加和耕地减少的情况下，中国面临的问题将是巨大的粮食缺口。中国到 2030 年，若以人均粮食消费水平按 400 公斤计算，进口粮食将达到 3.78 亿吨，而世界粮食出口总量不过 2 亿多吨。到那时，中国不仅自己养活不了自己，而且世界也不能养活中国（Brown，1994）。②

　　非洲和亚洲的官员到底是如何评价"新殖民主义论"和"中国威胁论"的呢？本项研究在问卷中设置了"你是否同意中国在亚洲/非洲的行为是'新殖民主义'？"以及"你认为中国更加积极参与亚洲/非洲事务是否威胁到你们国家？"两个问题。

　　表 8-3 表明，80.49％的官员不同意中国在亚洲/非洲是"新殖民主义"的观点，亚洲和非洲官员没有明显的差异。但需要注意的是，也有 9.09％的亚洲官员和 7.65％的非洲官员持同意的观点。由于这一问题的敏感性，9.09％的亚洲官员和 12.02％的非洲官员拒绝回答。这个比例比其他问题中拒绝回答的人数比例都高很多。总的来看，不同意"新殖民主义"是主流观点，但也有少部分不同意见。这说明我们的外交政策需要应对这一形势，援助结构与方式也需要优化和完善，以化解"新殖民主义论"的影响，特别是投资和贸易要更加互惠互利，让当地的老百姓受益。

---

①　塞缪尔·亨廷顿. 文明的冲突与世界秩序的重建. 北京：新华出版社，1998：242.
②　BROWN L R. Who Will Feed China. World Watch，1994，7（5）：10.

表8-3　　你是否同意中国在亚洲/非洲的行为是"新殖民主义"？（%）

地区	拒绝回答	同意	不同意	合计
亚洲	9.09	9.09	81.82	100.00
非洲	12.02	7.65	80.33	100.00
合计	11.71	7.80	80.49	100.00

在"你认为中国更加积极参与亚洲/非洲事务是否威胁到你们国家？"这一问题上，74.04%的官员认为没有威胁，但亚洲和非洲官员的回答有明显差异：亚洲官员认为没有威胁的比例只有63.64%，比非洲官员低12.73个百分点（见表8-4）。更为明确的是22.73%的亚洲官员认为是主要威胁，比非洲官员高16.69个百分点。这说明我们需要加强和调整亚洲外交战略，特别是对周边国家的外交战略。这也说明"亲、诚、惠、容"新周边外交战略与理念提出的迫切性与重要性。

表8-4　　你认为中国更加积极参与亚洲/非洲事务是否威胁到你们国家？（%）

地区	拒绝回答	主要威胁	很少的威胁	没有威胁	合计
亚洲	4.55	22.73	9.09	63.64	100.00
非洲	3.85	6.04	13.74	76.37	100.00
合计	3.85	9.13	12.98	74.04	100.00

四、对中国援助、投资和贸易的认知

进入21世纪以来，中国对非洲和亚洲的合作以经济合作最为活跃。即使是中国的对外援助，也是以经济援助为主。

（一）对中国援助的认知

中国提供对外援助，坚持不附带任何政治条件，不干涉受援国内政，充分尊重受援国自主选择发展道路和模式的权利。相互尊重、平等相待、重信守诺、互利共赢是中国对外援助的基本原则。2010—2012 年，中国对外援助规模持续增长。其中，成套项目建设和物资援助是主要援助方式，技术合作和人力资源开发合作增长显著。亚洲和非洲是中国对外援助的主要地区。2010—2012 年，中国对外援助金额为 893.4 亿元人民币。对外援助资金包括无偿援助、无息贷款和优惠贷款三种方式，分别占援助资金总额的 36.2%、8.1% 和 55.7%（国务院新闻办公室，2014）。[①]

这些针对亚洲和非洲国家的援助到底产生了什么样的影响？当被问及"你认为谁受益于中国的援助，政府还是当地人民？"时，回答显示，64.90% 的官员认为政府和当地人民都受益于中国援助。但认为政府受益的比例高于认为人民受益的比例 12.5 个百分点，特别是非洲官员认为政府受益的比例高于认为人民受益的比例 13.19 个百分点（见表 8-5）。

表 8-5　　你认为谁受益于中国的援助（赠款、贷款、食品和技术援助），
政府还是当地人民？（%）

地区	拒绝回答	政府	当地人民	两者都受益	两者都没受益	合计
亚洲	0.00	18.18	13.64	68.18	0.00	100.00
非洲	2.75	21.98	8.79	64.84	1.65	100.00
合计	2.88	21.63	9.13	64.90	1.44	100.00

近年来，无论是国内还是国外，对中国援助的质疑声不断。老百姓通常会质疑中国仍有 1 亿多贫困人口，为什么要如此大规模地提供对外援助？知识精英比较普遍地认为以大工程、大项目、成套设备为主的对外援助不接地气，需要优化援助结构，减少"形象工程"，增加"民生工程"。来自经合组织援助方的评价更是复杂多样，有的认为中国的"交钥匙"方式防止了援助资金的流失，也有的认为中国的援助不透明、不附加政治条件，助长了受援方的腐败，

---

① 参见国务院新闻办公室发布的《中国的对外援助（2014）》白皮书。

还有的认为中国援助更多地是为了获得当地资源（李安山，2008）。

本次问卷调查表明，受援方官员对中国援助的评价虽然总体上较为积极，但比例并不高。具体到中国援助项目本身，如表 8-6 所示，当被问及"你认为中国的援助项目惠及当地人民吗?"时，约 1/4 的非洲官员认为"惠及不多"，认为"一般"的占 41.76%。这说明我国需要优化和完善对外援助，特别是在坚持基础设施、成套设备等传统优势的条件下，要着力加大民生援助，让受援方老百姓切实从中国的援助中受益。1981—2011 年，我国每天消费低于 1.25 美元（PPP）的贫困人口从 8.38 亿人下降到 8 417 万人，贫困人口共减少 75.3%，全球减贫的主要贡献来自中国（王小林，2014）。[1] 无疑减贫是中国的软实力。中国的减贫经验不是依靠外援来实现的，而是通过自身的政治、经济、社会和文化建设走出了一条脱贫致富道路。中国的减贫经验可以为其他发展中国家提供借鉴（李克强，2014）。可见，在优化对外援助结构时，可以打"中国减贫模式"这一旗帜。通过减贫知识分享、经验交流、村级减贫示范，结合基础设施、工业园区、农业技术示范园区等传统优势，形成上下合力，让受援方老百姓受益于中国援助，是提升我国对外援助形象的重要途径。

表 8-6　　　　你认为中国的援助项目惠及当地人民吗?

地区	拒绝回答	惠及很多	惠及一般	惠及不多	没有惠及	合计
亚洲	0.00	50.00	40.91	9.09	0.00	100.00
非洲	0.55	28.57	41.76	25.82	3.30	100.00
合计	0.96	30.29	41.35	24.52	2.88	100.00

（二）对中国投资和贸易的认知

我国对外经贸合作日益呈现贸易和投资两轮驱动的特点。中国已经是世界第一货物贸易大国。2013 年底，我国货物进出口总额达 41 589.9 亿美元。与

---

[1]　王小林.国际贫困标准及全球贫困状况.减贫研究参考，2014（8）.

此同时，伴随着"走出去"战略的实施，对外直接投资也呈蓬勃发展之势。截至 2012 年底，中国对外直接投资存量达 5 319.4 亿美元，居全球第十三位。2013 年，中国境内投资者共对全球 156 个国家和地区的 5 090 家境外企业进行了直接投资，累计实现非金融类直接投资 901.7 亿美元，同比增长 16.8%，在海外中资企业超过 2 万家，中国经济的对外依存度不断上升。2014 年，中国对外直接投资额达 1 029 亿美元，首次突破千亿美元，同比增长 14.1%，继续保持世界第三位。我国对外经济合作一直秉承着"互惠互利"的原则。那么，外国来华研修官员是如何评价的呢？

表 8-7 表明，约 70% 的亚洲和非洲来华研修官员认为中国的贸易和投资既有利于当地政府，也有利于当地人民，总体评价较好。但从表 8-8 反映的结果来看，仍存在改进的空间。不到 2/3 的官员认为受益很多，但仍有 1/3 的官员认为受益不多。在对部分官员的访谈中也发现，大家希望中国的贸易和投资更具包容性和利贫性，也就是说，让当地的企业有更加公平的机会，让当地的老百姓有更多的就业机会。

表 8-7　　　你认为谁受益于中国在你们国家的经济活动
（贸易和投资），政府还是当地人民？（%）

地区	拒绝回答	政府	当地人民	两者都受益	两者都没受益	合计
亚洲	0.00	18.18	13.64	68.18	0.00	100.00
非洲	3.31	15.47	9.39	70.72	1.10	100.00
合计	3.38	15.94	9.66	69.57	1.45	100.00

表 8-8　　你们国家在多大程度上受益于中国的经济活动（如贸易、投资）？（%）

地区	拒绝回答	受益很多	受益不多	没有受益	合计
亚洲	0.00	63.64	31.82	4.55	100.00
非洲	0.55	63.54	35.91	0.00	100.00
合计	0.49	63.11	35.92	0.49	100.00

如表 8-9 所示，就中国海外企业的整体形象而言，认为好和非常好的比例为 67.96%。但是，非洲官员认为中国企业的行为表现一般的占 28.18%，

认为不好和非常不好的占 5.52%。这说明，中国企业"走出去"，特别是在非洲的企业，需要在与当地政府、企业、社会组织、社区和工人的互动中，不断建构自己的形象。从社会学的视角来看，中国企业进入非洲产业所存在的问题是双方的，特别是当工厂化的作业制度与大部分工人原来不受约束的农民身份会发生"文化冲突"，即工业文化与农业文化的冲突。这需要在互动中走向"融合"和"有机团结"。

表 8 - 9　　　　一般而言，中国企业的行为在你们国家是好的吗？（%）

地区	非常好	好	一般	不好	非常不好	合计
亚洲	14.29	71.43	9.52	4.76	0.00	100.00
非洲	21.55	44.75	28.18	4.42	1.10	100.00
合计	20.39	47.57	26.70	4.37	0.97	100.00

关于大量的中国企业和中国人进入非洲和亚洲其他国家是否不利于当地的良治、人权和反腐，约 3/4 的官员不同意这一观点，但也有 16.35% 的官员持赞同观点（见表 8 - 10）。这说明，要以更加明确的目标、更加有力的措施和更加有效的行动规范中国企业"走出去"的行为，不能让少部分不良企业破坏了中国企业的整体形象，甚至中国的国家形象。

表 8 - 10　　　　你是否同意中国在你们国家的活动不利于构建良治、
改善人权和反腐？（%）

地区	拒绝回答	同意	不同意	合计
亚洲	4.55	22.73	72.73	100.00
非洲	10.99	15.38	73.63	100.00
合计	10.10	16.35	73.56	100.00

五、结语与建议

本项研究，通过来华研修官员对中国国家形象的认知问卷调查和访谈，可以发现，当前中国软实力的主要源泉来自中国经济的发展和减贫经验，但是，对于周边国家，"中国威胁论"仍有一定市场。由上述分析得到以下主要结论：

第一，在硬实力和软实力认知方面，非洲国家比亚洲国家更加关注中国的经济实力，相对而言，亚洲国家除了关注中国的经济实力之外，也会关注中国的军事实力。亚洲和非洲官员都认同中国经济发展模式的软实力，由于地缘政治以及中国对亚洲和非洲具有差别的外交战略，两个地区对中国经济发展模式的软实力认知具有差异。

第二，在对"新殖民主义论"与"中国威胁论"的认知方面，总的来看，不同意"新殖民主义"是主流观点，但也有少部分不同意见。有9.09%的亚洲官员和7.65%的非洲官员持同意的观点。不同意"中国威胁论"也是主流，但亚洲官员认为没有威胁的比例只有63.64%，比非洲官员低12.73个百分点。更为明确的是22.73%的亚洲官员认为是主要威胁，比非洲官员高16.69个百分点。

第三，在对中国援助、投资和贸易的认知方面，受援方官员对中国援助的评价虽然总体上较为积极，但比例并不高。具体到中国援助项目本身，约1/4的非洲官员认为中国援助项目对当地人民"惠及不多"，认为"一般"的占41.76%。70%认为中国的贸易和投资既有利于当地政府，也有利于当地人民，可以说总体上评价不错。不到2/3的官员认为受益很多，但仍有1/3的官员认为受益不多。就中国海外企业的整体形象而言，认为好和非常好的比例为67.96%。但是，非洲官员认为中国企业的行为表现一般的占28.18%，认为不好和非常不好的占5.52%。

根据上述调查研究，本章提出进一步提升和改善中国国家形象的以下政策建议：

第一，加强周边外交，着力让"亲、诚、惠、容"的外交理念贯彻落实到经济、社会、人文、安全、军事等多个领域中，特别是要贯彻到中国对周边国家的援助、投资和贸易活动中。

第二，优化中国对外援助结构，突出民生援助。加大对外援助中的能力建设和技术援助，特别是针对当地民众的能力建设和农业、水利等各项民生相关的示范项目。

第三，提升对外直接投资和贸易的包容性和利贫性。对外直接投资和贸易应在涉及民生、经济和社会基础设施建设等领域有所侧重。

第九章

在经济新常态下驱动梦想：
加强区域可持续合作*

一、引 言

许多研究表明，现行的高碳经济发展模式是不可持续的，全球变暖将成为使许多经济体在增长道路上脱轨的潜在威胁。温度的增长可能潜在地影响降雨的规律，导致海平面上升，并导致经济生产的显著变动。其他可预期的影响包括航线的调整、冰川的融化、生物多样性的丧失，以及由于定向变异所造成的疾病增加。这些影响有能力毁灭生命、迫使受害人民迁移、导致食品和水资源短缺。大约 4 000 万人民受到海岸洪水的威胁，这一人口数字在 21 世纪 50 年代将上升至约 1.5 亿。这些碳化物所造成的挑战，将共同作用，严重制约新兴经济体保持其近年来经济的繁荣状态（Anbumozhi and Yao，2015）。减少依赖化石燃料的经济蓝图已成为当务之急。

世界上的大多数国家都开始从主要依赖化石燃料的经济增长方式向低碳绿色的增长战略转移，后者能够整合经济增长、环境可持续和社会发展的多重目

---

　　* 作者简介：Venkatachalam Anbumozhi，东盟东亚经济研究所（ERIA）研究员。

标。用于实施这些战略的政策措施是各国自愿的，由各国自行驱动，且与各国的需求和首要目标相一致。将排放与经济增长解绑的低碳绿色增长战略的有效实施需要来自制度、技术和融资能力的恰当支持。在国内措施能够解决许多能力约束的同时，政策制定者正在意识到新兴经济体之间合作的重要性，这种合作能够弥补、增强国内经济、环境措施的效果。我们应该注意到，应对全球气候变化是一个经典的集成行动问题，这种问题的最佳应对方案来自多范围和多层次的考虑、多中心和多层面的方法，同时又需要积极地统筹各个新兴经济体。《新经济报告》更新了《斯特恩报告》给出的方法，尤其强调了如何驱动、鼓励区域贸易协定和自发性倡议来支持新的经济、气候政策议程，使得 2015年后者能在巴黎得到讨论。

二、经济新常态

一方面，在 2008 年雷曼兄弟破产之后，全世界许多主要经济体，以 G8国家为代表，采取了大胆的经济刺激办法，快速增加了它们对于原材料的进口。许多发展中国家依靠加大向中国、美国和欧洲出口渡过了经济危机。另一方面，过度供给已经使工业产品的价格保持在很低的水平，由于延长的生产协议，进口一直在快速下降。中国承认了经济增速放缓，宣称经济进入了"新常态"，目标是在实际层面上以 7％的速度扩张其经济规模。这一新的真实增长率目标比 2013 年的 7.7％和 2014 年的 7.4％都要低。中国的经济增长与许多其他区域经济体息息相关（见图 9-1）。中国的通缩压力几乎同时影响了世界上的所有其他国家。由于对中国煤炭出口的减缓，澳大利亚近年来已经失去了其经济活力。中国是韩国最大的贸易伙伴，韩国对中国的出口占到了该国出口总值的 30％。由于中国需求的疲软，韩国产品的价格大幅下降，结果是韩国的主要能源消费工业，诸如石化产业，在 2014 年报告了两位数字的年度营业利润下降。

另外，中国所提出的区域发展银行——亚洲基础设施投资银行（AIIB）已获得了成功。通过在 AIIB 联手，这一地区的国家和欧洲一起对抗华盛顿共识（Vaubel and Willet，1991）。在 1 000 亿美元法定资本的支持下，良好设计的金融框架能够在各方协定后发挥作用，能将各国与"一带一路"倡议联结起来。"一带一路"倡议旨在创造一个丝绸之路经济带和 21 世纪海上丝绸之路，通过高速公路、铁路和其他基础设施的网络，将中国与欧洲以及其间的中西亚联结起来。海上道路将会通过扩张港口和海岸基础设施，联结中国与东南亚、中东、非洲和欧洲。这样的意图一定能筹集到资本，其方式或是通过跨行提供信贷、发行发起国主权债券，或是在公共—私人合作项目中吸收私人资本（Zhongying，2014）。400 亿美元的丝绸之路基金将成为另一个重要的金融机构，专注于在"一带一路"的路径上进行直接股权投资。这类投资显示了区域合作的隐藏潜力，以及扩张这样的合作面来包含低碳绿色增长方式的机会。

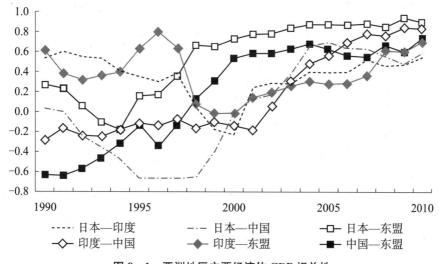

图 9-1 亚洲地区主要经济体 GDP 相关性

三、国际环境下的区域合作

全世界的新兴经济体都面临着能源安全、经济增速减缓、碳排放增加的挑战。这些经济体共同排放了全球 70% 的温室气体，而这一数字在 2001 年为 61%。在当前的排放状况下，下一轮试图达成全球综合性协约的气候变化大会将会在 2020 年召开。如今，新兴经济体处于一个微妙的位置。它们同时从供应者和接受者的视角，面临常规的技术、金融和能力建设挑战。如果全球应对气候变化、促进绿色增长的努力想要获得成功，新兴经济体作为一个整体，必须在去碳化进程中作为解决方案的一部分。

在促进去碳化进程中通过政策革新使新兴经济体共同协作的提议框架，将符合所有政府的政治利益，原因有三：第一，一个更加直接的、区域性的、基于市场方法推动可再生能源、能源效率、技术和投资的努力，能够增加政府做出的自愿承诺和国家目标的可信度，同时又不会使这些国家失去经济竞争力。第二，考虑到所需要的投资规模和很多国家公共金融的退化状态，地区内各国政府之间的合作、协商与协调将使这些国家利用其私人部门的投资成为可能。第三，尽管在细节上达成一个全球气候协议需要时间，用具体的行动保持前进与发展，为国际社会提供经验和教训、为发展中国家提供金融和技术援助，仍具有十分重要的意义。

四、提升区域协作的革新举措

为了充分地利用好这个机会来推进区域协作的议程，我们建议同时采取下列政策措施，如图 9-2 所示。

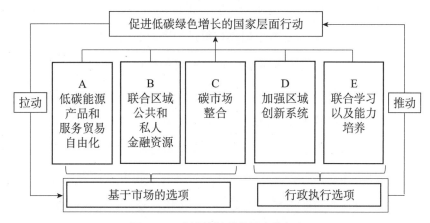

图 9 - 2　建议的低碳世界合作框架

● 扩大正在进行的贸易谈判以包含低碳技术、商品和服务。对于新兴经济体来说，如果要从东亚获取一些便利，达成关于那些能够对去碳化努力做出显著贡献的商品和服务的自由贸易协定，现在正是最好的时机。消除四种基本清洁能源技术（风能、太阳能、清洁煤炭和有效光能）的关税和非关税壁垒，或许应该成为这一努力的第一步。对于这些商品以及其他一些特定商品和服务的贸易、跨境投资自由化，可能对国家目标造成影响。其他需要讨论的与贸易相关的事项，与产品定义相关，涉及如何在协调的体系之下，在不同国家之间调和产品分类和描述、技术变化以及对国内产业的预期影响。

● 建立一只地区范围内的去碳化公共基金，这一基金能够从国家主权财富和机构投资者诸如养老基金或者外汇储备中获取权益。多边和双边金融机构将会就使用金融工具组合进入该区域进行低碳发展投资的优先权进行竞价。领先的基金管理公司将可能提出投标报价，解释它们如何利用所提供的金融工具来建立一只新的基金，或是增强现有基金的能力，从而使其产生更大的投资流。这一基金拥有进入每五年投标一次的公共金融工具的权利，从而可以在一个长周期中发挥作用。这样一来，发达国家与绿色气候基金（GCF）、亚洲基础设施投资银行以及新开发银行（NDB）联合提供的官方发展援助就能得到合适的组织，来促进 G20 中的发展中国家获得最大限度的低碳投资。

● 开启讨论整合的低碳能源市场能发挥何种作用的正式公共—私人对话。这一对话应当尽快开启，使政府、商业机构和专家能够讨论管理排放交易制度的规则，整合的碳排放市场在低碳经济中的作用，以及未来合作行动的一些基本规则，包括建立标准国际规程、框架以及定量目标。这一对话也应该处理新兴体制下各经济体在何种程度上分享环境一体化、提升双边补偿市场的作用、如何设计方法以在非扭曲市场的情况下减少价格波动，以及如何睿智地利用竞价所得的收益。

● 在每个次区域（例如亚洲、非洲、拉丁美洲和欧洲）建立低碳革新中心，通过在学界、商界和其他活动主体中进行公开资源革新，促进当地关于低碳解决方案的应用研究、发展和传播项目。这些中心可以开展范围极广的活动，这些活动具备主办区域的相应特点，与技术和市场曲线的不同阶段相适应。这些中心的资金将来自 G20 的公共基金和慈善资金。这些中心的主要目的是支持 G20 的缓和措施，在各国存在不同国内偏好的情况下促进国际合作。

● 发起一个新兴经济体知识平台以促进能力建设。这一平台需要尽快建立，使得进步的经济体能够在一个正式的对话中与政策制定者、学界、私人部门代表和国际机构进行交涉。在合适的安排之下，作为知识机构的网络和一个独立组织，这一平台将会为人们学习低碳绿色增长政策和措施构建适宜的环境。这一平台将同时监管、评估、报告动态政策在国家、次区域和国际层面上的表现。这一平台将会增强决策者的学习、决策和管理能力，增强政府公信力，提升公共信任，并使利益相关者能够参与其中。通过广泛的磋商，这一平台同时也能为决策者提供政策导向、好的政策实践、促进低碳绿色增长所必需的计划工具和数据。这一平台的资金将来自广泛的公共、私人和慈善资金。

五、结　语

随着全世界贸易和投资的增加，各国开始不仅在全球范围内，而且在区域范围内增进一体化程度（Anbumozhi，Kawai and Lohani，2015）。本章概念化并提出了世界去碳化的区域合作框架。这一框架基于五大支柱，以解决新兴经济体对技术、融资和能力建设的需求。这些支柱，在不同程度上将各国的国内活动与缓和气候变化的国际目标相联系。合作的一些组成部分，尤其是那些基于市场的组成部分，将会增强、驱动国家与次区域层面的措施；与此同时，那些不基于市场的组成部分将被设计为"无悔选项"，后者能加强当前努力的公共产品性质，并鼓励建设基于知识的经济体。在这一框架中评估义务、分配责任是一项复杂的工作，因为新兴国家必须通过互动来找到一个双赢的解决方案。这意味着这样的情形：每一个国家都在思考合作的双方，同时也在思考竞争性的转变方法，使得被认定的合作战略能产生最大的收益。

基于对现行措施和预期需求的分析，本章还提出了五种基本方法来驱动区域协作。我们希望，在人们认识到这一方案的潜在收益之后，领导者们将在彼此之间，以及与私人部门和文明社会的经营者一起，就如何构建一个更合适的环境，以及如何在国家层面对正在进行的举措进行补充，展开更广泛的讨论。

第十章

区域与国际机构在加强亚洲
基础设施联结性中的突出作用 *

一、引　言

基础设施联结性在提升和维持快速经济增长中扮演了关键的角色。正确设计的基础设施还能通过与更贫穷的地区、群体和社区分享其带来的收益，尤其是通过将一国偏远贫困地区和闭塞的小国与主要商业中心联结起来，使经济增长的效果更具包容性。通过使用正确的技术、规程和系统来进行清洁可再生能源开发、提高能源效率，基础设施也可以是环境可持续的。即便亚太地区已经在基础设施发展方面有了进展，基础设施增长仍落后于经济、城市化和人口的发展，同时也落后于国际标准的基础设施数量和质量。基础设施不足可能妨碍亚洲国家潜在的经济增长，减弱其国际竞争力，并对其减贫的努力产生负面作用。

作为 2008 年金融危机和当前的欧洲债务危机的后果，诸如美国和欧洲这样的发达经济体正在经历低增长，甚至是伴随着消费缩水的经济衰退。此外，

* 作者简介：Biswanath Bhattacharyay，博士，亚洲开发银行前高级顾问。

主要的亚洲经济体,尤其是中国也在最近的几年中面临经济增速的减缓。要使亚洲在面对外生冲击时更具经济稳定性和弹性,从而能够从经济下行中恢复过来,区域经济体需要重新平衡其出口导向型(主要面向发达经济体)生产和增长模式,转向亚洲市场和区域需求,以及通过增加区域内基础设施联结性和区域经济一体化,转向贸易驱动的经济增长。

此外,包含了数个亚洲经济体的国家与区域基础设施项目,有着作为经济增长新引擎的巨大潜力。诸如此类的项目内在地包含了扩张就业机会和增加投资的潜力,这种潜力不只存在于项目本身,也存在于次级机构、支持性的产业和供应链中。在全亚洲以及超出亚洲的范围内加强基础设施联结性,能够增强国家和区域的竞争力与生产力,加快经济复苏,并在中长期帮助达到平衡和包容的经济增长目标。此外,通过发展正确的跨境绿色能源和运输网络,绿色联结性能够加强发展的环境可持续性。

联结性的效果取决于软硬件基础设施的数量和质量。在软基础设施中,尤其重要的是那些能通过系统制定和实施准确的政策、法规、改革、实践、制度体系和标准规程,以及通过提升效率协调性、提升联合与协作水平使硬件基础设施有效发挥作用的促进性机构。为成功地提升实体联结性,考虑到亚洲的高分化度,有必要开发有效的国家、地区和区域内机构,同时需要构建准确的制度框架,以通过在多个利益相关的群体中准确定位来有效识别、设计和实施国家和区域层面的基础设施项目。

本章当中的联结性,是指通过发展所需的基础设施,在区域内创造实体或非实体的促进性联系,使得商品、个人、服务、技术和思想能在区域内自由移动。实体联结性对于亚洲经济体内和跨境商品流动的平滑与成本效率非常关键。这就需要实体性的或者说"硬"基础设施,诸如交通(公路、铁路、机场和港口)、能源(石油和天然气管道、电网),以及通信(跨境光电缆和宽频互联网);需要促进性的或者说"软"基础设施,诸如正确的政策(贸易促进政策，诸如有效边界，人员、商品和服务顺利进出国家的海关手续）；需要有效的法律和规定、制度体系和规程；还需要那些使硬件基础设施能够正确运转的机构（Bhattacharyay，2010）。

此外，亚洲在未来几年中将面临一波巨大的基础设施融资需求，总量大约在每年平均 7 500 亿美元（Bhattacharyay，2012a）。许多亚洲国家并不能满足这一巨大的融资需求。

由于亚洲一体化一直以来主要为市场导向的，其负责基础设施合作的机构安排为次区域层面的碎片形态。将次区域内的合作机构作为砖瓦，亚洲需要构建一个全新且强有力的通向泛亚整体联结的区域性路径。自下而上的、市场驱动的合作需要得到补充，这种补充来自制度化、高层领导的自上而下的合作。

国际和区域机构在加强联结性的多种途径中扮演了关键的角色，尤其是通过提升区域和国际合作，协调融资，以及增强发展中国家的发展能力。亚洲有着许多重叠的次区域和区域机构，这些机构涵盖了国家和区域的能源、交通、供水和通信基础设施联结项目。然而，这些机构中的大多数都具备这些特点：缺乏效率、非正式，且缺乏明晰、有效的规章制度和政策。亚洲现行的机构框架在面临基础设施发展的多样化挑战时不但不足，而且缺乏效率。

新的区域和国际机构，诸如亚洲基础设施投资银行、新开发银行或"金砖"银行，已经在 2015 年建立以弥补基础设施融资的缺口。如果要使通过增加联结性所带来的区域一体化取得成功，在一个新的、有效的机构框架下构建或加强在国家、次区域、区域与国际层面上涉及基础设施发展的机构十分关键。

最近一段时间内，国际和区域金融市场经历了混乱和不稳定时期，减弱了私人部门对长期融资的信心。随着国际和区域金融市场的紧缩，在基础设施和贸易融资方面将会发生对应的衰退。亚洲发展中国家的第一要务是找到协调其巨额储蓄为基础设施发展融资的方法。

综上所述，研究区域和国际机构在增强亚洲联结性中发挥的突出作用具有十分紧迫的重要性。

本章研究了如下主题：（1）亚洲联结性所面临的前景和挑战；（2）现存和新的联结性机构的本质与特点；（3）地区和国际机构在加强亚洲联结性方面所起的突出作用；（4）一个新的机构框架通过区域与国际基础设施发展合作，在构建亚洲无缝联结性上的前景。

二、亚洲联结性：前景与挑战

（一）亚洲联结性概述

实体联结性，尤其是交通联结性对亚洲来说并不新鲜。亚洲古老的丝绸之路曾经是世界上最重要的跨境干道。直到 13 世纪，当时的亚洲是世界上最重要的贸易和经济中心。丝绸之路是一个扩张性的交互网络，其中贸易道路横跨亚洲，联结了东亚、南亚、中亚、西亚与地中海世界，以及北非和欧洲（Bhattaharyay and De，2009）。

区域交通基础设施被认为是经济一体化进程的主要决定因素之一（Vickerman，2002）。交通网络通过商品和要素在边界之间的自由流通，加强了国际（和区域）联结性，帮助国家从优化的资源分配中受益。一个联系邻近国家的交通网络，在一般意义上，能扩大市场规模，促进国家经济通过更高的贸易和生产得到进一步增长（Bhattaharyay and De，2009）。减少的通信和交通成本，以及技术的发展，能够增强一国的比较优势（Krugman，1991）。在这个高度全球化的世界，国家比较优势可能被抹平，除非通过地区比较优势来弥补，诸如区域实体联结性。

最近，为了重建曾经联结欧亚的"13 世纪丝绸之路"，中国提出了一项新的联结倡议，名为"一带一路"倡议。"一带一路"为对"丝绸之路经济带"

和"21世纪海上丝绸之路"的简称，它将会创造一个覆盖亚洲、欧洲和非洲的经济区，通过中亚和西亚，联结中国与波斯湾、地中海（Kiernan，2015）。这一雄心勃勃的创意将需要强有力的合作、协调和国家、区域、制度机构、政府部门以及私人部门间的伙伴关系。本章将会提出一个新的机构框架，包含一个泛亚合作框架，以设计和实施上述跨边界联结项目。

Bhattacharyay（2010）讨论了亚洲联结性概念与收益的维度。

● 创造一个无缝亚洲——一个由世界级的、高效的、环境友好的基础设施网络（交通、能源、供水和通信）联结的，在实体上、经济上和金融上一体化的区域。这些基础设施：

（1）使亚洲的出口导向型经济增长恢复平衡；

（2）可提升区域内和全球市场的贸易和投资；

（3）使进入市场、得到公共服务的途径更加宽广；

（4）进而提升包容性强的、可持续的经济增长并减少贫困。

● 通过数字化的通信与后勤、流线化政策、体系和规程（诸如海关规程），提升区域生产网络和供应链的效率。

● 发展有效率的区域金融市场，尤其是债券市场，后者为亚洲的储蓄与世界其他地区的生产投资和产业之间架起了桥梁，尤其是区域内的基础设施。

● 发展有效的、可持续的、充足的、可支付的、安全的、可得的和无缝的亚洲与世界其他部分的联结，以创造一个更加竞争性的、繁荣的、一体化的区域，利用好亚洲巨大的未开发经济潜能。

新的和现存的区域及国际机构必须在无缝联结众多异质的、多样的亚洲国家，以及超出这一范围的联结过程中发挥主要的作用。

（二）基础设施联结性的主要挑战与前景

在亚洲通过区域联结增强区域一体化程度的过程中面临着许多挑战。这其中包括建设能够支持亚洲经济继续增长和发展的区域基础设施，这种支持的作用源自它们能够联结起来，尤其是联结中国和印度这样的大型市场，以及联结亚洲和世界的其他部分。与此同时，内陆国家和小型国家，和群岛一样，需要联结到港口、大型市场和商业中心。为达到这一目标，需要现存的和新的国家和地区基础设施项目及机构之间的正确合作与协调。

1. 满足基本需求的基础设施

在未来的数十年中，最主要的挑战之一是联结性如何处理超过 20 亿人紧迫的基本人类需求（或基本服务），这些基本需求包括公路交通、铁路交通、清洁水资源、污水处理、电力、健康设施、通信等。接近三分之二的世界贫困人口生活在发展中的亚洲国家，这一地区超过 6 200 万人口每天的生活费用少于 1 美元，大约 19 亿人口每天的生活费用少于 2 美元（ADB，2007）。通过更好的基础设施联结达到区域一体化，能够使亚洲的经济体分享稀缺的资源，诸如能源和水资源，以满足能源和水资源需求存在盈余或赤字的国家。

涉及基础设施发展的区域和国际机构，需要为那些建造之后并不能提供好的经济回报的基本效用设施提供优惠的资金。私人部门通常对参与基本服务的开发不感兴趣。这些机构可以通过共同融资以及提供应对多重风险的担保，来促进 PPP 模型中私人部门的参与，而所有这些仅靠私人部门无法做到。

2. 基础设施与包容性增长

如何通过联结达到包容性的增长是另一项主要挑战。没有正确联结的地区无法从经济和贸易增长中获益。缺乏联结会导致绝望和冲突。农村人口、内陆国家、小国家或是欠发达国家，多山和偏远地区，岛屿或群岛地区，经常会由于缺乏实体联结性而被遗弃。这些地区可能拥有其他地区无须面临的需求，诸如岛屿需要港口、通信设施。正确的地区基础设施能够通过将特殊群体与商业活动的中心联结起来而使他们受益。

亚洲基础设施机构能够帮助政府设计正确的基础设施项目，使后者能够以成本有效的方式在这些地区和社区中落地。

3. 有效的"软基础设施"发展

通常，为"硬基础设施"融资是亚洲基础设施发展的主要议题。然而，"软基础设施"对于"硬基础设施"的有效运转是至关重要的。软基础设施包括正确的政策、改革、规章、措施、体系和规程；知识、秘诀、技术能力以及旨在获得有效基础设施联结、获得包容和可持续增长的机构。为了构建一个有效的基础设施网络，国家需要：

（1）加强现存的法律和规章框架，制定新的法律和规章来保证包容的、可持续的、充足的、可支付的、安全的、可获得的基础设施网络。

（2）建立独立的基础设施规范实体，以使基础设施网络得到有效规范。

（3）调和、标准化跨境法规、法律框架以及政策、措施、体系与规程（如海关规程），使跨境或区域内项目能够有效地实施。

（4）加强发展中国家的能力，尤其是在设计和实施 PPP 项目中的能力。

（5）创造一个能使私人部门通过 PPP 机制参与其中的良好环境。

（6）确保在多样化的代理人和利益群体中存在有效的协调、合作与联合。

（7）在国家、次区域与区域水平上对项目进行识别和优先排序。

（8）获得社会保障网，解决环境问题。

（9）提升成本有效、基础设施发展质量上的良好政府管理能力。

（10）为成本有效的基础设施融资开发创新的机制和工具。

区域和国际机构需要强有力地参与到上述领域中来。

4. 成本有效、革新和可持续的基础设施

在交通、能源和通信领域，成本有效的基础设施技术（诸如高速列车、电动汽车；太阳能、风能、核能和其他可再生清洁且有效的能源）能够在发展中的亚洲国家建设现代化可持续基础设施的过程中扮演重要的角色。然而，这些技术通常由发达国家的企业拥有。即便这些技术的获取收益在数量上和可靠性上都非常高，但是其获取成本和维护费用对于亚洲的发展中国家来说可能太高了。

近年来，中国企业成功地以比发达经济体中的企业更低廉的价格开发了数项创新基础设施技术（诸如高速铁路与电动汽车）。新兴的发展中国家（诸如中国、印度）应当与亚洲的发达国家（如日本、韩国和新加坡）一起，共同合作开发成本高效的创新技术（Aneja，2015）。

中国的企业正与 30 个国家就开发高速铁路系统进行商谈。根据预期，中国将在 2020 年占到世界高速铁路市场份额的 30%，这一数字在 2025 年将上升到 50%。中国企业有能力用更低的成本生产质量优良的高速铁路。据估计，中国企业开发高速铁路列车的成本为每公里 1 700 万～2 100 万美元，而相比之下，欧洲的企业则需要每公里 2 500 万～3 800 万美元的成本（Aneja，2015）。

受到政府的鼓励，发达国家的公司应当愿意提供创新技术，这些技术将以成本有效的方式被应用于环境可持续的基础设施开发，同时提供的还有长期有利可图的投资，这些投资将为发展中国家与发达国家提供双赢的机会。与此同时，它们应该通过联合调查以及其他与发展中经济体当地调查机构、实验室的合作，去提升它们产品的成本表现与适用性。

5. 可持续的绿色基础设施

另一个主要挑战是处理基础设施开发的负外部性，包括社会与环境的后果；以及在参与国之间对称地分配成本与收益。处理亚洲的分化，避免或减少负外部性的成本，在所有相关方和利益群体中找到"双赢"的解决方案，将会使基础设施开发的收益得到更广泛的分享，并且是构建和保持有效区域一体化的必要方法。亚洲需要在对环境和气候变化产生最低反向影响的情况下构建一个绿色的联结。不仅为了本代人，也为了下一代人，正确的项目成本收益分析是必需的。

基于外国技术（来自发达经济体）的发展中国家基础设施发展在长期可能不是成本有效的，也不是可持续的。发展中国家应该在区域和国际机构的帮助下，确保基础设施项目的设计和技术的正确当地化，使得基础设施能够满足当地的需求，并根据当地的环境进行调整，这些环境包含社会、经济和政治习惯。此外，对于基础设施资产的维护应该做到成本有效，且由国内公司使用国内资源来执行。在许多例子中，维护成本变得十分高昂，原因就是维护所需的材料和人力都需要从发达经济体进口。

6. 银行担保项目的识别与准备

银行担保的可行基础设施项目，尤其是跨国的或跨区域的项目的缺乏，是一个非常严峻的挑战。基础设施项目十分复杂，通常需要进行很长的时间，而且很难预测投资的回报。采用正确的设计、正确的模型（诸如 PPP 模型）、正确的工具（诸如为欠发达国家提供优惠融资）以及其他创新的方法，设计、开发银行担保的基础设施项目，成了一项迫切的需求。可行项目的识别、优先排序与准备通常既困难又复杂。有必要提出，相比国内项目，跨国项目能提供更多的收益，能吸引发展中国家来共同加入这一努力。现存的多边发展银行（诸如亚洲开发银行和世界银行）、新的多边发展银行（诸如亚洲基础设施投资银行和新开发银行）、双边发展银行或机构（诸如日本国际协力银行、日本国际协力机构、中国进出口银行和韩国进出口银行）、投资银行、区域合作机构和特殊国家机构需要加强它们各自在识别、设计和准备银行担保项目中所起的作用。

7. 为巨大的基础设施需求融资

然而，最重要的挑战，是如何找到方法来为亚洲巨大的基础设施需求融资，这一需求高达每年 7 475 亿美元。下一节将会详细讨论这一问题。

三、为亚洲的基础设施需求融资

根据 Bhattacharyay（2012a），在 2010—2020 年间，亚洲需要 8.2 万亿美元（其中 68% 为新的能力投资，32% 为维护投资）用于国家和地区基础设施项目，方能满足当前和未来的需求，平均每年 7 454.5 亿美元，这些项目涉及能源、交通、通信、水资源、环境卫生等部门。大约 49% 的融资为能源部门所需求，交通基础设施部门占 35%，国际贸易中心占 13%，供水和卫生部门占 3%。这些基础设施需求占到了亚洲年地区 GDP 的 6.5%，代表了超出许多亚洲国家可用资源的支出。

许多亚洲国家没有足够的财政空间为这一巨大的基础设施投资融资。而私人部门则担心与长期基础设施融资相关联的风险。由于存在着巨大的国家基础设施融资短缺，许多欠发达的亚洲国家可能无法填补这一融资空缺，除非能得到优惠的或是馈赠的多边或双边资金抑或私人部门资金。

当前，国际和区域金融市场正经历着一段混乱和不稳的时期。国际和区域金融市场的紧缩意味着在基础设施和贸易融资上的相应衰退。亚洲发展中国家的第一要务是找到协调其巨额储蓄为基础设施发展融资的方法。这在快速城市化的区域是一项需要格外重视的挑战，尤其是涉及交通、电力、供水、卫生等部门。

在我看来，找到一条单一的道路就能够为亚洲获得足够的资金，这是不可能的。资金的需求是如此巨大、广泛和分化，以致需要多重来源和机制来融资。采用多样化的融资，对属于多重部门和社会、法律、机构设置的基础设施来说是正确的。我们需要新的基础设施融资机制和机构，因为现存的机构诸如多边发展银行和双边发展银行以及其他一些代理处，其能力相比于巨大的投资需求来说相当有限。然而，这些现存的和新兴的机构需要开发创新的融资机制和工具，以利用亚洲和国际的储蓄，用于其基础设施发展。Bhattacharyay（2012b）提出：（1）基于多货币单位的金融工具或债券包含主要亚洲货币以及主要发达经济体的货币，诸如美国和欧洲；（2）担保和联系债券；（3）伊斯兰金融工具，比如伊斯兰债券；（4）当地现金债券；（5）次区域基金。我认为成员中包括数个波斯湾国家的、新组建的亚洲基础设施投资银行，能在发展前述创新金融工具的过程中发挥重要的作用。

四、国际、区域和次区域机构在有效基础设施发展中的作用

许多学者讨论了亚洲、欧洲和拉丁美洲区域性机构的历史、作用和效率。他们中的大多数关注贸易和投资，包括对软基础设施的需求。举例而言，一方面，Komori（2007）、Poole（2008）、Jazic（2005）、Cockerham（2009）以及Aslan 和 Aslan（2006）讨论了亚太机构，诸如 ASEAN、亚太经合组织（APEC）和中亚区域经济合作组织（CAREC）。另一方面，Gomez-Mera（2008）讨论了区域机构和区域贸易安排的实施，而 Shimizu（2007）比较了欧洲和亚洲的区域性解决办法，Nabers（2008）比较了亚洲与欧洲的机构建设（Bhattacharyay，2010）。

表 10-1 给出了亚洲在基础设施发展方面的国际、区域、次区域以及双边机构和项目结构。在硬件基础设施发展方面，亚洲开发银行是支持亚洲经济体追求国家、次区域和区域基础设施项目的重要多边金融机构，其存在加强了区域一体化，而联合国亚太经社会（UNESCAP）则倡议且支持了一些泛亚项目，诸如亚洲高速公路以及泛亚铁路。

（一）次区域基础设施倡议/项目

考虑亚洲经济体的极大分化，次区域和区域性基础设施发展是由许多相互

重叠的次区域机构来推进的，这些机构的成员国数量从 3 到 15 不等。这些机构以不同的速度进行着实际操作，在众多目标下处理着不同程度的基础设施事宜。进一步来看，这些机构当中的大多数似乎是缺乏效率的、非正式的，且缺乏明晰而有效的政策规章体系。为发展亚洲的无缝联结，我们急需一个有效的、正式的、基于规则的机构框架（Bhattacharyay, 2010）。

到目前为止，亚洲的次区域基础设施联结是在 12 项主要次区域倡议下规划的，这些倡议包括大湄公河次区域（GMS）、东盟、中亚区域经济合作组织、南亚区域合作联盟（SAARC）、南亚次区域经济合作组织（SASEC）、太平洋岛国论坛（PIF）、印度尼西亚—马来西亚—泰国经济增长三角（IMT-GT）、文莱达鲁萨兰国—印度尼西亚—马来西亚—菲律宾—东亚经济增长区（简称"东盟东部增长区"，BIMP-EGA）、旨在增强多部门技术经济合作的孟加拉国—印度—缅甸—斯里兰卡—泰国经济合作组织（简称"环孟加拉湾经济合作组织"，BIMSTEC）、南亚—中亚次区域经济合作组织（SECSCA）和东北亚的大图们江开发倡议（GTI）。泛亚联结倡议，诸如亚洲高速公路和泛亚铁路（TAR）已经作为次区域和国家级项目付诸实施。在次区域倡议中，大湄公河次区域（GMS）在加强联结性方面取得了最显著的进展，这一成功主要是通过跨境交通以及经济走廊实现的。

(二) 现存多边发展银行的作用

在过去的 50 年中，亚洲开发银行作为数量众多、跨度广泛的国家、区域基础设施项目的资金供应者，有着令人称道的表现。近年来，它以富有竞争力的利率提供了传统融资以及其他形式的援助，诸如贷款、产权筹资、多重风险担保、企业联合组织协议、技术援助以及当地货币融资。拥有高达 1 650 亿美元的巨额资本以及强大的技术力量，亚洲开发银行有能力为基础设施投资调配更多的资金。亚洲开发银行在发展"软硬基础设施"、加强亚洲联结性的过程中，能够发挥重要的作用。

世界银行，作为一个国际发展银行，也对亚洲的基础设施发展做出了显著的投资，不过其首先投资的是国家级的基础设施项目。欧洲投资银行（EIB）在亚洲基础设施方面的操作规模较小，从 1993 年开始，也在诸如孟加拉国、中国、印度、印度尼西亚、老挝、马尔代夫、巴基斯坦、菲律宾、泰国、斯里兰卡和越南等国开展了项目（EIB，2008）。

（三）新兴多边发展银行的作用

由于亚洲对基础设施融资的需求如此之大，且数种风险都与大规模而长期的基础设施融资项目相联系，新兴的机构在基础设施融资方面有着足够的机会。为填补融资缺口，2015 年建立了一些新的银行。新组建的亚洲基础设施投资银行（AIIB）拥有 1 000 亿美元的法定资本，发展中国家是其主要投资人，AIIB 将会专注于在亚洲发展基础设施，以及其他生产性部门。新组建的金砖国家新开发银行（NDB BRICS）——此前被称作"金砖银行"，拥有 1 000 亿美元的资本，也计划在亚洲进行基础设施项目的投资。然而，为了更有效率地发展基础设施，在这些新兴机构的角色之间应该存在某种清晰的互补关系，并应该在区域融资机构和双边发展银行、代理处之间存在一个健康的实现环境。

如果新兴多边发展银行能对现存亚洲开发银行投资亚洲基础设施的现状做出补充，以及专注于某些领域，它们就能发挥重要作用，诸如：

（1）通过开发正确的工具，对区域性的或是跨境基础设施项目进行融资；

（2）开发多货币基础设施金融工具；

（3）开发伊斯兰金融工具及其他工具。

亚洲基础设施投资银行拥有富有的波斯湾国家作为成员，能够专注于开发合适的伊斯兰金融工具，以用于基础设施融资。

现存的和新兴的多边发展银行可以互相竞争（以一种健康的方式）、协调与合作，从而能够：

（1）有效地在更大规模上将金融资产作为基础设施开发过程中的媒介。

（2）提供成本有效且及时的基础设施贷款和知识，尤其是在能源、交通方面，采用简单、用户友好且便利的操作、系统和规程；与银行、金融部门合作，共同融资，为私人投资担保。

（3）对区域基础设施项目进行准备、开发、评估、优先排序，与政府部门就实施这些项目进行谈判。

（4）设计、开发和实施高效的工具来指导亚洲和国际储蓄用于其基础设施发展，专业发展区域性基础设施债券融资以及其他创新型金融工具，诸如：

● 用于区域性或跨境项目的贷款工具；

● 基于亚洲货币单位的多货币金融工具或债券；

● 担保和联系债券；

● 伊斯兰金融工具，诸如伊斯兰债券；

● 当地现金债券；

● 证券化的基础设施贷款；

● 次区域基金，诸如东盟基础设施基金；

（5）利用担保工具应对主要风险（例如，操作、金融、国家、灾害和政治风险）。

（6）开发用于可持续以及包容性区域或跨境项目的金融工具。

Bhattacharyay（2012b）提出了一种前卫的金融工具，名为多边基础设施债券（MIB），由亚洲基础设施货币单位（AICU）支配，而后者是区域会计单位（RAU），这种工具作为亚洲基础设施投资需求的一个关键金融机制而存在。这一金融工具能够减少货币和到期风险。AICU 作为会计单位，能够在官方交易中使用，或在涉及基础设施或其他类型融资的公共及私人金融工具中被使用。他发现，AICU 在促进一体化金融市场发展过程中的优势足以为其创立提供正当性，因此，他不建议其附加一项作为平行货币的功能，也不建议其作为亚洲货币的前身。亚洲现存的和新兴的多边发展银行诸如亚洲开发银行和亚洲基础设施投资银行，与亚洲政府一起，可以加入开发这一金融工具的进程中来。

区域与国际多边发展银行以及双边援助机构应当通过能力建设和有效协调与合作，支持亚洲发展中国家构建有效和高能的"软基础设施"。

现存的多边发展银行（诸如亚洲开发银行和世界银行）、新兴的多边发展银行（诸如亚洲基础设施投资银行和新开发银行）、双边和特殊国家级机构需要加强它们在识别及设计银行担保、商业可行的国家和区域项目中发挥作用，因为这些项目在低收入的发展中国家可能需要优惠融资和能力建设。

当前，诸如世界银行和亚洲开发银行这样的多边发展银行对国家级别的项目进行融资。为了加强联结性，亚洲需要发展、实施针对区域性基础设施项目的金融产品，这些项目涉及同一个次区域中的数个国家。为了实施跨境或区域内基础设施项目联结，合适且创新的设计、金融工具和机制是必要的。

（四）区域机构和国际机构的结构与特点

亚洲地区涉及基础设施项目的机构各具特点，范围较广。这些特点包含：专注的主要经济部门；操作区域；主要功能；机构形式（如正式或非正式）；参与国政府的最高参与水平；以及模式（ADB/ADBI，2009）。亚洲次区域机构与项目的关键特点可以做如下总结：

● 大多数机构同时涉及软硬基础设施，包括一些领域，诸如经济一体化、贸易促进以及交通、能源基础设施。

● 除了东盟和南亚区域合作联盟之外，所有机构本质上都是非正式的，它们没有法律的约束或是强制执行的能力，而且即使是正式的东盟，也需要遵循无干涉、主权、渐进主义、决策咨询等原则。

● 大多数机构有着多重目标，诸如一体化、贸易、基础设施以及社会经济的目标。

● 专注于区域/跨境基础设施的机构较为缺乏。现在，亚洲基础设施投资银行填补了这一空缺。

● 大多数机构采取咨询和规制的模式，同时不具备融资模式。

● 大多数机构有着高水平（诸如政府首脑级别或是部长级）的政府参与（Bhattacharyay，2010）。

由于此类次区域合作项目/机构在典型意义上缺乏金融配置与能力，它们需要与主要多边金融机构诸如亚洲开发银行（ADB）、世界银行（WB）、亚洲基础设施投资银行（AIIB）和新开发银行（DNB）建立强有力的合作与协调安排，它们合作的对象还包括主要双边金融机构，诸如日本国际协力银行（JBIC）和日本国际合作署（JICA）①，以及中国进出口银行（CHEXIM）和韩国进出口银行（KEXIM）。

为协调亚洲诸经济体的分化性，亚洲区域基础设施发展一直由几个相互重叠、有着广泛目标的次区域项目/倡议共同开展。这些趋势可能反映了亚洲的社会政治状况，某些次区域可能比其他次区域更渴望参加基础设施合作。为达到泛亚联结，现存的次区域项目需要协作、整合，以与区域和次区域一体化过程中产生的多样化需求、速度和利益相协调。这些相互重叠的次区域项目或许能够作为在次区域诸如东亚、东南亚、中亚和南亚加强联结建设的基本组成部分，而这些次区域联结的建设或许能进一步在整个亚洲发展联结性

---

① JBIC 和 JICA 自 2012 年开始分开。

(Bhattacharyay，2010)。

强有力而有效的国家与区域机构，加上有效的管理和权责结构，对于有效泛亚联结的成功建设是十分必要的。这些机构的作用将包括涉及商品和服务在边界间自由流动的规则、规章、政策、过程、操作、体系和规程的调和与标准化。这些机构也会帮助构建私人部门通过公私合作机制（PPP）参与其中的合适环境。

一个区域性系统的成功取决于其最薄弱的那一段联系，这一概念作为"网络挑战"被熟知。一个系统要成为"无缝的"，就必须拥有常规的法则和规章，而后者只有通过稳定而透明的框架及管理制度才有可能获得。私人部门的参与程度将取决于规则与规章的清晰和透明程度。进而，区域机构需要在建立常规或协调的规则和规章的过程中扮演活跃的角色。

另一项针对机构的挑战是协调涉及众多利益相关者的区域基础设施项目。这包含调和标准与规则，平等分配利益、成本和收益，以及其他。这就需要一个超越国家的协调性主体，来向多样化的利益主体诸如亚洲各国政府和私人部门实体展示加入论坛的政策激励。这一实体需要通过透明、权责明晰的过程和良好的治理来保证信任和信心，且应当能够处理公共部门、私人部门与其他利益相关者之间的信息平等问题。APEC商业论坛在处理促进贸易和商业活动的过程中扮演了相似的角色，可以作为一个例子。

作为全球金融危机和全球经济下行的结果，许多亚洲国家政府没有足够的资源用于所要求的基础设施投资。进一步，亚洲和国际金融市场正经历着高度动荡和不稳的环境，而这损害着投资者的信心。我们需要构建合适的环境，这一环境应该能推动公私合作机制并调动区域资本市场资金用于银行担保区域项目的机制。许多欠发达的亚洲经济体需要发展更好的技术手段和能力，以具备设计和实施区域项目的能力。这就需要专门的机构来负责识别、准备银行担保区域项目、调动资金、促进项目实施。同时也需要帮助参与国进行能力建设，尤其是人力资本方面的建设，以构建正确的软基础设施系统。

表 10-1　涉及基础设施发展的主要国际、区域和次区域机构与项目结构

名称	建立年份	成员/参与者	基础设施发展目标
联合国亚太经社会（UNESCAP）	1947	62 个成员	旨在通过提升后勤与联合运输的相互作用，统筹道路、铁路、海洋、空气联结
亚洲公路网（AH）	1992	32 个国家；签署 28 项协议；认可 23 项协议	旨在成为一个拥有 141 271 公里标准公路的网络
泛亚铁路（TAR）	1992	28 个国家；认可 9 项协议	旨在在 28 个国家间扩张 141 000 公里铁路
世界银行（WB）	1944	189 个成员	在所有亚洲国家优先开展国家级基础设施发展操作
亚洲开发银行（ADB）	1966	67 个成员	旨在通过区域协作达到基础设施联结
日本国际协力银行—日本国际合作署（JBIC-JICA）	JBIC-1961 JICA-1974 合并-2008 拆散-2012	涉及 100 个国家	在大多数亚洲国家推行基础设施发展的人民赋权操作
欧洲投资银行（EIB）	1958	142 个国家	工作专注于亚洲 11 国的私人部门开发、基础设施发展、保证能源供应和环境可持续操作
亚太经合组织（APEC）	1989	21 个成员	作为促进经济增长、合作、贸易与投资的论坛
东南亚联盟（ASEAN）	1967	10 个国家	寻求促进国家间更好合作及协调，旨在为区域贸易及投资统筹能源、交通、通信网络
韩国进出口银行（KEXIM）	1976		为海外投资项目提供贷款、股权参与和/或工作资本，发展海外自然资源、基础设施项目
大湄公河次区域经济合作（GMS）	1992	6 个国家，ADB	主要目标是通过提升交通、能源和通信联系，提升次区域内的联结性

续前表

名称	建立年份	成员/参与者	基础设施发展目标
湄公河委员会 (MRC)	1995	4 个国家	权责仅涵盖湄公河的管理与使用
印度尼西亚—马来西亚—泰国增长三角（IMT-GT）	1993	3 个国家	旨在通过提升基础设施和联结性，扩张贸易和投资机会
东盟东部增长区 (BIMP-EGA)	1994	4 个国家，ADB	寻求通过基础设施发展扩展贸易和投资机会
中国进出口银行 (CHEXIM)	1994		为海外子公司提供贷款、股权参与和/或工作资本，以支持资源保障（能源生产和工业使用）、基础设施项目以及中国政府优惠贷款
环孟加拉湾经济合作组织（BIMSTEC）	1997	7 个国家	旨在通过自由贸易协定、交通基础设施和成员国之间的后勤保障促进经济一体化
中亚区域经济合作组织（CAREC）	1997	8 个国家，6 个多边机构，包括 ADB	旨在推进区域一体化与区域贸易，主要功能之一是基础设施建设（交通和能源）。旨在通过区域能源项目加强能源保障，开发交通走廊以提升区域与世界市场的联系
南亚区域合作联盟 (SAARC)	1985	8 个国家，9 个观察员	主要目标为通过自由贸易区推进经济一体化
南亚次区域经济合作（SASEC）	2001	4 个国家，ADB	愿景为开发、利用、最优化权力联系
南亚—中亚次区域经济合作组织（SECSCA）	2003	6 个国家，1 个观察员，ADB	旨在提升南亚与中亚地区的交通联结性，促进区域商品和人员流动
大图们江开发倡议 (GTI)	1995	5 个国家，UNDP	提升东北亚的区域合作以确保能源安全，提升基本基础设施，开发旅游业，提升国际环境标准
太平洋岛国论坛 (PIF)	1971	16 个国家，4 个观察员，ADB	旨在扩张商品、服务贸易，加强与海事、航空安全有关的管理机制和策略

续前表

名称	建立年份	成员/参与者	基础设施发展目标
AIIB	2015	57 个成员	在亚洲发展基础设施和其他生产性部门，包括能源和电力、交通和通信、农村基础设施和农业发展、供水和卫生设施、环境保护、城市发展与后勤保障
NDB BRICS	2015	4 个国家	主要关注点在于为基础设施项目提供贷款，其被授予的贷款限额最高达到每年 340 亿美元

资料来源：ADB/ADBI（2009），Bhattacharyay 和 De（2009a），次区域项目，AIIB 和 NDB 网站，经作者处理和编辑。

通过成本收益分析，这一机构需要展示区域项目相对于国家级项目的比较优势。欠发达国家缺乏偿债和技术能力，应当通过优惠或赠予资金进行援助。确保区域基础设施环境友好，应当作为基础设施项目开发提议的指导前提。由于环境友好的项目在某些情况下可能会更加昂贵一些，它们可能需要由优惠贷款、赠予或其他方法诸如清洁发展机制（CDM）证书、碳排放牌照交易来提供支持，同时可采用的还应有来自多边发展银行和其他实体的技术支持。

五、为构建亚洲联结性朝向新机构框架前进

市场导向的亚洲一体化，其机构组织的分裂性和国家间发展水平的异质性特点，均需要一个拥有全新制度框架的泛亚方法，以整合现存的次区域/区域机构以及它们所提出的倡议。

泛亚基础设施联结的有效框架需要：

- 共同的愿景，强有力的领导者，以及亚洲领导者共同的承诺；

- 国家、次区域、区域层面强的机构能力；

- 基础设施在国家、次区域和区域层面上的同步发展；

- 优先发展投资、重视合作政策的泛亚部门基础设施战略；

- 有效的金融架构，以帮助促进区域巨大储蓄的流动；

- 鼓励公私合作。

为了正在持续的泛亚项目的成功实施，诸如"亚洲高速公路与铁路"项目，也为了一些新的、雄心勃勃的涵盖超出亚洲范围区域的泛亚项目，比如"一带一路"倡议，亚洲需要一个新的、强有力的泛亚机构框架。图 10 - 1 展

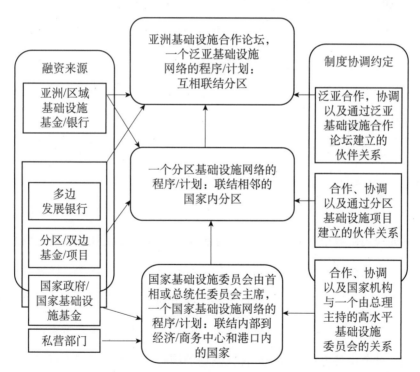

图 10 - 1　泛亚基础设施联结的一个新的制度框架

资料来源：ADB/ADBI（2009），经作者处理和编辑。

示了想象中能够加强亚洲联结性的新制度架构。

亚洲存在这样的需求，即通过项目发展机制，认定、筹备一个项目的传递途径，通过这个途径，项目能够获得银行担保的优先性，或者获得经济上的可行性。一个诸如"亚洲基础设施合作论坛"（AICF）的泛亚合作实体应当被建立，以帮助：

（1）协调、整合现存的、互相重叠的国家、次区域、区域和国际基础设施倡议/项目，以及国际/区域/次区域/双边金融机构，从而构建一个无缝亚洲；

（2）开发一个明晰的、基于协议的、有法律约束力的规定和法则；

（3）规定和法则的制定与遵守，由一个常设机构或秘书处来监管。

这个公私合作论坛将会促进泛亚合作、泛亚协调和国家、次区域、区域和国际层面上多个利益主体间的伙伴关系，以帮助认定、优先考虑和筹备有关亚洲联结性建设的国家/次区域/区域项目。国际/区域/双边基础设施金融机构之间增进、加强后的协调、合作与伙伴关系，对于构建无缝的亚洲联结性而言至关重要。

图 10-2 显示了亚洲基础设施合作论坛的机构框架。亚洲基础设施合作论坛秘书处应当由数个专业技术委员会来协助，筹备一个泛亚基础设施联结的战略计划，以及区域基础设施项目的部门战略和政策。在次区域、区域和国际机构的协助下，亚洲基础设施合作论坛将实施下列活动：

（1）国家/次区域/区域基础设施项目的认定、选择和优先考虑；

（2）准备由各方达成共识的优先发展的国家/次区域/区域项目清单；

（3）监督优先发展项目的实施。

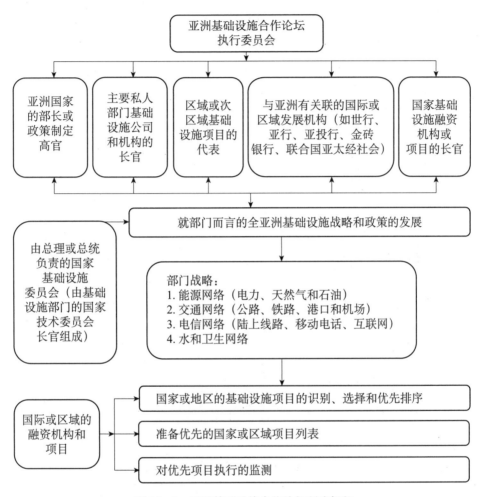

图 10－2　亚洲基础设施合作论坛制度框架

资料来源：作者和 Bhattacharyay（2010）。

图 10－3 给出了建议的亚洲基础设施合作论坛秘书处组织结构。秘书处将会支持多种次级论坛，诸如：

（1）政策、法律和规定的次级论坛，目的是建立、标准化、调和法律法规政策，并讨论其他关键政策挑战；

（2）关键主题、关键部门的次级论坛，诸如能源、交通、ICT，以及通信、私人部门和公共部门合作、金融、后勤与贸易促进；

（3）收集常规或整合的基础设施数据与信息，以及管理数据库；

（4）能力建设与训练、研究，尤其是成本收益分析和政策分析。

培训与研究机构应该建立在秘书处下，同样的还有 PPP 中心。

需要成立一个由各国总统和首相列席的高级别国际基础设施委员会，来促进各国涉及基础设施发展的多种机构之间的有效合作、协调和伙伴关系。新机构框架的有效建立和运转，能够为亚洲无缝联结，乃至更高的目标，做出极大的贡献。

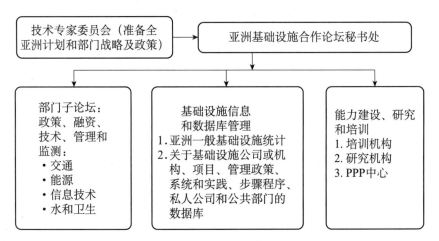

图 10－3　亚洲基础设施合作论坛秘书处组织结构

第十一章
中国与非洲:
欧盟发展政策改革面临怎样的挑战?
——来自国家案例的说明 *

一、引 言

　　欧盟在近年来实行了数项改革,旨在使其发展政策更加有效。与此同时,发展政策与外部关系的其他领域之间的边界正在变得越来越模糊,而欧盟对非洲国家的贸易、外交和安全政策正变得越来越重要。欧盟外部关系的改变发生在中国与非洲国家经济、政治关系迅速升温的背景之下。尤其是自21世纪第一个十年的中段以来,中国与非洲国家的经济、政治关系有了巨大幅度的增进。然而中国并不是非洲大陆上唯一的"新"活动者,比起诸如印度、巴西或土耳其等其他新兴国家,中国在非洲的政治和经济影响力显然更大一些。

　　近年来的大多数研究,既没有关注欧盟在非洲作为发展活动者的角色转变,也没有关注中国在非洲国家的交互活动。一方面,对中非关系感兴趣的学者已经分析了中国与非洲国家之间的关系在过去的十年中发生了怎样的演变;

---

　　* 作者简介:Sven Grimm 和 Christine Hackenesch,德国发展研究所(DIE)学者。本文为论文草案。

谁才是主要的活动者，什么才是主要的政策工具；何种因素解释了双边关系的升温（Alden，2007；Bräutigam，2009；Taylor，2009）。另一方面，对欧盟与非洲关系感兴趣的学者已经分析了欧盟与非洲关系的某些特定领域发生了何种演变（例如，发展、安全或贸易政策）或者欧盟成员国如何影响欧盟的对非政策。

仅有少数的研究分析了中国和欧盟作为捐助国与非洲国家的交互所产生的互动效应（Men and Barton，2011；Wissenbach，2011；Carbone，2011；Ling，2010；Smith，2013）。许多政策制定者与这些研究中的一部分持同样态度：对中国崛起之于欧盟作为发展活动者的角色的意义持有相当负面的看法。有人认为中国的官方资金流由一个项目提供，这个项目以中国公司的实施为基础，并与之紧密绑定，这与传统捐助国做出的援助有效性目标改革相矛盾（Manning，2006；Kragelund，2008；Woods，2008；Bräutigam，2009；Tan-Mullins et al.，2010）。由于中国认为自己为"最大的发展中国家"，与其他发展中国家合作，并且不附带任何限制和附加条件，因而有人认为中国的这种与非洲国家合作的路线是一种竞争的方法。然而，几乎没有人对这一问题做过系统的、结构性的分析，研究中国的存在如何影响、在何种条件下影响欧盟的联合行动能力。

在本章中，我们观察了三个不同的非洲国家，作为欧洲和中国在非洲多种兴趣的典型代表，分析来自中国的交互如何（或如何不）影响欧洲在发展合作中改进联合行动的努力。案例研究的选择基于这些国家不同的财富来源。我们选择卢旺达、莫桑比克和安哥拉作为三个研究例子，它们中的每一个都被我们作为特定经济和发展政策兴趣混合体的例子。这些例子说明了特定政策兴趣的混合如何、在何种情况下对欧盟的联合行动能力产生积极或消极的影响，以及欧盟如何应对中国在国家层面不断增长的存在感。观察欧洲的活动，我们就能够理解欧盟作为行动者的体系。在一个能力共享的政策领域，诸如发展政策，欧盟下属机构与成员国一同发挥作用。

我们的分析考察的是 2000 年至今这段时间内的活动，这使我们能考察欧盟和中国的交互行动随时间推移所发生的变化。我们发现，在一组中至少有三个行动者的情况下，影响不是单向的，而一定是交互的。然而，我们的分析将首先、重点关注中国对欧盟发展合作的影响。这一影响可能也是间接的，例如通过中国在非洲的交互，导致非洲伙伴国偏好或期望的改变，而欧盟可能针对这些改变做出反应。我们先不深入考察欧洲政策对中国行动者的可能影响。

二、改革的欧盟发展政策所面临的挑战：中国，搅局者抑或驱动者？

欧盟关于发展的政策制定正面临着至少两重挑战。其一是关于发展政策制定的相关性与工具本身的讨论，以及其与欧盟其他政策之间的关系。这一讨论部分也源自非洲自身的成功发展。其二，这一关于改革的讨论发生在快速变化的全球环境之下，其他一些活动者正在非洲大陆上此前并未为人所知的范围内从事活动。中国是这些行动者中规模最大的，同时也是这场发展辩论的新参与者；这一点值得引起特别的注意，不仅是限于考察由其引起的欧盟对外政策、发展周期的波动。

（一）欧盟发展政策的改革——内部努力和挑战

由于过去十年中的发展政策改革，欧盟在发展政策方面的联合行动有了轻微的进步。关于 21 世纪第一个十年早期①发展政策的国际讨论，为欧盟提供

---

① 我们指例如罗马、巴黎、阿克拉、釜山的发展政策程序改革进程。这些改革是间接的，同时也与关于发展合作共同目标的讨论相联系，后者是在世纪之初，在千禧年发展目标中提出的。

了一个机遇窗口，而欧盟至少以两种方式利用了这一窗口。欧盟一直以来都是国际援助有效性目标的重要推动者（Carbone，2013），因此欧盟也使用了援助有效性目标的原则和协议来改进欧洲联合行动（Delputte and Orbie，2014）。许多政策倡议，诸如欧洲共识、劳动分工、援助有效性的执行框架（欧洲理事会，2011），以及最近试图提升欧盟机构和成员国发展政策协调性和一致性的联合项目实践等改革倡议雄心勃勃，尤其是与来自经济合作与发展组织发展援助委员会的捐助国相比。

此外，作为其发展政策的一部分，欧盟在延伸至其他政策领域并提升发展政策一致性方面做出了一些努力。然而，这些种类繁多的关于欧盟发展政策以及发展政策一致性的改革倡议，其实施的进展十分有限，布鲁塞尔设想的政策水平与非洲国家的实施情况之间存在很大的差距（Orbie，2012；Carbone，2008；Carbone，2013；Klingebiel et al.，2013；Delputte and Orbie，2014）。

文献至少讨论了三组因素，来解释布鲁塞尔的政策制定水平和非洲国家的实施之间的持久差距：发展政策领域和援助官僚机构中固有的捐助者自利心理；非洲国家持续变化的国内环境；以及其他互相竞争甚至冲突的政策兴趣，诸如提升欧洲的对外贸易（Younas，2008）。

首先，与捐助者自利心理相关的因素在文献中已得到了较好的阐述（同时也介绍了这一特殊主题）。欧盟的捐助国在改进联合行动的过程中面临挑战，原因来自不断变化的发展内部化和援助有效性规范（例如，与预算支持相关的不断变化的偏好）（Molenaers，2012）。欧盟捐助国在改进联合行动的过程中面临挑战，也可能是因为它们想要时刻能观察到它们自己的双边援助项目（Delputte and Orbie，2014）。随着一些欧盟国家援助预算的缩水①，可见性可

---

① 例如参见 Jonathan Glennie（2014），《西班牙能够成为援助紧缩新时代的先驱者》。网址：http://www.theguardian.com/global-development/poverty-matters/2013/feb/26/spain-trailblazer-age-aidausterity。

能变得不那么重要了。欧盟捐助国（尤其是北欧国家）可能不再视欧盟为最重要的援助交互参照点，而是越过欧盟，转为重视与发展援助委员会捐助国的合作。这些因素都会负面地影响欧盟联合行动的能力。

其次，许多非洲国家的国内环境在近年来持续发生着变化——这对欧盟的联合行动有着混合的影响。非洲国家与它们国际伙伴的交互正在——至少在某些案例中——变得更加独断（Fraser and Whitfield，2009）。非洲国家政府的"非洲办事处"和"政策空间"在一些国家明显增加（Brown and Harmann，2013；Mohan and Lampert，2013），这种情况是商品价格攀升和"新一轮对非洲资源抢夺"的结果（Yates，2012），同时也是中国和其他新兴力量与非洲国家的交互日渐增强的结果。此外，根据世界银行的数字，随着撒哈拉以南非洲地区的中等收入国家从 2000 年的 7 个增长到了 2013 年的 22 个，援助的影响力下降了。在欧盟和其他援助国的发展援助不再发挥突出作用的情况下，欧盟如何能够与这些非洲国家进行交互已经成为一个越来越紧迫的问题（Koch，2015）。对于欧盟的发展联合行动而言，更强有力的非洲办事处可能产生积极的效应，因为这能增加与欧盟发展更强合作关系的需求。受援方能够要求欧盟更好地兑现其承诺，诸如欧盟成员国之间更好的劳动分工，或者在特定的政策领域里所谓的领导者援助方扮演更强有力的协调角色。另外，资金转移（发展援助）在一些中等收入国家不断下降的重要性，将增加政策一致性的重要性——因为这些国家的其他政策领域相对而言变得更重要了。对比之下，关于援助协调的问题可能变得无关紧要。

最后，欧盟成员国的经济（和其他）政策兴趣能够极大地增强欧盟联合行动的努力。许多非洲国家在过去十年有着稳定的经济增长，非洲东部又发现了丰富的资源，在当前与俄罗斯关系紧张的情况下，欧洲的经济利益使得欧盟与非洲国家的交互变得更加重要（Scholvin et al.，2015）。此外，考虑到不断增加的关于非洲中产阶级消费的辩论，经济利益的考虑变得更为重要。举例而

言，德国的公司发现撒哈拉以南非洲地区的商业环境正在逐渐改善，并且认为
非洲将会变得更为重要（Bundesverband der Deutschen Industrie，2013）。虽
然这样的讨论正在升温，非洲客户对于欧洲产品的总体重要性仍是边缘的。除
改革其援助措施之外，欧盟也正在应对这样的挑战，即如何调和欧盟国家在与
非洲国家交互过程中的不同利益诉求。不同的利益由不同的政策行动者代表，
由不同的规则管理，而这些规则有着不同程度的整合性（Gänzle et al.，
2012）。更强烈的欧盟经济利益增加了增进政策领域联合行动所面临的挑战。

(二) 中国在非洲的崛起及其备受讨论的对欧盟发展政策的影响

欧盟发展政策的变革和中国快速增加与非洲国家的交互同时发生，这一情
况的发展即使没有引起政策制定者和学者的担忧，也至少引发了关于这一情况
会如何影响欧洲政策的讨论。中国在非洲的交互活动在相对较短的时间里有了
极大的增长。尤其从 2000 年开始，包括贸易、投资、援助和外交事项的活动
达到了前所未有的高度。援助、贸易、投资和贷款经常在中国与单个国家的关
系中形成一个综合性的组合（Alden，2007）；援助要素的差异性和独特的"援
助"政策（中国国务院，2011）成为近期中国对外关系的特点。2014 年，中
国与非洲的贸易超过 2 000 亿美元，使中国成为欧盟（作为一个整体）之后非
洲的第二大贸易伙伴，排在美国之前，远远超过诸如印度和巴西等其他新兴经济
体。在援助总量方面，由于可比数据的缺乏，确切数字很难获得（Bräutigam，
2011；Grimm et al.，2011）。年增长率达到 30%，2013 年中国的援助总量据
估计约为 70 亿美元（Kitano and Harada，2014）。中国对外援助中有一半被提
供给了非洲国家（中国国务院，2014）。尽管并没有确切可得的数字，贷款看
起来显著超过了赠款的数量。中国的"政策银行"（诸如进出口银行和中国发
展银行）正在向非洲国家以低利率提供优惠贷款和商业贷款。通过这一路径，
非洲国家找到了与欧盟进行发展合作之外的可供选择的资金来源。

中国与非洲经济关系的不断增进是中国自 20 世纪 90 年代中期以来经济增长和中国对外经济政策改革的直接结果。中国快速的经济增长导致了对能源不断增加的需求（中国已经在 2013 年成为世界最大的石油净进口国）。[①] 为了使中国公司（主要是无线通信、能源或是建筑部门）在全球富有竞争力，中国政府在 1999 年发起了"走出去"战略。随着中国在 2001 年加入了 WTO，非洲国家成了中国产品的重要市场。于是，援助之外的政策，在非洲国家的国际关系中变得更为重要——其他贸易伙伴正显示出在非洲贸易数据中的显著扩张趋势，以获得额外的收益。

中国政府将其与非洲国家的交互方式视为合作的另一种选择。与其一贯的外交政策原则相一致，中国政府的演说确认了一种对威斯特伐利亚体系的相当正统的理解，这一常规关乎国家主权，强调无干涉原则，拒绝援助时附带经济或政治改革的条件（中国外交部，2004；Zhao，2004）。非洲国家被要求承认"一个中国"政策，作为外交关系和经济援助的前提。除此之外，援助和贷款中的很大一部分与中国公司、商品，某种程度上甚至与劳动力相绑定（Shinn and Eisenman，2012；Bräutigam，2009）。尽管外交家可能会就一些国家的"投资环境"发表明确的意见，中国政府明确地拒绝在其援助和贷款上附加政治改革的条件。

中国援助实践愿景的快速增长与显著差异导致欧盟政策制定者和学者产生了一些额外的担忧。第一种忧虑来自欧盟和中国同为发展行动者的相互竞争。例如，有人认为中国的存在损害了援助有效性目标的进展。由于中国没有承认西方国家认同的原则和标准，有人认为中国的存在可能（再一次）增加非洲政府的行政负担和交易成本，这些额外的负担和成本源自其国际伙伴的高度分裂（Kragelund，2008；Bracho and Grimm，未出版）。还有人提出担忧，认为中

[①] http://www.ft.com/intl/cms/s/0/01ba1a04-2c24-11e3-acf4-00144feab7de.html#axzz37WngVdLR.

国的无优惠贷款可能（再一次）增加非洲国家的债务负担，尽管中国自身也经常提出债务免除（Manning，2006；Kragelund，2008）。

第二种忧虑和欧盟与中国之间的经济竞争有关，这种竞争可能会影响到欧盟的发展政策。中欧不断增强的经济竞争对欧盟提升联合行动、在国家层面改善援助方协作的努力可能产生数种影响。与正在崛起的中国竞争，或许能为促进联合行动提供一个来自外部的催化剂，进而加强欧盟内部的协作。然而，如前所述，一种（接近的）威胁感在（仍然）相对边缘的非洲，不太可能使欧盟构建一个统一的力量。更可能的情况是，单个成员国面临的经济竞争，可能使作为捐助国的成员国更希望增加其可见度，因此它们可能会减少参加劳动分工、联合项目的兴趣。由于中国提供的援助均与经济利益紧密联系，中国在非洲不断增长的交互活动可能减少欧盟内部的同侪压力，从而在原则上可能导致搭便车现象。经济竞争可能增加欧盟的压力，重新审视解绑援助的原则和欧盟的借贷政策，例如协调辩论（Gavas et al.，2011）或新的德国爱马仕出口信贷规则①。竞争可能也会增加欧盟的压力，使之在与非洲国家的关系中（甚至）更少地提出有关民主和人权的要求，作为对中国"无附加条件"政策的回应。

另外，更为乐观的观察者们强调了潜在的间接影响，中国提供的额外融资可能增加非洲政府与欧盟谈判时的议价能力和筹码，而这可能潜在地导致更多的所有权和更好的援助效率（Kragelund，2008；Fraser and Whitfield，2009；Mohan and Lampert，2013），至少在那些政府精英确实想要最大化发展成果的国家里会是如此。我们认为，中国的存在对欧盟的联合行动可能造成不同的影响，而这取决于欧盟和中国在与单个非洲国家进行交互活动时的兴趣所在，以及它们所采取的合作战略。

---

① http：//www. bmwi. de/EN/Press/press-releases，did＝676568. html.

我们认为中国的存在对欧盟联合行动的影响在国与国之间会有很大不同，取决于欧盟和中国在与单个非洲国家进行交互活动时的兴趣所在，以及它们所采取的合作战略。

三、案例研究：欧盟与中国在卢旺达、莫桑比克与安哥拉

在本节中，我们将会考察三个国家案例，这些国家在资源财富上各有不同，从而使我们能够研究中国的存在对欧盟联合行动所造成的影响。安哥拉有着丰富的资源，是主要石油出口国，卢旺达则代表了图谱的另一端，自然资源很少。莫桑比克的案例（在最近的天然气和煤炭发现之后）则代表了两个极端之间的中间情形。这些案例能够帮助我们研究，欧盟与中国的特定政策兴趣的混合以及与这些国家的合作战略，是如何以及在何种情况下会对欧盟的联合行动造成积极或消极的影响。

（一）卢旺达：中国和欧盟作为援助提供者

卢旺达是一个资源贫乏、内部市场较小、面临较大减贫压力的国家。在这里，欧盟和中国几乎没有经济上的利益，因此经济竞争在这里无足轻重。二者在该国均主要扮演援助提供者的角色。二者的援助政策都受到混合动机的驱使：团结一致、支持减贫、政治利益（比如支持国际论辩和谈判，在这方面卢旺达政府向来十分善于发声）。对于卢旺达来说，该国特有的一个因素也起到了作用：至少对欧洲来说，其合作也受到负罪感的驱使，因为欧洲没有尽早、足够地干预，导致未能阻止 1994 年在该国发生的种族屠杀。

2000—2006 年，中国与卢旺达的经济合作非常有限，直到第三次中非合作论坛（FOCAC）会议在北京召开。自那时起，中国与卢旺达的经济合作开始逐渐加强，但即便如此，中国相对于欧盟而言，尚未成为一个可供卢旺达备

选的经济合作伙伴。尽管中国并未将自己视为"捐助者"，也没有将其提供的援助计算在 OECD 发展援助委员会的记录中，但中国对卢旺达的大多数技术、资金支持，在西方意义上都可以被贴上"援助"的标签（Grimm et al.，2011）。中国的援助在 21 世纪初的几年中非常有限，但是近年来，每年的援助预算大约是 3 000 万美元（基于 2013 年 7 月在基加利对卢旺达政府和中国官员的采访），使中国成了一个中等援助国，这是相比于较大欧盟成员国诸如德国而言的，但相比于欧盟机构来说，中国援助的规模仍较小。中国与卢旺达的贸易也在快速增长。中国在 2011 年已经超过欧盟，成了仅次于东非共同体的卢旺达的第二大出口地。来自中国公司的投资自 2006 年起也一直在增长，但并不显著；这些投资大多数源自中国的私人、小型、中型企业。或许最重要的是：中国的政策银行还没有为大型基础设施项目提供大量的优惠或商业贷款，即便卢旺达方面提出了要求。

欧盟在卢旺达的交互也强烈地基于援助关系。自 2005 年巴黎会议以来，与欧盟的发展政策改革同步，欧盟在一些国家逐渐改进其联合行动，在这方面卢旺达是一个很好的例子。欧盟机构和欧盟成员国一同提供的援助发生了大幅度的增长，从 2000 年的 2.7 亿美元增加到 2013 年的 4.3 亿美元；这个数字高出中国援助 14 倍之多。欧盟在一些国家积极地实行援助有效性目标所约定的原则，并以此提升欧盟援助国之间的协作，而卢旺达就是这些国家之一。到 2012 年，欧盟机构和一些欧盟成员国通过直接预算支持，逐渐地增加它们提供援助的比例；在 2006—2013 年间，欧盟机构通过预算支持提供了 60％的援助。欧盟做出了实施劳动分工、联合项目的努力。早在倡议被扩展到 40 个国家之前，卢旺达已经作为五个试点之一，开始实施联合项目（Klingebiel et al.，2013）。

为什么欧盟在卢旺达如此积极地提升其联合行动？中国的存在起到了怎样的作用？卢旺达是众多展示例子中的一个，在这些例子中，欧盟自 21 世纪第一个十年中期以来，试图实施其所有的改革倡议，以加强联合行动、提升欧盟发展合作的效率。来自卢旺达的实证证据显示，中国在该国的交互并未与欧盟的发展政策有特别的冲突，也不与欧洲试图加强协作和一致性的努力相矛盾。在一些逐渐被传统援助方"塞满"的部门，诸如健康或教育，中国的援助十分有限。中国提供援助的方式并未对当地的行政架构产生特别的负担。与此同时，中国对当地精英的"吸引力"也并没有增强（Grimm et al.，2011），前提是欧盟和（一些）欧盟成员国提供普遍的预算支持，并且在联合卢旺达国家发展计划的过程中取得进展。此外，除去那些明显的国内管理缺陷，过去十年欧盟一直回避批评卢旺达较低的政治自由化水平（Hackenesch，2015）。在这个意义上，中国拒绝政治附加条件的做法并未使情况有什么改变；从这个角度来看，中国对卢旺达政府来说，并不是一个更有吸引力、更易相处的合作伙伴。

由于对卢旺达政府来说，中国仅仅是一个"中等规模"的国际伙伴，而欧盟本身（欧盟机构和大多数欧盟成员国）并没有对卢旺达低水平的政治权利、公民自由状况做出太多批评，中国在卢旺达的存在很显然不是驱动欧盟在过去数年中做出努力改进联合行动的原因。取而代之的是，一些学者、观察者认为，卢旺达政府深谙发展导向，并持续推动对援助有效性目标的相关原则诸如"自主"和"一致"的坚持，是导致卢旺达成为欧盟发展政策改革范例的原因（Hayman，2009；Grimme，2013；Klingebiel et al.，2013）。在卢旺达的例子中，"非洲办事处"是对欧盟联合行动产生积极影响的因素——而这个办事处，并非受到了来自中国的鼓励。

至少部分由于国际援助有效性目标的消解，欧盟预算支持政策发生了改革，欧盟对卢旺达政府的看法，也在关于卢旺达与刚果民主共和国东部省份发生冲突的辩论后发生了改变，欧盟在卢旺达联合行动的改善停滞了。随着中国在卢旺达交互活动的增加，未来中国的存在能在多大程度上为欧盟联合行动的颓势起到积极的刺激作用，仍是一个开放的问题。

（二）莫桑比克：中国和欧盟作为可选择发展伙伴，以及不断增加的经济竞争者关系

在莫桑比克的例子中，欧盟和中国作为可选择的发展伙伴与该国进行交互。尽管莫桑比克的内部市场相对较小，但是大量天然气和煤炭储备的发现使该国成了投资目的地，并有潜力成为重要的能源输出国。欧盟和中国都试图帮助莫桑比克应对其面临的巨大发展挑战。然而，与卢旺达相比，中国在莫桑比克的交互活动已经造成了欧盟在发展政策方面的忧虑，而欧洲与中国之间源自该国资源禀赋的经济竞争，对欧盟的联合行动能力造成了负面的影响。

与卢旺达相似，从21世纪第一个十年中期开始，欧盟也在莫桑比克做出了加强协作、改进联合行动的努力。莫桑比克是撒哈拉以南非洲地区欧盟援助最大的接受者之一。14个欧盟成员国以及欧盟机构在莫桑比克从事活动，欧盟做出了相关努力，试图通过劳动分工和联合项目，使数量众多的欧洲援助者能够更好地协作。欧盟援助中重要的一部分是通过直接预算支持来提供的。中国在莫桑比克的交互活动与卢旺达的情形不同。与卢旺达相似的是，中国也向莫桑比克提供发展援助（显著少于欧盟）。然而，与卢旺达相比，中国在莫桑比克还为大型基础设施项目提供优惠和商业贷款，诸如马普托海湾大桥或首都环线公路，这使得中国成为对莫桑比克政府具有吸引力的合作伙伴。到2013年的时候，中国已经成为莫桑比克第三大贸易伙伴，仅次于南非和欧盟。对于中国和欧盟二者来说，莫桑比克在外部贸易中都只占到极小的份额。然而，天然气和煤矿的发现，以及莫桑比克在培养商业化大规模农业上的潜力，使该国成为对中国和欧洲公司极具吸引力的经济合作伙伴。

中国在莫桑比克的存在对欧盟发展政策改革的影响，与卢旺达的情形不同。与卢旺达相比，中国与莫桑比克的交互引起了欧盟机构和一些成员国更

多的担忧。债务可持续性成了欧盟和其他援助国担忧的事项之一。来自天然气和煤炭部门的收益预期将在 2020 年后开始流动，而莫桑比克政府已经开始在用未来的回报借债。随着贷款数额的增加，尤其是向中国贷款数额的增加，国际货币基金组织（IMF）——该机构的评估也同时指导着欧盟的合作——已经敦促人们关注债务可持续性的问题，并指出公共投资需要得到妥善的管理（IMF，2014）。大规模基础设施项目诸如桥梁或首都环线公路受到批评，原因是没有发挥资金的最优价值、仅仅服务狭小的精英阶层利益，而不是为最广大的人口带来发展的利益。此外，中国公司（大多数是私企）被指责非法伐木，甚至非法捕捞渔业资源（EIA，2013；EIA，2014；Mallory，2013）。强烈的批评尤其来自文明社会，在受到批评后，在加强中国公司对当地法律遵守方面已经有了一些进展。国内针对在国外从事商业活动的法律体系的孱弱、私人企业对商业利益的追逐，加剧了非法开采自然资源的行为。这些都是很敏感的问题，几乎没有现存有效的制度机制来与中国政府一起解决这些问题。

在莫桑比克的条件下，发展援助在中期会持续扮演重要的角色，这一点与卢旺达的区别并不大。即使官方发展援助（ODA）在国民收入中所占的比重从 2000 年的 22％降低到了 2013 年的 15％（世界银行，2015），莫桑比克的国内社会经济发展无疑仍需要来自外部的资金和技术支持。然而，随着煤炭、天然气储备开始被开采，关于发展合作（尤其是援助）能够扮演、应当扮演怎样的角色的问题开始被提出。对于欧盟机构（和一些成员国）而言，发展援助，尤其是直接预算支持，为它们持续提供了中短期支持公共资金管理和反腐败政策改革的筹码。与此同时，针对莫桑比克政府不断变化的优先偏好，将中国贷款用于基础设施投资的做法，欧盟已经开始调整其发展项目，并宣布将采用协作而非授予的方式来提供未来的基础设施支持。鉴于煤炭、天然气和农业领域大规模的国际投资，欧盟机构和成员国面临一个很重要的问题：它们是否应该直接援助这些区域和部门，从而确保这些投资能够为更广泛的经济发展做出贡献？又或者，欧盟援助者是否应该关注其他区域，其他社会部门，从而对源自煤炭、天然气国际投资和农业部门大规模出口的经济动态做出补充？至少，部分因为它们自身在莫桑比克不断增长的经济兴趣，一些欧盟成员国已经将它们援助的一部分从社会部门转移至采掘部门。

在这个意义上，中国在莫桑比克的存在显然并没有导致援助与经济利益之间产生更加紧密的联系，但是与中国和其他新兴力量的经济竞争给原本已经存在的趋势产生了更多助力。此外，欧盟试图与中国开展对话，但是在莫桑比克培养三方合作关系的努力，进展十分有限，几乎毫无建树。

（三）安哥拉：中国和欧盟主要作为经济竞争者，而非援助者

在安哥拉，像在其他一些国家，诸如尼日利亚、加蓬、赤道几内亚或（在某种不同意义上）南非，中国和欧盟都有着重要的经济利益，大部分与富饶的资源储备相关。因此，欧盟和中国的发展政策便不仅在交互活动中扮演突出角色，并且在某种程度上受到商业利益的影响。援助仅占到国民收入的1%（世界银行，2015），安哥拉对于援助的依赖十分有限，尽管该国显然仍需要能力培养、技术和投资。

在安哥拉，中国提供商业贷款、贸易和投资的综合包裹。中国进出口银行和中国发展银行在2004—2012年提供了总价值145亿美元的贷款（Campos and Vines，2008；Corkin，2013）。对比之下，援助仅仅是中国在该国交互活动的很小一部分，并且与其他资金流密切相关。中国——与另一个新兴力量巴西十分相似——针对安哥拉设计了实用主义的方法，这种方法具有强烈的商业导向，并以石油换基础设施的交易作为主导（Campos and Vines，2008；Corkin，2013；Alves and Power，2012）。在欧洲方面，欧盟机构与欧盟成员国一起提供发展援助。在过去几年中，欧盟一直是安哥拉最大的援助国。然

而，由于安哥拉对援助的依赖很小，发展合作在该国的影响力十分有限。此外，一些欧盟成员国诸如葡萄牙、法国、荷兰或英国，都持有重要的商业利益，因此影响了欧盟作为行动者以一个清晰的发展焦点来构建连贯一致的行动方法。① 在 2004 年后，欧洲国家和私人银行也向安哥拉提供商业贷款。尽管确切的数字很难获得，这些贷款的总额度显然少于安哥拉向中国的借款（Corkin，2013）。

欧盟机构尽力提升发展联合行动，使它们的发展援助项目对安哥拉政府富有吸引力。与卢旺达和莫桑比克相比，欧盟在安哥拉实施援助有效性议程的努力十分有限。援助方协作的开发程度比起其他国家大幅减少，诸如劳动分工和联合项目的倡议则变得无关紧要。安哥拉并未把自己视作"典型的发展中国家之一"，于是，安哥拉并没有参与国际援助有效性的论辩。安哥拉是少数几个甚至没有在 2005 年签署《巴黎宣言》的国家之一。因此，欧盟在安哥拉增强发展联合行动的切入点十分有限。

另外，欧盟也正尽力开发一种替代方案，在超越传统发展伙伴关系的层面上进行协作。欧盟试图发起一个名为"并路前行"的倡议（欧盟和安哥拉政府，2012）——一个来自欧盟机构的尝试，试图在和平与安全、能源或教育领域构建战略伙伴关系。但是安哥拉政府对此的反应却并不热心。相比于同欧盟就援助项目开展合作，安哥拉领导层对与单个欧盟成员国开展双边经济合作更感兴趣。

欧盟与中国之间在安哥拉的直接接触非常有限。在安哥拉，早在 2004 年，中国作为可选的合作伙伴的趋势就已显而易见，并且自那时开始就引发了欧洲官方（以及其他国际主体）对于这一话题的争论。然而，欧盟主动与中国接触

---

① 关于"从成员国强烈的双边利益出发，构建与安哥拉交互的'欧洲方法'存在难度"的有关讨论，也可见 Helly（2011）。

的努力却十分有限。①

总体而言，中国的交互对欧洲发展政策在诸如安哥拉这类国家所产生的影响，更少地围绕中国活动是否影响了欧盟发展政策协调性和一致性的提升。取而代之的是，对欧盟而言主要（未解决）的问题，是援助能够和应该在支持安哥拉人类发展的过程中起到怎样的作用，或是如何在特定的经济（发展）合作水平下进行交互，而这里的合作水平需要考虑到与中国之间不容忽视的经济竞争，这样的竞争，在某种程度上也在欧盟成员国之间存在。

（四）国家案例的观察：中国是搅局者？

为了回答这个宽泛的问题：中国对于欧盟发展改革究竟是催化剂还是搅局者，我们从国家案例中获得的观察多少有些混同。如果我们将三个国家案例放在一个整体框架中进行考虑，那么卢旺达将会位于这个整体的一边，作为一类国家的例子：在这类国家中，欧盟和中国利用援助作为合作的主要工具，团结和政治的利益为欧盟和中国的援助提供了动机。在这些例子中，政策原理是不受经济利益"打扰"的。从而，欧盟加强联合行动所面临的挑战主要来源于援助体系内部的利益与原理。我们认为，中国的存在对于欧盟提升联合行动的影响在过去十分有限，但可能在未来对其施加积极的竞争压力。

安哥拉则是放在整体框架另一边的那类国家，因为欧盟和中国在安哥拉都有极强的经济利益。发展援助在它们的交互活动中仅起到很小的作用，因此欧盟的发展政策在一开始就受到来自欧盟其他工作的压力。虽然中国在安哥拉的存在对欧盟的发展联合行动施加了负面的影响，但欧盟内部一致性的困难本就很强，即使没有来自外部的竞争，欧盟成员国的个别经济利益和安哥拉对援助

---

① 2004 年中国进出口银行在安哥拉政府与西方援助方谈判时提供给安哥拉的贷款在当时被（国际）媒体广泛地报道，并引发了援助方之间的争议（Traub, 2006）。

的低依赖度也将使欧盟的发展联合行动变得十分困难。中国的存在和与中国的经济竞争于是增强了欧盟内部的分歧。它们并不是导致分歧的原因。

在莫桑比克，中国与欧盟作为备择的发展伙伴进行交互活动，莫桑比克在整体框架中位于两个极端——卢旺达与安哥拉之间。在莫桑比克，对应的欧盟发展原则强而有力，但其需要和其他经济利益进行调和。在莫桑比克，另一个替代行动者——中国的存在，带着强烈的商业目标，增加了欧盟发展政策的总体压力。我们认为，在莫桑比克这样的例子中——以及其他众多"中间地带"的国家，诸如赞比亚、加纳、坦桑尼亚或肯尼亚——欧盟方面（大多数时候通过成员国实施）对于发展的考虑也伴随着不断增加的经济利益。在这些情形下，欧盟联合行动变得更为困难——中国的存在增加了这一困难，尽管其只是争议的"催化剂"，而非问题的根源。

中国在许多情况下并不公开挑战欧盟的政策，但在某些特定的情形下确实这么做了，通常是在它的诉求（或是金融/政治权重）确实足够强烈的情况下。讽刺的是，在不同的环境中，比如在卢旺达，中国甚至可能对欧盟的发展联合行动产生积极的影响。中国的交互可能增加欧洲有效实施发展政策改革目标的压力，因为中国的交互让人们发现欧盟改革声明和实际操作之间的差距。随着中国逐渐成为更重要的援助方和替代合作伙伴，欧盟机构和成员国需要更大的联合努力以维持其作为更富吸引力合作伙伴的地位。然而，这一点仅在强烈依赖援助的国家案例中才成立，在这些国家，发展政策在欧盟的设置中扮演了十分突出的角色。在其他情况下，比如莫桑比克，尤其是安哥拉，中国的交互可能进一步挑战欧盟构建内在一致的发展方式的努力。由于欧盟在这些情形中都在努力定义一个发展援助的新角色，并使其协作在这些情形下"超越援助本身"，与中国的经济竞争将使欧盟的发展联合行动变得更加困难。

四、结　语

欧洲对中国在非洲交互的反应，有时候被归纳为欧洲通过有效多边主义提升全球发展战略的 "试验案例"。我们的国家案例显示，欧盟对中国在国家层面不断增加的存在感的应对非常有限且通常为临时的。第一，没有迹象表明欧盟为了应对中国增长的存在感，在国家层面提升其联合行动能力。在那些迫切需要提升联合行动的地方，非洲国家的强烈驱动似乎是改革能够落实的必要条件。第二，几乎没有迹象表明欧盟鉴于中国的存在，适应或调整了其与这些国家交互的战略。第三，在我们对中国所造成的影响十分有限的认识中非常明确的一点是，在所呈现的三个案例中，欧盟几乎没有主动做出努力去积极地与中国直接接触。

至少有四个因素可能解释欧盟有限的反应。第一，欧盟对于中国在非洲不断增加的活动的反应，其挑战来自欧盟自身行动特征的复杂性。欧盟更愿意作为一个松散的协调框架与其他主体进行交互，而不是作为一个统一的行动者（Bretherton and Vogler，2006；Gänzle et al.，2012）。尽管欧盟如同在欧洲共识（2005）中表示的那样，致力于构建 "发展的共识"，欧洲机构和欧盟成员国就如何应对中国在非洲不断增加的存在感问题上展现了分歧的观点（Carbone，2011）。中国在非洲增加的存在感，恰好与欧盟发展政策，尤其是欧盟对非政策的大幅改革同时发生。这些改革联合了欧盟机构和欧盟成员国的人力。改革通常是内向型的过程，对管理体制进行一些必要的调整，这种做法多少带有一些纸上谈兵的意味，因为管理体制内的行动者终究要处理新的情况，而不是仅仅构想新的政策战略。这实际上表明，全球局势的变动并未足够渗透进布鲁塞尔和成员国之间的讨论。

第二，欧洲对外行动署（EEAS）的建立，在原则上开启了更富战略考虑的交互行为的可能性。然而，欧洲对外行动署在凯瑟琳·阿什顿（Catherine

Ashton）的领导下建立，其多种角色和责任的定义尤其与欧洲委员会相对立，这样的事件绝不是一夜之间发生的，当然也不是围绕欧盟—非洲关系而产生的。由于忙于处理发生在欧盟南方邻居的政治经济变动，欧盟与中国和其他新兴力量的战略伙伴关系，更不用提与非洲国家的关系，并非第一次高级代表会议的首要议题（Castillejo，2014）。此外，即使欧洲对外行动署的成立将使得与非洲国家的交互更加政治化，关于欧盟在何种程度上成为一个更政治化的发展行动者的问题并未解决。这一设置，伴随着不明晰的信息和责任，在诸如安哥拉或莫桑比克的情况下将变得尤其富有挑战性，因为在这些国家，产生了关于发展援助扮演何种角色的基本问题（安哥拉），或在很近的未来将会产生（莫桑比克）。

第三，与猛烈爆发的事件比如乌克兰危机相比，中国在非洲和平增长的存在对欧盟施加的是渐进而非迫切的适应性压力。自 2006 年中非合作论坛北京峰会之后，中国与非洲的关系引起了政策制定者、国际媒体和学者们足够的注意。但是，这种关系仅仅是逐渐升温，而且以政治影响力的形式存在，中国仅仅在一些非洲国家诸如埃塞俄比亚或安哥拉，才能和欧盟分庭抗礼。

第四，我们的案例研究表明中国的影响在各个国家不同的情形下有着清晰的区别，并取决于欧盟和中国在与单个非洲国家交互时特定的兴趣所在。在有些情况下，比如在卢旺达的例子中，改革压力能够提升欧盟的联合行动，有时候则会对欧盟的联合行动造成负面的影响，比如涉及更强烈经济利益的例子，如莫桑比克和安哥拉。然而，即使是在那些我们预期中国增加的存在感能对欧盟施加积极改革压力的例子中，这种压力似乎也不太可能足以触发更进一步的改革，以使欧盟在国家水平上提升其联合行动，或激励布鲁塞尔提出新的改革倡议。作为发展政策改革的一部分，更多的权力和责任已经被转移至欧盟代表团和（一些）当地的欧盟成员国代表。欧盟代表团和欧盟成员国大使馆于是有了相当的空间来策划，以决定它们是否、怎样来应对。然而，在欧盟寻求联合行动的一致性时，这种策划并不能代替来自布鲁塞尔的指导方针和战略方向。

第十二章
如何确定贫困线对于时间和空间的敏感度？

——一个关于乌干达的案例*

一、引　言

　　减贫，是乌干达政府自第一个"减贫计划"以来制定政策的首要目标，同时也是世界银行、英国国际发展部等机构的首要宗旨。为了衡量减贫的成果，首先需要确认哪些人可以被划为贫困群体。传统的主要方法是确定一条贫困线，并将收入处于贫困线以下的人口界定为贫困。Appleton（2001）采用Ravallion 和 Bidani（1994）的方法确立的乌干达的贫困线被广泛接受。该贫困线被应用于由乌干达国家统计局（UBOS）主持的一系列家庭调查并据此公布乌干达的贫困率（乌干达的贫困率从 1992 年的超过 50％降低到 2005 年和 2006 年的不足 1/3）。本章将分析最新的家庭调查（UNHS-3），回顾计算贫困线的家庭调查（MS-1），并且评论乌干达目前的官方贫困线。

　　贫困线分为两个部分：一是食品贫困线，即基于一个满足热量需求的食品篮子估计的贫困线；二是非食品贫困线，即基于一个同时满足其他需求的篮子

---

　　* 作者简介：西蒙·阿普尔顿（Simon Appleton），英国牛津大学博士，英国诺丁汉大学教授。原文标题为：How Sensitive Should Poverty Lines Be to Time and Space? An Application to Uganda。

估计的贫困线。乌干达的贫困线是根据 1993 年和 1994 年的家庭调查（MS-1）进行估计的。食品贫困线反映了当时最贫困的 50％人口的食品篮子，非食品贫困线反映了他们的总体消费。经过各年消费者价格指数（CPI）对名义收入的调整，由此得到的贫困线将保持实际收入不变并与各年的收入相对应。虽然保持贫困线的实际收入不变对于记录生活水平的绝对变化很重要，但是随着时间的推移贫困线的相关性还是遭到了质疑。

本章第二部分回顾贫困线的估计方法并说明出现的几个问题，尤其是下列问题特别重要：贫困线的食品篮子是否依然适用于乌干达，还是由于饮食习惯的较大改变已经不再适用了？贫困线的非食品篮子是否依然适用于乌干达，还是由于消费习惯的较大改变已经不再适用了？基于城市价格估计的 CPI 能否准确地反映农村贫困人口消费的价格？

本章第二部分回顾目前乌干达官方贫困线的估计方法，并进一步分析能否改进该方法。根据以上分析和最新的调查数据（2005 年和 2006 年），本章将提出一条新的贫困线，并估计新的贫困率。这只是为相关方面提供一个讨论的基础，而非正式提出贫困线和贫困率的替代方案。从以下两个原因可以认为本章是探索性的研究。一个原因是技术性很强，贫困线和贫困率对于任何操作问题和数据问题都非常敏感。即使主要原则保持不变，咨询会议和评审意见也会促使研究人员显著地修正一些具体数值。另一个促使本章的一些建议成为探索性的原因是政治方面的。一条贫困线的确定是一项复杂的统计工作，也是从本质上反映了关于满足体面生活的最低要求的主观判断性概念。贫困线的确定可能影响政府配置资源的决策，例如向高贫困率的地区分配更多的资源。因此，相关利益主体将积极影响贫困的界定和测量。此类咨询过程还可能导致乌干达贫困线的进一步修订。

本章第三部分从跨时期问题转换到跨地区问题的考察，特别是探讨了贫困线是否应该以及在何种程度上反映一国内部的地区差异。现在的贫困线允许不同地区具有不同的非食品构成，在很大程度上是因为缺乏不同地区之间非食品价格的直接信息。然而，该贫困线却采用了一个统一的全国食品篮子来估计食品贫困线，问题在于不同地区消费的食品种类可能不同，采用统一的国家食品篮子估计食品贫困线是否合适? 采用地区性的食品篮子和地区贫困线作为替代是否合适? 正如本章第一部分所示，尽管有很微妙的方面，该问题归根结底是一个主观判断的问题。笔者建议坚持采用统一的国家食品篮子，因为据此估计的贫困率能够更好地反映个人对资源的掌控及他们能够实现什么样的目标。然而，地区性的食品篮子可能提供关于人们是否真正达到基本营养需求的更准确信息，因而得到很多人的认可。该问题最终依赖于一个人是关注能力还是相信结果。

二、更新的国家贫困线

(一) 食品篮子的结构变化

乌干达贫困线以一个特定的食品篮子的成本为基础，即乌干达最贫困的50％人口消费的食品篮子。该食品篮子提供了基本生活所需的热量。给定该食品篮子是根据 MS-1 中观测到的消费数据确定的，那么问题在于自 MS-1 数据调查以来乌干达的食品消费习惯是否发生了显著变化。

为了探讨这个问题，表 12-1 报告了 MS-1 和 UNHS-3 基于乌干达贫困人口消费习惯的食品篮子。这两个食品篮子都提供了一个基准热量水平（3 000卡路里/天）。MS-1 的食品篮子基于乌干达最贫困的 50％人口——因为最初的分析认为贫困率接近该水平。然而，这个比率对于 UNHS-3 而言无疑太高，因为此次调查的统计贫困率约为 1/3。因此 UNHS-3 将食品篮子基于最贫困的 1/3 人口。出于可靠性的考虑，我们同样推导了 UNHS-3 的基于最贫困 50％

人口的食品篮子并在后文中进行讨论。值得注意的是在使用 MS-1 数据估计乌干达目前的贫困线时是基于修正后的食品篮子而非原始的食品篮子（详情请见本章第三部分）。

表 12 - 1　　MS-1 和 UNHS-3 基于乌干达贫困人口消费习惯的食品篮子

	数量［千克/（人·周）］		变化率（%）	卡路里/天	
	MS-1	UNHS-3		MS-1	UNHS-3
大香蕉（matooke）	5.614	4.798	−14.5	309	264
红薯	4.962	3.853	−22.3	506	393
木薯	2.369	1.895	−20.0	770	616
爱尔兰土豆	0.057	0.137	140.4	5	12
稻米	0.018	0.096	433.3	9	49
玉米（粒）	0.075	0.277	269.3	33	123
玉米（粉）	0.480	1.116	132.5	243	565
面包	0.005	0.014	180.0	2	5
粟	0.491	0.222	−54.8	147	67
高粱	0.605	0.181	−70.1	268	80
牛肉	0.108	0.110	1.9	29	29
其他肉类	0.019	0.046	142.1	5	12
鸡肉	0.036	0.042	16.7	5	5
新鲜鱼肉	0.145	0.085	−41.4	13	8
腌制鱼肉	0.101	0.109	7.9	30	33
鸡蛋	0.002	0.005	150.0	0	1
牛奶	0.150	0.408	172.0	14	37
食用油/酥油	0.020	0.075	275.0	25	92
百香果	0.012	0.017	41.7	1	2
甜香蕉（sweet bananas）	0.530	0.202	−61.9	49	19
葱	0.043	0.098	127.9	2	5
胡萝卜	0.179	0.409	128.5	5	11
卷心菜	0.112	0.168	50.0	3	4
豆类（新鲜）	0.146	0.191	30.8	16	21
豆类（干）	0.809	0.780	−3.6	286	276
花生	0.136	0.111	−18.4	42	35
芝麻	0.135	0.152	12.6	114	129
糖	0.124	0.200	61.3	66	107

表 12 - 1 显示了两个食品篮子构成之间的一系列显著变化。UNHS-3 食品篮子中主食的热量比 MS-1 食品篮子少 5％，该部分由增加的油类、糖和动物产品弥补。两个食品篮子之间某些主食的数量也存在明显变化，高粱和粟的数量大幅减少——分别为 70.1％ 和 54.8％，红薯、木薯和香蕉也明显减少，玉米则大幅增加。在 UNHS-3 数据中，玉米成为提供热量最多的一种食品，面包、稻米和爱尔兰土豆都在 UNHS-3 中以较大数量存在，但是仍然是乌干达低收入人群获取热量的次要来源。

虽然食品篮子的结构发生了很大变化，但是对于估计贫困线而言重要的是食品篮子中食品总体成本的变化。相对于从 MS-1 估计的食品篮子而言，从 UNHS-3 估计的食品篮子从不变价格来看略微贵一些。然而，如果以 UNHS-3 价格计算，差异将非常小，仅为 0.5％。UNHS-3 食品篮子每月花费 28 821 先令，MS-1 食品篮子每月花费 28 690 先令。如果以 MS-1 价格计算，差异会显著扩大。如果以 MS-1 价格计算 UNHS-3 食品篮子，UNHS-3 食品篮子每月花费 14 559 先令，相对于 MS-1 食品篮子的花费（13 381 先令）高了 8.8％。以上差异反映了如下事实，即各种食品的消费数量倾向于向相对价格变化的相反方向变动。这与消费者增加消费价格增长较慢的食品相一致。例如，玉米的价格增长慢于其他一些主食如香蕉、木薯、高粱和粟，因此玉米将会替代香蕉、木薯、高粱和粟这些主食。

关于食品篮子结构分析的启示是食品消费习惯的变化虽然很大，但是其自身并不会导致乌干达食品贫困线发生重大修订。虽然食品篮子发生了变化，但是价格，至少是当前价格，并没有太大的不同。

（二）与通货膨胀同步

从家庭调查数据对生活水平变化进行推论时，针对通货膨胀的调整是最重要和最困难的一步。可从家庭调查数据估计名义收入和名义消费。CPI 是获取真实价值最常见的平减指数，乌干达目前的贫困率统计中也在使用 CPI 作为平减指数。表 12-2 报告了调查期间 CPI 的平均值（包括调查前一个月）。整体而言，CPI 表明 UNHS-3 期间的价格水平比 MS-1 期间的价格水平高 73.54%。然而值得注意的是，食品和饮料的价格水平相对于非食品的价格水平上升得更快，前者高了 90.56%，后者高了 51.78%。这意味着 UNHS-3 期间的食品价格相对于非食品价格比 MS-1 期间高了 25.5%。但是乌干达的 CPI 只记录了主要城市中心的价格，因而不能用来调整价格水平的地区间变化（如城乡之间的价格变化）。如果以此调整通货膨胀，则隐含着假设乌干达全国的通货膨胀水平一样。

表 12-2   **调查时期的 CPI 数据（1998 年＝100）**

调查时期	日期	食品和饮料	非食品	全部
MS-1	1993 年 8 月—1994 年 2 月	100.00	100.00	100.00
UNHS-3	2005 年 5 月—2006 年 6 月	190.56	151.78	173.54

注：MS-1 原始 CPI 数据基于 1989 年 9 月＝100；UNHS-3 原始 CPI 数据基于 1998 年＝100。两个序列在 1998 年 1 月到 10 月重合，以 1989 年价格计算的 CPI 平均值为 319.03，以 1998 年价格计算的 CPI 平均值为 95.83。因此，我们将 MS-1 数据转化为 1998 年价格需要除以 3.329（＝319.03/95.83）。

乌干达贫困率的估计基于家庭调查数据中购买食品的单位价格而估计的食品价格对地区之间的物价差异进行了调整。这些单位价格被用来构建 8 个地点的食品价格指数（4 个行政地区各自的农村和城市），并作为平减指数把名义食品消费调整为不变价格下的食品消费。该方法不适用于非食品价格的调整，因为家庭调查报告了大多数非食品的价值但没有报告数量。因而假设非食品价格水平全国相同且与 CPI 中的非食品价值同步变化。

把食品价格指数与 CPI 相比可以用来检验全国平均价格与主要城市中心价格是否同步运动的假设。表 12-3A 报告了根据家庭调查数据构建的食品单位价格指数数据。从全国整体来看，从 CPI 和食品价格指数估计的食品价格通货

膨胀率相一致。食品价格指数表明在 MS-1 和 UNHS-3 期间通货膨胀率
（86％）慢于 CPI（91％）。然而，不同地区之间的食品单位价格增长幅度存在
很大的差异。中部城市的增长幅度（在 MS-1 和 UNHS-3 期间增长 79％）最
低。中部农村表现出与中部城市几乎相同的增长率（80％）。东部城市也存在
微小差异（84％）。其他地区食品价格增长水平快于 CPI 增长水平。东部农村
（价格增长 122％）和西部地区尤其显著。一般而言，食品价格在 MS-1 期间高
的地区倾向于增长较慢（中部地区和东部城市）。这降低了食品价格在全国各
地的分散程度。表 12-3A 最后两列记录了与全国平均水平的差异。虽然中部
地区依然具有最高的食品价格，北部农村地区具有最低的食品价格，二者之间
的差异缩小了。东部农村的食品价格曾经低于全国平均水平 20％；在 UNHS-
3 期间差异只有 5％。西部农村地区的同类差异也从 21％降低至 11％。地区之
间食品价格差异的缩小是一个积极的信号，因为这意味着地区之间交通的发展
和市场一体化的进步。

表 12-3   **根据地区记的食品单位价值指数**

A. 加权的基期（MS-1）

地区	MS-1	UNHS-3	增长幅度（％）	与全国平均水平的差异（％）	
				MS-1	UNHS-3
全国	100.0	186.1	86		
中部，农村	111.2	199.9	80	11	7
中部，城市	121.4	217.9	79	21	17
东部，农村	79.9	177.1	122	−20	−5
东部，城市	100.8	185.2	84	1	0
西部，农村	79.0	165.8	110	−21	−11
西部，城市	83.8	183.6	119	−16	−1
北部，农村	79.3	159.8	102	−21	−14
北部，城市	88.2	172.4	95	−12	−7

B. 加权的当前（UNHS-3）

地区	MS-1	UNHS-3	增长幅度（%）	与全国平均水平的差异（%）	
				MS-1	UNHS-3
全国	100.0	183.9	84		
中部，农村	109.7	196.8	79	10	7
中部，城市	121.7	215.7	77	22	17
东部，农村	80.6	174.5	117	—19	—5
东部，城市	102.3	183.6	79	2	0
西部，农村	79.3	163.5	106	—21	—11
西部，城市	84.6	181.2	114	—15	—1
北部，农村	79.5	160.3	102	—21	—13
北部，城市	88.9	172.3	94	—11	—6

表 12-4 报告了我们使用入户调查数据和食品价格指数调整食品消费而得到的贫困率估计值。这些估计结果可以与根据乌干达估计贫困率的现行方法计算得到的同类结果（见表 12-5）进行对比。整体而言，无论是用 CPI 还是用食品价格指数来对跨期价格变动进行调整，对贫困率的影响都不大。用食品价格指数意味着从 MS-1 期间到 UNHS-3 期间的略为少一些的贫困率下降，即生活在贫困线以下的人口仅下降 18.8 个百分点（从 51.9% 到 33.1%），而用 CPI 计算该贫困率则下降 19.6 个百分点。这个差异更多地产生于东部农村地区，较少地发生于中部地区。前文曾讨论过东部地区的食品价格指数上升得最多。

表 12-4　　　采用家庭食品价格指数而非 CPI 作为平减指数的贫困率

A. MS-1，1993—1994 年

	人口比例（%）	平均消费（先令）	P0	P1	P2	贡献（%）		
						P0	P1	P2
全国	100.0	26 021	51.9	17.9	8.33	100.0	100.0	100.0
农村	87.2	21 685	56.7	19.8	9.25	95.2	96.2	96.8

	人口比例(%)	平均消费(先令)	P0	P1	P2	P0	P1	P2
城市	12.8	55 447	19.3	5.4	2.07	4.8	3.8	3.2
中部	29.9	38 104	33.4	9.5	3.93	19.2	15.9	14.1
东部	23.9	20 758	58.9	19.6	9.24	27.1	26.1	26.5
西部	27.6	22 298	54.7	19.2	8.52	29.1	29.5	28.3
北部	18.6	18 880	68.6	27.5	13.93	24.6	28.5	31.1
中部农村	21.9	27 493	41.0	11.8	4.94	17.3	14.5	13.0
中部城市	8.0	67 383	12.6	3.2	1.14	1.9	1.4	1.1
东部农村	22.1	19 425	61.4	20.7	9.80	26.1	25.4	26.0
东部城市	1.8	36 718	28.9	7.3	2.50	1.0	0.7	0.6
西部农村	26.3	21 435	56.2	19.8	8.81	28.4	28.9	27.8
西部城市	1.3	39 231	24.1	7.3	2.76	0.6	0.5	0.4
北部农村	16.9	17 476	71.9	29.1	14.8	23.4	27.3	30.0
北部城市	1.7	32 764	36.2	12.0	5.41	1.20	1.1	1.1

B. UNHS-3，2005—2006 年

						贡献（%）		
	人口比例(%)	平均消费(先令)	P0	P1	P2	P0	P1	P2
全国	100.0	38 583	33.1	9.4	3.83	100.0	100.0	100.0
农村	84.6	32 663	36.6	10.5	4.27	93.6	94.0	94.3
城市	15.4	71 219	13.9	3.7	1.41	6.4	6.0	5.7
中部	29.2	56 108	18.0	4.2	1.50	15.9	13.1	11.5
东部	25.2	31 435	38.3	9.9	3.78	29.1	26.4	24.8
西部	25.9	37 869	24.5	6.1	2.23	19.1	16.7	15.0
北部	19.7	22 689	60.2	20.9	9.45	35.9	43.8	48.7
中部农村	20.6	43 468	23.1	5.5	1.93	14.4	12.0	10.4
中部城市	8.6	86 442	5.7	1.2	0.48	1.5	1.1	1.1
东部农村	23.2	29 084	40.1	10.3	3.96	28.1	25.4	24.0
东部城市	2.0	59 115	17.1	4.5	1.59	1.0	0.9	0.8
西部农村	23.9	35 332	25.7	6.4	2.35	18.5	16.2	14.7
西部城市	2.0	68 664	9.8	2.3	0.74	0.6	0.5	0.4
北部农村	16.9	20 625	63.6	22.5	10.25	32.5	40.4	45.3
北部城市	2.8	35 071	39.3	11.6	4.60	3.3	3.5	3.4

表 12-5　　　　　　　　采用现行方法估计的贫困率

A. MS-1，1993—1994 年

	人口比例（%）	平均消费（先令）	P0	P1	P2	贡献（%）		
						P0	P1	P2
全国	100.0	25 895	52.2	18.1	8.39	100.0	100.0	100.0
农村	87.2	21 569	57.0	20.0	9.32	95.2	96.2	96.8
城市	12.8	55 256	19.4	5.4	2.09	4.8	3.8	3.2
中部	29.9	37 699	34.3	9.9	4.12	19.7	16.4	14.7
东部	23.9	20 604	59.9	20.0	9.43	27.4	26.4	26.9
西部	27.6	22 403	53.7	19.0	8.39	28.4	28.9	27.6
北部	18.6	18 896	68.6	27.5	13.91	24.5	28.2	30.8
中部农村	21.9	27 050	42.2	12.4	5.19	17.7	15.0	13.6
中部城市	8.0	67 082	12.7	3.2	1.17	1.9	1.4	1.1
东部农村	22.1	19 238	62.5	21.1	10.01	26.4	25.7	26.3
东部城市	1.8	36 961	28.8	7.1	2.43	1.0	0.7	0.5
西部农村	26.3	21 567	55.2	19.5	8.67	27.8	28.4	27.2
西部城市	1.3	38 817	24.8	7.5	2.87	0.6	0.6	0.5
北部农村	16.9	17 492	71.9	29.0	14.77	23.3	27.1	29.7
北部城市	1.7	32 785	36.2	12.0	5.40	1.2	1.1	1.1

B. UNHS-3，2005—2006

	人口比例（%）	平均消费（先令）	P0	P1	P2	贡献（%）		
						P0	P1	P2
全国	100.0	38 856	32.6	9.2	3.74	100.0	100.0	100.0
农村	84.6	32 943	36.0	10.2	4.17	93.5	94.0	94.3
城市	15.4	71 449	13.9	3.6	1.39	6.5	6.0	5.7
中部	29.2	56 463	17.9	4.1	1.44	16.0	12.9	11.2
东部	25.2	31 729	37.3	9.5	3.63	28.8	26.0	24.4
西部	25.9	38 195	23.7	5.9	2.14	18.8	16.5	14.8
北部	19.7	22 745	60.1	20.8	9.39	36.4	44.6	49.5
中部农村	20.6	43 873	22.9	5.3	1.84	14.5	11.8	10.1

中部城市	8.6	86 677	5.7	1.2	0.48	1.5	1.1	1.1
东部农村	23.2	29 386	39.0	10.0	3.81	27.8	25.1	23.6
东部城市	2.0	59 317	17.1	4.4	1.55	1.0	0.9	0.8
西部农村	23.9	35 654	24.8	6.2	2.26	18.2	16.0	14.4
西部城市	2.0	69 037	9.8	2.2	0.71	0.6	0.5	0.4
北部农村	16.9	20 668	63.6	22.4	10.2	33.0	41.1	46.1
北部城市	2.8	35 205	39.3	11.4	4.53	3.4	3.5	3.4

食品价格指数以乌干达所有人口的平均消费习惯为权重。如果只关注乌干达贫困人口的消费习惯，如 MS-1 中最贫困 50％人口消费的食品篮子，那么结果将不同。例如，考虑 MS-1 期间最贫困的 50％人口消费的食品篮子。如果以家庭调查的全国平均单位价格计算该篮子的价格，UNHS-3 期间该食品篮子的价格比 MS-1 期间的价格高 114％。这大大高于 CPI 的增幅（93％）和食品价格指数的增幅（86％）。同理，UNHS-3 期间最贫困 50％人口消费的食品篮子的价格比 MS-1 期间的价格高 98％。这些结果意味着贫困人口消费的食品的价格比总体食品的价格上升得更快。乌干达当前的贫困率统计没有充分考虑这些，因此低估了全国贫困水平，从而为重新修订当前贫困线提供了理由。

（三）转换因子及重修 1993—1994 年食品贫困线的必要性

基于 UNHS-3 数据提供的关于食品消费习惯演化和食品价格变化的信息，前文的论述为修订乌干达贫困线提供了论据。然而，通过审查原来的食品贫困线和基于 UNHS-3 数据估计的新的食品贫困线，我们还修订了基于 MS-1 数据的食品贫困线。表 12-6 报告了修订食品贫困线的推导过程，表 12-7 报告了食品贫困线原来的推导过程以做比较。修订包括了一系列抽样和价格处理的微小变化，其中一个主要的变化来自关于红薯及其转换因子的技术问题。

表 12 - 6　　　　　　　　MS-1 修订食品贫困线的推导过程

食品	数量 (1)	价格 (2)	热量 (3)	残留 (4)	热量消耗量 (5)	价格 (6)
单位	千克/ (人·月)	先令/ 千克	卡路里/ 千克		卡路里/天	先令/月
大香蕉	31.78	67	770	0.50	408	2 118
红薯	23.91	100	1 020	0.70	569	2 391
木薯	10.08	200	2 557	0.89	765	2 016
爱尔兰土豆	0.37	250	750	0.85	8	93
稻米	0.07	700	3 600	1.00	8	46
玉米（粒）	0.33	400	3 470	0.90	34	131
玉米（粉）	1.71	350	3 540	1.00	201	597
面包	0.02	1 300	2 490	1.00	1	23
粟	2.51	300	3 231	0.65	175	752
高粱	1.75	200	3 450	0.90	181	350
牛肉	0.35	1 100	2 340	0.80	22	381
其他肉类	0.06	1 000	2 340	0.75	3	59
鸡肉	0.10	1 167	1 460	0.61	3	122
新鲜鱼肉	0.66	467	1 030	0.60	14	306
腌制鱼肉	0.44	583	3 005	0.70	31	258
鸡蛋	0.00	2 000	1 490	0.88	0	9
牛奶	0.60	400	640	1.00	13	240
食用油/酥油	0.07	1 400	8 570	1.00	20	100
百香果	0.09	382	920	0.75	2	34
甜香蕉	2.52	50	1 160	0.56	55	126
葱	0.20	323	480	0.80	3	64
胡萝卜	0.76	192	200	0.95	5	147
卷心菜	0.36	125	230	0.78	2	45
豆类（新鲜）	0.81	400	1 040	0.75	21	324
豆类（干）	3.18	350	3 300	0.75	262	1 111
花生	0.65	600	2 350	0.93	48	393
芝麻	0.49	222	5 930	1.00	97	109
糖	0.40	1 000	3 750	1.00	50	397
总计					3 000	12 740

注：价格以 1993 年不变价格计算。

表 12 - 7 　　　　　　　　　　MS-1 食品贫困线原来的推导过程

食品	数量 （1）	价格 （2）	热量 （3）	残留 （4）	热量消耗量 （5）	价格 （6）
单位	千克/ （人·月）	先令/ 千克	卡路里/ 千克		卡路里/天	先令/月
大香蕉	28.54	67	770	0.50	366	1 903
红薯	34.12	63	1 020	0.70	812	2 133
木薯	9.02	200	2 557	0.89	684	1 804
爱尔兰土豆	0.36	250	750	0.85	8	89
稻米	0.06	700	3 600	1.00	7	42
玉米（粒）	0.30	400	3 470	0.90	32	121
玉米（粉）	1.54	350	3 540	1.00	181	538
面包	0.02	1 300	2 490	1.00	1	20
粟	2.25	300	3 231	0.65	158	676
高粱	1.57	200	3 450	0.90	163	314
牛肉	0.31	1 100	2 340	0.80	19	339
其他肉类	0.05	1 000	2 340	0.75	3	52
鸡肉	0.09	1 167	1 460	0.61	3	111
新鲜鱼肉	0.62	467	1 030	0.60	13	290
腌制鱼肉	0.39	583	3 005	0.70	28	229
鸡蛋	0	2 000	1 490	0.88	0	8
牛奶	0.55	400	640	1.00	12	219
食用油/酥油	0.06	1 400	8 570	1.00	18	89
百香果	0.10	382	920	0.75	2	37
甜香蕉	2.34	50	1 160	0.56	51	117
胡萝卜	0.70	192	200	0.95	4	134
卷心菜	0.33	125	230	0.78	2	41
豆类（新鲜）	0.73	400	1 040	0.75	19	292
豆类（干）	2.86	350	3 300	0.75	236	1 002
花生	0.59	600	2 350	0.93	43	355
芝麻	0.45	222	5 930	1.00	89	100
糖	0.35	1 000	3 750	1.00	44	352
总计					3 000	11 463

目前食品贫困线的一个有趣的特征是其基于一个红薯所占比例最高的食品篮子。这很出乎意料，因为一般认为香蕉是更重要的主食。进一步的观察发

现，红薯的高比例是由于采用了一个不合理的转换因子。转换因子将调查对象回答消费食品时采用的非标准计量单位（堆、捆等）转换为标准的计量单位。在确定乌干达目前的贫困线时要求尽量减少对转换因子的依赖，转而采用标准的计量单位。每千克的价格估计是从调查中获得的数据推导而来的，并被用来根据被调查家庭报告的购买价值估计购买的数量。但是该方法被应用于红薯时导致了严重的偏误。

就红薯而言，实际上没有以计量单位报告的观测值，只有以迪贝斯（debes）（20升的油桶）为单位报告的合理的购买数量。因为1迪贝斯相对于1堆而言是一个更准确的数量单位，所以每千克红薯的价格是基于迪贝斯而不是堆的单位价格估计的。该方法不适用于UNHS-3数据，因为没有任何家庭以迪贝斯为单位报告购买数量。但是UNHS-3数据的市场调查员记录了购买的食品数量，并且为一系列数量单位推导出了转换因子。所有地区通用的唯一单位是堆，堆的大小各地不同，从北部农村的1.45千克到中部城市的3千克不等。如果将这些转换因子应用于家庭调查报告中以堆报告的购买数量，我们将得到MS-1中位数价格为每千克114先令，UNHS-3中位数价格为每千克251先令。这远高于MS-1采用迪贝斯为单位报告的购买数量的中位数价格每千克64先令。因此，很可能以迪贝斯为单位购买红薯存在批量购买折扣。采用折扣价确定贫困线是不合理的，因为批量购买红薯的家庭很少，而且贫困家庭批量购买红薯的可能性更小。

当修订MS-1数据的食品篮子和食品贫困线时，决定采用以堆而非迪贝斯为单位的红薯消费量数据，从而降低了红薯在食品篮子中的比例，但提高了其价格。修订后的食品贫困线比原先的食品贫困线高20%——其中这一增量的2/3源于对红薯的处理方法。这一贫困线增量的其余来源可能是由于采用单位价格均值代替了单位价格中位数的缘故。表12-8报告了以更高的贫困线估计的1993—1994年的贫困率。食品贫困线的修订对于贫困人口数量具有重大影响，从 52％ 上升到 63％。这是贫困率估计过程中对于操作中的技术性问题的敏感性的典型例子。

表 12 - 8　　　　采用 MS-1 修订贫困线估计的 MS-1 贫困率

	人口比例（％）	平均消费（先令）	P0	P1	P2	贡献（％）		
						P0	P1	P2
全国	100.0	25 895	63.1	23.5	11.59	100.0	100.0	100.0
农村	87.2	21 569	68.4	25.8	12.81	94.5	95.6	96.3
城市	12.8	55 256	26.9	8.1	3.38	5.5	4.4	3.7
中部	29.9	37 699	42.5	13.8	6.1	20.1	17.6	15.7
东部	23.9	20 604	74.1	26.4	12.97	28.1	26.8	26.7
西部	27.6	22 403	66.0	24.0	11.49	28.9	28.3	27.4
北部	18.6	18 896	77.7	34.5	18.82	22.9	27.3	30.2
中部农村	21.9	27 050	51.3	17.0	7.59	17.9	15.8	14.4
中部城市	8.0	67 082	18.0	5.1	2.00	2.3	1.7	1.4
东部农村	22.1	19 238	76.8	27.7	13.69	26.8	26.0	26.0
东部城市	1.8	36 961	41.9	11.3	4.35	1.2	0.9	0.7
西部农村	26.3	21 567	67.6	24.7	11.84	28.1	27.7	26.8
西部城市	1.3	38 817	35.1	10.6	4.5	0.7	0.6	0.5
北部农村	16.9	17 492	81.0	36.4	19.92	21.7	26.1	29.0
北部城市	1.7	32 785	45.6	16.5	7.89	1.2	1.2	1.2

（四）基于 2005—2006 年数据的新食品贫困线

本文第二部分的第（一）和（二）节建议重新修订食品贫困线以分别反映乌干达居民食品消费习惯的变化以及贫困人口消费物价的更为准确的变化。第（三）节说明由于技术性问题重新修订是必要的，尤其是计量红薯消费量的转换因子。本节在上述修正的基础上提出了 2005—2006 年乌干达新的食品贫困线。新的贫困线基于 UNHS-3 数据中乌干达最贫困的 1/3 人口消费的食品篮子，目的是反映消费习惯的变化。新的贫困线根据 2005—2006 年家庭调查的估计值计算价格，而非根据 CPI 计算价格。表 12 - 9 报告了新贫困线的推导过程，以 2005—2006 年价格计算，给出的贫困线每个成年人每月为 271 90 先令。这相对于以 1993—1994 年价格计算的旧食品贫困线 11 463 先令高了 137%，相对于第（三）节讨论的修订后的 MS-1 食品贫困线高了 99%。

表 12 - 9   UNHS-3 食品贫困线的推导过程

食品	数量 （1）	价格 （2）	热量 （3）	残留 （4）	热量消耗量 （5）	价格 （6）
单位	千克/ （人·月）	先令/ 千克	卡路里/ 千克		卡路里/天	先令/月
大香蕉	19.47	186	770	0.50	250	3 615
红薯	15.36	233	1 020	0.70	366	3 572
木薯	7.70	489	2 557	0.89	584	3 766
爱尔兰土豆	0.44	553	750	0.85	9	242
稻米	0.28	1 113	3 600	1.00	34	315
玉米（粒）	1.17	593	3 470	0.90	122	695
玉米（粉）	5.27	620	3 540	1.00	622	3 265
面包	0.03	1581	2 490	1.00	2	47
粟	0.96	733	3 231	0.65	67	706
高粱	1.13	517	3 450	0.90	117	585
牛肉	0.30	2 374	2 340	0.80	19	714
其他肉类	0.15	2 229	2 340	0.75	9	331
鸡肉	0.14	2 243	1 460	0.61	4	307
新鲜鱼肉	0.36	1 412	1 030	0.60	7	512
腌制鱼肉	0.44	1 464	3 005	0.70	31	637
鸡蛋	0.02	2 266	1 490	0.88	1	39
牛奶	1.35	483	640	1.00	29	652
食用油/酥油	0.37	1 980	8 570	1.00	106	732
百香果	0.07	1 298	920	0.75	2	90
甜香蕉	0.77	129	1 160	0.56	17	99
葱	0.37	632	480	0.80	5	233
胡萝卜	1.48	307	200	0.95	9	453
卷心菜	0.62	198	230	0.78	4	123
豆类（新鲜）	0.76	810	1 040	0.75	20	618
豆类（干）	3.70	775	3 300	0.75	305	2 867
花生	0.39	1 615	2 350	0.93	29	637
芝麻	0.79	445	5 930	1.00	157	353
糖	0.60	1 634	3 750	1.00	75	987
总计					3 000	27 190

表 12-10 将新的食品贫困线估计的贫困率与旧的非食品贫困线（调整通货膨胀）估计的贫困率结合起来。这意味着 UNHS-3 数据中 42％的乌干达居民处于贫困状态，旧的估计认为 31％的居民处于贫困状态。两个主要原因导致了新食品贫困线估计的贫困率相对于旧的贫困线更高。第一，相对于 CPI 和当前贫困线的估计而言，贫困人口所消费食品的价格似乎增长得更快。第二，目前的贫困线低估了红薯的价格，并且高估了红薯在食品篮子中的比例。

表 12 - 10　　采用 UNHS-3 新的食品贫困线估计的贫困率
（UNHS-3，最贫困的 1/3 人口）与旧的非食品贫困线估计的贫困率

	人口比例（％）	平均消费（先令）	P0	P1	P2	贡献（％）		
						P0	P1	P2
全国	100.0	52 865	42.2	13.5	5.86	100.0	100	100
农村	84.6	44 854	46.5	14.9	6.53	93.3	93.9	94.3
城市	15.4	97 026	18.5	5.3	2.17	6.7	6.1	5.7
中部	29.2	76 756	24.6	6.5	2.46	17.1	14.1	12.3
东部	25.2	43 192	50.8	14.8	6.03	30.3	27.7	25.9
西部	25.9	51 984	32.7	9.4	3.73	20.0	18	16.5
北部	19.7	30 985	69.7	27.4	13.47	32.6	40.2	45.4
中部农村	20.6	59 701	31.5	8.4	3.18	15.4	12.9	11.2
中部城市	8.6	117 685	8.1	1.9	0.72	1.7	1.2	1.1
东部农村	23.2	40 018	52.8	15.5	6.33	29	26.7	25
东部城市	2.0	80 564	27.4	6.9	2.57	1.3	1.0	0.9
西部农村	23.9	48 544	34.1	9.9	3.93	19.3	17.5	16
西部城市	2.0	93 748	14.7	3.6	1.28	0.7	0.5	0.4
北部农村	16.9	28 171	73.5	29.3	14.56	29.5	36.8	42
北部城市	2.8	47 861	46.4	15.9	6.92	3.1	3.3	3.3

采用新的食品贫困线和旧的非食品贫困线并非因为保守，只是因为非食品贫困线是食品贫困线的参照标准。如果食品贫困线正如所说的那样应该上升，那么也会导致非食品贫困线的上升。

（五）上升的非食品贫困线

在确定乌干达的贫困线时，非食品消费的构成并没有细化到各类物品，这与食品贫困线的详细推导过程相反。虽然朗特里（Rowntree）在 19 世纪为约克郡估计的第一条贫困线对非食品贫困线对非食品物品的类别做出了详细的划分，但是据本章作者所知，自那以来试图进行这项工作的人并没有进行相应的研究。问题在于试图具体估计非食品贫困线需要关于许多琐碎的物品价值的判断。例如，朗特里需要决定孩子是否需要两双鞋。就食品而言，卡路里可以作为确定需要的标准，但是就非食品而言不存在相应的标准。与试图细化非食品物品需求类别相反，现在实际的做法是基于非食品支出的比例确定相应的份额。例如，对于乌干达贫困线而言，非食品贫困线是通过那些恰好处于食品贫困线的人的非食品支出进行估计的，并以此作为非食品贫困线。

确定非食品贫困线的方法使得其依赖于非食品支出在总消费中的比例。在乌干达，这个比例从贫困线确定以来已经上升了很多。在 MS-1 中，那些恰好处于贫困线的人花费 43% 在非食品支出上。在 UNHS-3 中，这一比例上升到 60%。非食品支出比例的增长是一个全国性的趋势，家庭调查的简单总结统计清楚地反映了这一现象。在全国范围内，给定乌干达的收入增长，食品消费支出的比例下降是在预料之中的。食品支出在收入增长的同时下降是如此广泛的一个现象，以致被冠名为"恩格尔定律"。然而，恩格尔定律不能简单地解释恰好处于食品贫困线的人口的食品支出比例下降的现象，因为我们估计食品贫困线时保持收入不变。恩格尔定律是在整个社会范围内运行而非针对个人：随着社会收入水平的提高，即使是收入保持不变的个人也倾向于增加非食品支出。社会习俗和期望可能改变，所以更高水平的衣着、教育和住宿将被认为是必要的。关于非食品支出增加的另一个解释是价格：正如上文所讨论的，在 MS-1 和 UNHS-3 之间食品价格相对于非食品价格的 CPI 上升了 26%。这会导致家庭选择消费更多的非食品。第三种可能的解释是非食品日益便捷的消费渠道,例如手机。然而,值得注意的是非食品支出的增加在所有主要的非食品物品和服务中都被观察到。问卷的调整不可能是一个主要的因素。

非食品支出的大幅增加意味着在贫困线的构成中非食品的比例也大幅增加。表 12 - 11 提供了 2005 年 6 月乌干达估计的新的贫困线,采用了前文推导而来的食品贫困线以及对那些收入等于贫困线的人口估计的非食品支出比例。结合新估计的非食品贫困线和新的食品贫困线得到一条新的贫困线,以 2005年 6 月价格计算为每个成年人每月 43 254 先令。这可以与目前的以 1993—1994 年价格计算的 16 444 先令贫困线相比。新的贫困线相对于原先的贫困线在名义价格上高了 165%,在此期间 CPI 增加了 73.5%。

表 12 - 11 食品比例与 2005—2006 年新贫困线的推导过程

地区	估计的食品比例 (1)	贫困线 (固定价格) (2)	食品贫困线 (名义) (3)	贫困线 (名义) (4)
中部农村	0.39 927	43 524	27 190	43 524
中部城市	0.44 996	42 146	29 220	45 292
东部农村	0.31 621	45 783	30 528	51 402
东部城市	0.51 732	40 314	25 642	38 019
西部农村	0.39 923	43 525	26 647	42 656
西部城市	0.52 611	40 075	24 871	36 658
北部农村	0.39 031	43 768	27 481	44 237
北部城市	0.47 473	41 472	26 222	39 996
全国平均	0.40 175	43 457	28 428	45 435

值得注意的是这些新的估计相对于目前的官方贫困线而言意味着更加宽裕的非食品支出。如果我们接受在前文估计的新贫困线,并允许 60% 的开支被用于非食品,那么用于非食品的支出在名义价格上将高于目前贫困线228%。给定 CPI 记录的非食品价格增长为 75%,这导致在实际水平上一个

非常巨大的增长。这可能是采用与目前贫困线同样的方法更新乌干达贫困线存在的最重大的问题。这种方法只是确定一条绝对的贫困线，但是更新贫困线下的结果使得乌干达贫困线是相对的。这也就是说，随着乌干达收入的增长，其贫困线也将提高。

(六) 综合：新贫困线下的贫困率估计

用新贫困线估计的乌干达贫困率相对于目前的贫困线高很多（见表 12 - 12）。例如，2005 年 6 月生活在新贫困线之下的人口比例为 56％，生活在目前贫困线之下的人口比例为 31％。1993—1994 年，生活在新贫困线之下的人口比例为 78％，生活在目前贫困线之下的人口比例为 51％。新贫困线还意味着随着时间的推移贫困率的大幅下降——无论采用哪一条贫困线，贫困率都下降了 20％～22％。

表 12 - 12　　　　　　采用新贫困线估计的贫困率

A. MS-1 的估计，1993—1994 年

	人口比例（％）	平均消费（先令）	P0	P1	P2	贡献（％） P0	P1	P2
全国	100.0	18 541	78.2	35.6	19.86	100.0	100.0	100.0
农村	87.2	14 890	83.5	38.8	21.84	93.0	94.9	95.8
城市	12.8	43 314	42.4	14.0	6.42	7.0	5.1	4.2
中部	29.9	30 539	57.7	21.0	10.14	22.1	17.6	15.3
东部	23.9	13 526	87.5	38.8	21.04	26.7	26.1	25.3
西部	27.6	14 201	82.6	38.6	21.40	29.2	29.9	29.8
北部	18.6	12 133	92.9	50.6	31.68	22.1	26.4	29.7
中部农村	21.9	21 951	67.6	25.3	12.44	19.0	15.6	13.7
中部城市	8.0	54 235	30.4	9.0	3.80	3.1	2	1.5
东部农村	22.1	12 360	90.0	40.5	22.12	25.4	25.1	24.6
东部城市	1.8	27 489	56.8	18.8	8.16	1.3	1	0.8

西部农村	26.3	13 578	83.8	39.5	21.98	28.1	29.1	29.1
西部城市	1.3	26 429	59.1	20.6	9.90	1	0.8	0.7
北部农村	16.9	11 060	95.2	53.0	33.47	20.5	25.1	28.5
北部城市	1.7	22 747	70.1	27.2	14.01	1.5	1.3	1.2

B. UNHS-3 的估计，2005—2006 年

	人口比例（%）	平均消费（先令）	P0	P1	P2	贡献（%）		
						P0	P1	P2
全国	100.0	52 865	55.9	20.1	9.60	100.0	100.0	100.0
农村	84.6	44 854	60.8	22.1	10.61	92.1	93.1	93.5
城市	15.4	97 026	28.6	9.1	4.03	7.9	6.9	6.5
中部	29.2	76 756	37.6	11.4	4.75	19.6	16.5	14.5
东部	25.2	43 192	65.6	22.5	10.14	29.5	28.1	26.6
西部	25.9	51 984	47.8	15.1	6.54	22.1	19.4	17.6
北部	19.7	30 985	81.3	36.8	20.08	28.7	36.1	41.3
中部农村	20.6	59 701	46.8	14.5	6.09	17.3	14.8	13.1
中部城市	8.6	117 685	15.3	3.9	1.54	2.4	1.7	1.4
东部农村	23.2	40 018	67.7	23.3	10.57	28.1	26.9	25.5
东部城市	2.0	80 564	40.5	12.2	5.07	1.4	1.2	1.0
西部农村	23.9	48 544	49.4	15.7	6.84	21.1	18.6	17
西部城市	2.0	93 748	27.9	7.4	2.88	1.0	0.7	0.6
北部农村	16.9	28 171	84.7	38.9	21.48	25.6	32.7	37.9
北部城市	2.8	47 861	61.3	23.6	11.70	3.1	3.3	3.4

　　在解释新贫困线之下的贫困率更高时需要注意几点。虽然两条贫困线都以满足卡路里需求为标准，新贫困线允许更高的非食品需求。总体而言，在新贫困线之下，非贫困人口有着更高的生活水准。因此，新贫困线之下的贫困率与原先贫困线之下的贫困率不是直接可比的，至少在对贫困人口的绝对生活标准进行推断时应该如此。正如前文所讨论的，修订贫困线时考虑了相对贫困问题。贫困线告诉我们的只是在给定典型饮食模式和食品比例的情况下乌干达的低收入家庭需要多少收入才能满足热量需求。相对于 1993—1994 年而言，

2005—2006 年时乌干达家庭增加了非食品方面的支出，因此需要更高的收入才能保证它们摄入充足的热量。这一点在其自身看来并不奇怪。然而，令人震惊的是非食品支出增加的程度。乌干达的低收入家庭，不管总消费的增长情况，真实食品消费没有增长太多甚至略有下降。这解释了为什么在新贫困线之下估计的 2005—2006 年贫困率高于在原先贫困线之下估计的 1993—1994 年贫困率。乌干达贫困人口摄入的卡路里并没有增加，增加的是非食品支出。在重新修订贫困线时，非食品支出增加被认为是当然的，所以并不会降低贫困率。

三、地区贫困线

（一）国家食品贫困线下的地区差异和趋势

乌干达四个地区的平均消费水平以及贫困水平存在明显差异，中部最发达，西部、东部居其次，北部最落后。1993—1994 年该现象已很明显，并且该趋势随着时间的推移进一步强化。首先，我们根据目前官方贫困线回顾该趋势（见表 12 - 5）。本章第一部分无论是目前官方贫困线还是新的贫困线都将国家作为整体采用统一的食品篮子，只允许非食品需求存在地区差异。

北部地区远远落后于乌干达其他地区，减贫进度缓慢。北部每个成年人的真实消费只有 1.5% 的年增长率——尚不到全国增长率（3.4%）的一半。由此导致的结果是，北部地区贫困率的降低相对于其他地区的大幅贫困率下降而显得太慢。根据目前官方贫困线，2005—2006 年乌干达北部还有 60% 人口处于贫困状态，而 1993—1994 年也只有 68% 人口处于贫困状态。国家贫困率在此期间从 53% 降低到 33%。

在乌干达的其他三个地区中，西部地区表现最好，真实消费增长率为 4.5%——远高于中部（3.4%）和东部（3.6%）。这些趋势的结果是，西部地区在贫困率方面与东部地区拉开距离，越来越接近于中部地区。根据官方贫困线，1993—1994 年贫困人口中部为 34％，西部为 54％，东部为 59％。2005—2006 年贫困人口中部为 18％，西部为 24％，东部为 37％。

城乡差别与地区差异交错。乌干达城市人口集中在中部地区。因此，乌干达分为 8 个地区更加合适——四个城市地区和四个农村地区。总体而言，城市地区经历的消费增长和减贫相对于农村地区更加缓慢。中部城市的真实消费年增长率平均为 2.1％，使得中部地区的增长率低于东部地区。中部农村地区的增长率很高（4.0％），与西部农村的增长率相近（4.3％）。西部和东部的城市地区增长强劲（分别为 4.8％和 3.9％）。相反，北部城市地区的增长疲软，人均增长率仅为 0.6％，贫困人口实际从 1993—1994 年的 36％增长至 2005—2006 年的 39％。

采用本章第一部分新的贫困线使所有上述贫困率增加，但是大多数定性结论保持不变。一个例外是北部城市地区贫困人口上升的结论。根据新的更高的贫困线，北部城市地区的贫困人口在 1993—1994 年下降而非上升。

（二）简单地区贫困线

乌干达目前的贫困线基于一个全国统一的食品篮子。虽然贫困线在地区之间和城乡之间的食品比例与非食品比例存在差异，但是不同地区之间的食品种类并不存在差异。这提出了贫困线在不同地区的符合程度问题。乌干达至少有 6 种主食，但是它们的消费在地区之间存在很大变化。一个全国统一的食品篮子不可能很好地描述乌干达贫困人口消费的实际食品篮子。各种主食在获取一定的热量时所需要付出的价格不同，使得地区之间的差异极其重要。结果是，一个全国性食品篮子可能比一些地区性食品篮子显著便宜，而比另一些地区性食品篮子显著昂贵。

乌干达在饮食方面存在明显的地区变化。一些主食全国都食用，如红薯、木薯和玉米。然而，另一些如高粱和粟只在东部和北部的特定地区才会食用。更有甚者，大香蕉作为一种主食在乌干达北部地区完全不能生长，因而在北部几乎没有人食用香蕉。地区之间在主食消费方面的差异可能很重要，因为主食在提供同样的热量时所需要的价格不同。例如，在乌干达高粱是一种能以低廉的价格提供热量的主食，而大香蕉则是一种昂贵的主食。

Jamal（1998）的研究认为采用地区食品篮子而非全国统一的食品篮子可以大幅改变乌干达贫困率的地区间结构。Jamal 在 1989 年和 1990 年基于每个地区食品篮子结构的简单假设估计贫困率，中部农村以及西部和东部地区主要通过昂贵的大香蕉获取热量，北部地区主要通过廉价的粟获取热量。基于地区食品篮子，Jamal（1998）认为东部农村是全国最贫困的地区，北部农村和全国其他农村地区差别不大。该结果与目前乌干达官方贫困线的贫困结构迥异；根据官方贫困线北部是全国最贫困的地区。贫困水平排名的差异不是因为福利的空间分布在时间中的变化而引起的，而是因为采用了地区而不是全国性的食品篮子。

我们可以通过 2005—2006 年乌干达最贫困的 1/3 人口的饮食习惯在各个地区之间的差异来认识食品消费的空间差异。表 12 - 13 给出了地区食品篮子。它采用乌干达各个地区最贫困 1/3 人口（根据真实人均消费排名）的平均消费，并据此估计各种不同食品提供热量的比例。玉米和木薯为穷人提供了最多的热量，在全国所有地区都很重要。红薯和豆类在全国所有地区都被大量消费，虽然其相对比例变化很大。红薯在东部和中部地区占主导地位，豆类在西部和北部地区占主导地位。香蕉和高粱的主要消费地区不同，甜香蕉是西部和中部农村地区的主要热量来源，分别提供了 26% 和 11% 的热量。然而，大香蕉在北部和东部很少消费。高粱为北部农村提供了 7.5% 的热量，在中部农村很少消费。

表 12 - 13　　　2005—2006 年乌干达最贫困 1/3 人口的地区食品篮子结构

	东部农村	东部城市	中部农村	中部城市	西部农村	西部城市	北部农村	北部城市	全国
大香蕉	4.1	1.4	10.8	5.9	26.1	17.6	0.4	0.2	8.3
红薯	18.0	10.8	14.4	7.9	9.7	8.4	7.8	5.0	12.2
木薯	21.0	13.8	17.2	15.6	16.4	26.4	21.1	18.8	19.5
爱尔兰土豆	0	0	0.2	0.3	1.3	0.9	0	0	0.3
稻米	2.6	4.6	1.0	3.6	0.4	0.4	0.1	0.5	1.1
玉米（粒）	4.8	3.2	3.1	2.0	3.2	1.0	4.4	4.1	4.1
玉米（粉）	25.7	36.1	27.2	30.0	12.4	16.9	17.5	24	20.7
面包	0.1	1.6	0.1	0.1	0.1	0	0	0.1	0.1
粟	3.2	2.3	0.8	0	3.6	0.8	1.2	1.0	2.2
高粱	3.5	4.5	0.1	0	1.3	1.3	7.5	8.3	3.9
牛肉	0.6	0.8	0.8	1.2	0.9	1.2	0.3	0.9	0.6
其他肉类	0.4	0.1	0.3	0	0.2	0.1	0	0.2	0.3
鸡肉	0.2	0.1	0.1	0	0.1	0	0.1	0.1	0.1
新鲜鱼肉	0.4	0.3	0.4	1.1	0.1	0.1	0.2	0.1	0.2
腌制鱼肉	1.1	1.5	0.7	0.9	0.5	0.1	1.4	1.8	1.0
鸡蛋	0	0	0	0	0	0	0	0	0
牛奶	0.9	0.4	1.9	1.7	1.3	0.4	0.4	0.2	1.0
食用油/酥油	2.4	4.2	2.2	7.2	0.9	1.8	6.5	7.9	3.5
百香果	0	0	0.1	0	0.1	0	0	0	0.1
甜香蕉	0.2	0.2	1.0	0	1.4	1.1	0.2	0.1	0.6
葱	0.2	0.2	0.2	0.4	0.1	0.2	0.2	0.3	0.2
胡萝卜	0.3	1.2	0.5	0.6	0.2	0.4	0.2	0.3	0.3
卷心菜	0.2	0.3	0.1	0.2	0.1	0.3	0.1	0.2	0.1
豆类（新鲜）	0.3	0.1	1.2	0.3	1.4	1.0	0.3	0	0.7
豆类（干）	4.5	6.7	10.3	8.9	15.5	15.1	12.1	13.4	10.2
花生	1.3	1.0	1.1	2.5	1.1	2.1	0.4	0.6	1.0
芝麻	0.5	0.2	0.7	0	0.4	0	15.4	9.0	5.2
糖	3.4	4.4	3.7	9.4	1.2	2.6	1.7	3.0	2.5

这些食品篮子的地区差异可能很重要，因为主食提供热量的价格不同。基

于 2005—2006 年调查的价格，我们可以从表 12-8 计算热量价格。高粱、玉米和木薯是最廉价的热量来源，价格通常为每卡路里 5～6 先令。红薯、干豆和粟是中等价格，每卡路里 10 先令。甜香蕉是最昂贵的主食，价格为每卡路里 14.5 先令。

根据每个地区贫困人口的典型食品篮子以及获得充分热量所需要的成本，我们可以利用表 12-13 的信息推导出地区食品贫困线。我们采用每天获取 3 000 卡路里所需要的价格作为贫困线（我们以从事维持生存的农业的男性所需热量作为标准）。表 12-14 报告了据此而得的以不变价格（调查的中位数价格）计算的简单地区食品贫困线。这些地区食品贫困线通过与国家食品贫困线比较能得到更好的理解。食品贫困线最低的是北部农村，比全国食品贫困线低 20%。这反映了北部地区食品篮子缺少昂贵的大香蕉，大部分热量通过廉价的高粱获得。相反，西部农村的食品贫困线比全国贫困线高 23%，反映了该地区大量消费大香蕉。中部农村消费的大香蕉少于西部农村，食品贫困线比全国贫困线高 10%。东部农村食品贫困线与全国食品贫困线相近。东部不消费大香蕉，但是因为收入高，所以比北部农村食品贫困线高。

为了理解这对所估计的贫困率的意义，我们需要设定非食品需求，进而得到总的贫困线。与估计全国贫困线的情况一致，我们以总消费恰好满足热量需求的家庭的非食品支出估计非食品贫困线。该估计来自一个关于食品比例的简单模型（Ravallion and Bidani，1994）。在解释变量中控制收入和七个地区解释变量（四个地区，城市和农村，其中一个地区作为基准组），在收入保持不变的情况下可以得到每个地区的拟合值。表 12-14 报告了据此估计的地区贫困线。包括非食品需求在内的总贫困线基本没有改变地区之间的相对贫困状况。相反，主要的效应是使得城市地区相对于农村地区贫困线提高了，因为城市家庭相对于农村家庭在相同的食品支出的情况下倾向于更多的非食品支出。

表 12-14　　　　2005—2006 年乌干达各地区贫困线——简单收入调整

单位:先令

	食品贫困线			总贫困线		
	全国 (1)	简单地区 (2)	收入调整地区 (3)	国家 (1)	简单地区 (2)	收入调整地区 (3)
中部农村		30 029	27 381	42 146	45 943	41 402
中部城市		31 023	26 673	45 783	51 058	43 320
东部农村		27 404	25 695	40 314	40 416	37 662
东部城市		26 994	24 756	43 525	42 239	38 559
西部农村		33 350	30 814	40 075	48 879	44 576
西部城市		30 451	28 458	43 768	48 060	44 407
北部农村		21 798	25 212	41 472	33 394	38 563
北部城市		23 133	24 847	43 457	36 351	39 100
全国	27 190					

　　表 12-15 报告了 2005 年和 2006 年基于简单地区贫困线估计的贫困率。无论采用国家食品篮子还是地区食品篮子,全国总贫困率都很稳定。然而,贫困率的空间分布对此却很敏感。采用地区贫困线替代全国贫困线将导致城市贫困率大幅上升,从 15% 到 28%。这主要是由于中部城市地区贫困率的大幅增加,从 9% 到 19%。更一般地说,采用地区贫困线导致中部地区总体贫困率估计值显著上升(从 29% 到 43%)以及北部地区贫困率估计值显著下降(从 81% 到 69%)。Jamal 基于乌干达 1989—1990 年数据和地区贫困线关于贫困率的估计与世界银行(1993)基于同一数据和乌干达全国贫困线的估计之间的差异与本章上述的对比差异类似。使用地区贫困线还是全国贫困线对于乌干达贫困率的空间结构具有重要影响。

表 12-15　　　　2005—2006 年基于简单地区贫困线的贫困率

地点	人口比例 (%)	贫困 CPAE (先令)	P0	P1	P2	贡献(%)		
						P0	P1	P2
全国	100.0	52 865	58.2	20.6	9.56	100.0	100.0	100.0
农村	84.6	44 854	63.6	22.7	10.62	92.4	93.5	94.1
城市	15.4	97 026	28.7	8.7	3.67	7.6	6.5	5.9

续前表

地点	人口比例（％）	贫困CPAE（先令）	P0	P1	P2	贡献（％）		
						P0	P1	P2
中部	29.2	76 756	42.6	13.6	5.94	21.4	19.4	18.2
东部	25.2	43 192	65.0	22.2	10.01	28.1	27.2	26.4
西部	25.9	51 984	60.8	21.8	10.3	27	27.3	27.9
北部	19.7	30 985	69.4	27.3	13.37	23.5	26.1	27.6
中部农村	20.6	59 701	52.2	17.2	7.53	18.5	17.2	16.3
中部城市	8.6	117 685	19.3	5.2	2.11	2.8	2.2	1.9
东部农村	23.2	40 018	67.2	23.2	10.47	26.8	26.1	25.4
东部城市	2.0	80 564	39.0	11.2	4.56	1.3	1.1	0.9
西部农村	23.9	48 544	63.2	22.8	10.84	26	26.5	27.1
西部城市	2.0	93 748	31.3	9.2	3.76	1.1	0.9	0.8
北部农村	16.9	28 171	72.9	28.9	14.31	21.2	23.8	25.3
北部城市	2.8	47 861	48.2	17.3	7.76	2.3	2.4	2.3

注：CPAE指按家庭成员年龄调整的消费开支。下同。

（三）收入调整后的地区贫困线

地区食品篮子的一个关键问题是只反映收入差异程度。只是因为城市地区和中部地区的收入更高才使得这些地区的食品篮子更加昂贵吗？虽然我们把关注焦点局限于乌干达最贫困50%人口的饮食以尽量减少收入差距的影响，但即使是在这一半人口中收入差异的空间模式依然在整个样本都存在。即使就最贫困的一半人口而言，城市地区的家庭仍然比农村家庭拥有更高的收入；北部地区的家庭拥有最低的平均收入，中部地区拥有最高的平均收入。中部地区低收入家庭的食品篮子可能包括更加昂贵的主食，因为这些家庭虽然收入低，但是比其他地区的低收入家庭状况好得多。

不受地区收入差异影响的地区贫困线可以通过构建关于收入的食品函数来建立。这允许我们在一个共同收入标准上预测地区消费的差异。这个方法与Ravallion和Bidani提出的估计非食品贫困线的方法相似。问题在于哪一收入水平应该作为估计地区食品篮子的基础。国家食品贫困线是基于低收入人口的食品篮子构筑的,那些在收入分布底层的 50％人口可按相当于成人的人均消费来排列。因此,我们是在乌干达最贫困 50％人口的平均收入上预测地区食品篮子。我们在构建国家贫困线时包括了 27 种食品,但是为了简化,在考虑地区消费差异时只包括了 6 种热量的主要来源。6 种食品包括 5 种主食(玉米、木薯、大香蕉、红薯和高粱)以及干豆。这些食品为乌干达穷人提供了75％的热量。我们对待不再入列食品的方法与我们构建国家食品贫困线时的做法相同,并且在每个地区的食品篮子中放置相同比例的上述未入列食品。对比之下,我们基于乌干达最贫困 1/3 人口的平均收入分别预测每个地区 6 种食品中每种食品的消费。我们按比例增加所预测的食品的数量直到根据 WHO 标准这些食品充分满足热量需求的 75％。这一分析中的关键步骤是估计 6 种食品中每种的消费数量(千克)。我们采用 Tobit 模型以允许数据中高比例 0 值的存在并且防止所预测数值中负值的出现。在解释变量中,收入和地区等控制变量具有最重要的意义。我们通过家庭相当于成人人均消费量的对数值及其平方控制收入。地区通过 7 个虚拟变量进行控制。从 Tobit 模型中我们预测出在家庭收入等于乌干达最贫困 50％人口的平均值时每个地区消费的主食数量。

为了估计经过收入调整的地区贫困线,我们采用表 12－8 的贫困人口的食品篮子并据此估计提供 75％热量需求的成本。这部分成本与提供其余 25％热量需求的非主食的成本加总,一起构成国家贫困线。结果得到表 12－14 以2005—2006 年价格计算的估计贫困线的第三种方法。这里报告的是总贫困线,其中非食品贫困线同样也依据 Ravallion 和 Bidani(1994)的方法通过估计食品消费恰好等于食品贫困线的家庭的非食品支出得到。即使在控制收入的情况下,地区之间因为消费主食种类不同也会导致满足热量需求的不同成本。这可以通过比较基于国家食品篮子和经过收入调整后的地区食品篮子的贫困线得知。中部农村的食品贫困线无论采用哪种方法都一样。然而,西部农村严重依赖于昂贵的热量来源大香蕉,导致经过收入调整后的食品贫困线高于国家食品贫困线 13%。相反，北部农村和东部农村不食用大香蕉，经过收入调整的食品贫困线分别低于国家食品贫困线 6% 和 7%。同样需要注意的是，经过收入调整的食品贫困线明显不同于简单地区食品贫困线。特别地，所谓的简单食品贫困线意味着一个极高的中部地区食品贫困线，但是我们对收入调整后，这条极高的食品贫困线就消失了。控制收入也消除了东部农村和北部农村之间的食品贫困线的差异。

表 12-16 报告了采用经过收入调整的地区食品篮子得到的 2005—2006 年贫困率。总的影响是提高食用香蕉的西部地区的贫困率，并轻微降低其他地区的贫困率。与国家贫困线相比，部分贫困率的变化很大。西部农村按人头计算的贫困率从按国家食品篮子计算的 49% 上升到按经过收入调整的地区食品篮子计算的 57%。北部农村的贫困率从 85% 降低到 81%。有趣的是城市地区的贫困率远远低于以简单地区贫困线估计的贫困率。这意味着即使是乌干达的低收入人口，城市食品篮子相对于农村食品篮子也更加昂贵，这主要是由于收入差异而不是饮食偏好。与此类似，由于使用简单地区食品篮子而导致的中部地区贫困率上升也仅仅是收入效应作用的结果。

表 12-16　　　2005—2006 年基于收入调整的地区贫困线的贫困率

地点	人口比例	贫困CPAE	P0	P1	P2	贡献（%）		
						P0	P1	P2
全国	100.0	52 865	54.9	19.5	9.11	100.0	100.0	100.0
农村	84.6	44 854	60.4	21.6	10.17	93.1	94.0	94.5
城市	15.4	97 026	24.6	7.7	3.28	6.9	6.0	5.5
中部	29.2	76 756	35.7	10.8	4.48	19.0	16.2	14.4
东部	25.2	43 192	59.5	19.5	8.49	27.3	25.3	23.5
西部	25.9	51 984	55.1	18.6	8.46	26.0	24.7	24.0
北部	19.7	30 985	77.2	33.4	17.62	27.7	33.8	38.2
中部农村	20.6	59 701	45.3	13.9	5.8	17.0	14.7	13.1
中部城市	8.6	117 685	12.6	3.4	1.3	2.0	1.5	1.2

续前表

地点	人口比例	贫困CPAE	P0	P1	P2	贡献（%）		
						P0	P1	P2
东部农村	23.2	40 018	61.9	20.4	8.91	26.1	24.4	22.7
东部城市	2.0	80 564	32.2	9.0	3.54	1.2	0.9	0.8
西部农村	23.9	48 544	57.3	19.5	8.91	24.9	23.9	23.4
西部城市	2.0	93 748	28.5	7.7	3.01	1.0	0.8	0.7
北部农村	16.9	28 171	81.2	35.6	19.0	25.0	31.0	35.3
北部城市	2.8	47 861	53.0	19.8	9.33	2.7	2.9	2.9

（四）我们应该允许食品篮子的地区变化吗？规范问题

我们已经发现允许食品篮子的地区变化导致乌干达贫困率空间模式的巨大变化。然而，虽然采用地区食品篮子将导致巨大变化，但是并不一定非要采用地区食品篮子。是地区食品篮子还是国家食品篮子更优先？经过收入调整的地区食品篮子显然优于简单食品篮子。如果一个家庭相对于另一个家庭选择消费更加昂贵的食品只是简单地因为更高的收入，似乎并没有充分的理由设定一条更高的贫困线。在乌干达，采用经过收入调整的地区食品篮子与采用简单地区食品篮子得到不同的贫困率估计值。特别是城市地区和中部地区的食品篮子更加昂贵是因为收入差异而非饮食偏好。

（经过收入调整的）地区食品篮子是否应该在确定贫困线时采用？这最终是一个微妙的价值判断问题而不是一个不含争议的技术问题。这取决于一个人如何评价福利。关注地区食品篮子是由于满足实际食品需求的重要性。这自然与人们从满足人类各种基本需求的角度一般性考虑贫困问题结合在一起。近年来，福利多维性的观点得到了广泛认同。也许还存在关于福利到底具有几重维度的争论以及维度之间如何相互转化的争论，但是在像乌干达这样的低收入国家基本食品需求是一个重要的维度几乎没有任何争议。如果这一点被接受，那么一国的某些地区需要更多的收入来满足基本热量需求可能会导致争议。这其实是在某些地区确定一条更高的贫困线的理由。

以乌干达为例，根据地区食品篮子差异确定贫困线的理由如下。在乌干达西部，人们习惯上更喜欢大香蕉，一种昂贵的提供热量的来源。结果是在其他条件（如健康条件）相同的情况下，给定一定的收入这个地区相对于全国其他地区的营养状况更加糟糕。至少在营养的维度上，西部地区更加贫困，甚至可能牺牲其他领域的福利来满足基本的营养目标。如果营养水平没有被充分满足，人们可以预期这会对其他维度的福利造成负面影响。这些影响可能是直接的，如糟糕的营养状况导致健康受损；或者是间接的，如糟糕的营养状况会降低劳动生产率。以上讨论支持了地区贫困线应该反映当地食品篮子的论点，因为食品篮子将影响需要多少收入来满足多维福利的理想需求。

那么，反对地区食品篮子的理由是什么？一些习惯于认为福利只是单一"效用"而非多维效用的经济学家会提出反对意见。效用可以间接地解释为与心理状态（如幸福）相关或者偏好满足。二者都不会对满足热量需求产生特别意义。热量标准经常被用来确定贫困线，其实热量标准本身并不重要，只是用来解决确定贫困线时遇到的"标准问题"。从这个观点出发，乌干达西部地区实际选择低热量的食品篮子在某种程度上不是一个值得关注的问题，因为乌干达西部居民可以购买便宜的食品以达到热量需求。乌干达西部居民可以被认为是通过其他福利弥补热量摄入不足。这些福利可能是心理方面的，如乌干达西部居民从他们偏好的食品篮子中获得热量之外的心理享受。或者不需要探讨消费者的消费动机：乌干达西部居民偏好他们实际的食品篮子的事实意味着他们的福利至少与他们选择另外一个更多热量的食品篮子的福利相同。如果给定特定的心理习惯，反对地区食品篮子的辩论无疑是正确的。乌干达西部居民可能从以大香蕉为主的饮食模式中获得相对于其他地区类似收入水平居民的饮食模式更多的效用。然而，人际比较是否能够证明他们相对于相近收入的其他地区的居民更加享受其食品还不清楚。食品的偏好可能受童年以及以后的习惯的影响。对于某一食品形成偏好的人会偏好这一食品。这并不意味着他们相对于其他偏好另一种食品的人更加享受他们偏好的食品。反对采用地区食品篮子确定贫困线的各种论点都是基于以偏好而非特定心理习惯解释的效用。

因此，地区和国家贫困线的问题可以部分地归于一个人的福利观念。那些认为福利是偏好（效用）的人选择国家贫困线。那些认为福利具有多维性的人倾向于选择地区贫困线（如果他们对于如何评价福利的货币数量标准感兴趣的话）。选择可以通过区分以下事实进行解释。选择可能会被食品需求的实际满足还是满足食品需求的能力所影响。给定偏好大香蕉的饮食模式，在收入确定情况下乌干达西部居民实际满足以热量衡量的食品需求的能力低于拥有相同收入的乌干达北部居民。然而，乌干达西部居民在心理上与将收入换取低廉热量来源的乌干达北部居民一样满足。应该以最后结果还是以能力衡量福利？用Sen（1995）的术语来说就是应该关注功能还是能力的问题。在由 Sen（1995）引发的大多数非技术性的文献中，"功能"和"能力"是同义词，但是对于我们在这里的问题来说区分二者之间的差异至关重要。

第十三章

农村贫困：新背景下的老问题 *

近年来，虽然世界很多地区的贫困率都大幅降低了，尤其是东亚（尤其是中国）以及近些年来的南亚，但是非洲大部分地区和其他地区的贫困率仍然很高。贫困的持续存在在很大程度上与国家经济增长乏力高度相关。更为严重的是，世界大部分地区的贫困依然主要是农村和农业现象，大多数农村贫民的主要收入来源为农业。

本章将回顾几个已经充分讨论的相关问题：农村发展和农业增长在经济增长和减贫中的地位如何？农村增长和减贫的主要约束是什么？最新经济理论和实证研究是否为农村经济发展和减贫提供了更多的指导？本章将结合世界最贫困地区尤其是撒哈拉以南非洲讨论上述问题。我将利用最新理论模型以及基于刘易斯（1954）模型的理论作为指南展开讨论，给出经验证据，尽管并不完善，但是基本佐证了本章结论。

在很多关于发展的一般性讨论中，上述问题已经得到充分讨论而且占据显著地位。教科书在不同层次上也涉及这些问题，例如 Ray（1998）、Barhan 和 Udry（1999），而专著方面有 Timmer（2002）、de Janvry 等（2002）。本书的

---

* 作者简介：斯特凡·德尔康（Steffen Dercon），牛津大学布拉瓦尼克政治学院经济政策教授、非洲经济研究中心主任，同时也是英国国际发展部首席经济学家。

不同之处在于，结合撒哈拉以南非洲的具体情况，回顾几个重要的理论问题和经验证据，因而针对性很强。总而言之，近几十年来撒哈拉以南非洲在农业发展、经济增长和减贫方面表现不佳，因而急迫需要加强对非洲农业的关注并以此作为经济增长和减贫的必要条件。例如，萨克斯（Sachs）强烈呼吁在非洲将"绿色革命"作为发展战略的核心部分（Sachs，2005）。更翔实的分析如《世界发展报告2008》，强调在撒哈拉以南非洲发挥农业刺激经济其他部门增长的关键作用（世界银行，2007），并要求农户农业生产率的大幅提高。

鉴于撒哈拉以南非洲在环境和机遇方面的巨大差异，本章下一部分首先简要总结农村贫困演变的现有证据，并比较非洲和世界其他地区的经验。现有证据证实了农业人口游离出农业与总体贫困率降低相关的传统观点。然而，非洲既没有发生贫困率的大幅下降，也没有出现农业人口的转移。当然，这并不证明存在因果联系，也不足以质疑关注农业增长的合理性。我的问题在于理论和经验证据如何才能说明非洲农业和农村发展在经济增长和减贫中的地位。

下一部分我提供了关于农业在增长和减贫中作用的宏观看法的讨论。这要求我们回顾一些关于部门和城乡联系的古老且看似过时的问题，以更好地理解在非洲背景之下农业和农村发展的作用。回顾的一个核心困难是证据相对不足，所以我在很大程度上依赖一个虽然简单但是有效的城乡联系模型说明问题。结合最近关于非洲经济增长范围研究的新方法，强调发展机会的异质性（Ndulu et al.，2008），我们能够确认农业发展在刺激增长和减贫方面发挥实质作用的特定情形，以及农村发展在其他情形下的本质和作用。我将着重阐释农业的作用在不同的情形下可能非常不同，这取决于一个国家是否能够利用制造业的优势、一个国家是否依赖于自然资源以及一个国家是否身处内陆且资源贫乏。我认为特别是在最后一种情形下，重视农业增长是一条脱离贫困的重要但艰难的途径。

在最后一部分，关于市场失灵和贫困陷阱可能性的微观视角补充了上文宏观观点中关于市场本质的严格假设。我将着重讨论针对市场严重失灵的三个案例——资本、风险、空间外部性，此外还将回顾这些问题的理论影响和经验证据。上述市场失灵，尤其是那些可能导致贫困陷阱的市场失灵，使得农村和农业政策恢复旧状，并据此得到农业和农村发展的潜在政策的结论。

一、农村贫困模式

贫困仍然是一个普遍的农村现象。在世界上随机选择一个穷人，他很可能就是一个生活和劳作在农村的农民。虽然数据可能存在问题，但是最新的研究表明世界上 76％的贫困人口生活在农村，远远高于生活在农村地区的人口比例 58％（Ravallion et al.，2007）。撒哈拉以南非洲也不例外：不仅具有最高的贫困率，而且农村贫困率比城市高 25％，农村人口比例为 65％而农村贫困人口比例为 70％。根据现在的增长、减贫、人口增长模式，贫困在未来几十年内将依然可能是一个普遍的农村现象（Ravallion et al.，2007）。

情况是否正在发生变化？Ravallion 等（2007）的数据提供了从 1993 年到 2002 年贫困的城市化模式的深度观察。虽然城市贫困率在世界范围内略有下降，但城市贫困人口比例反而上升了（从 19％到 24％），因为迁移导致城市人口增长快于农村人口。与此同时该模式存在很大变化。在撒哈拉以南非洲，农村贫困率下降幅度更小、城市贫困率停滞不变以及城市人口在总人口中比例的增加，是造成贫困城市化和总贫困率几乎没有变化的主要原因。在减贫效果明显的背景之下，全球的贫困城市化趋势以及贫困人口主要生活在农村地区的事实，说明农村减贫对于全球减贫发挥主要作用：Ravallion 等（2007）基于一个简单分解计算出 80％左右的贫困率下降来源于农村减贫。但是这并不能证明城市化和贫困之间存在因果联系，也不能证明农村或农业经济的内部原因是贫困率下降的原因。

　　具体而言，应该在一个更宽广的经济背景下认识上述模式。人均 GDP 的增长、贫困率的下降与农业 GDP 比重和农业人口的缓慢下降同时发生。例如，从 1990 年到 2004 年全球低收入国家年均增长率在 5% 左右而农业 GDP 比重从 32% 下降到 23%（世界银行，2005b）。与 20 世纪 90 年代撒哈拉以南非洲的经验形成鲜明对比的是东亚和太平洋地区（包括中国）以及南亚地区的相对较快发展和贫困率大幅下降（见表 13-1）。我们观察到在东亚和南亚 GDP 增长速度高于农业 GDP 增长速度，但是在撒哈拉以南非洲并非如此，GDP 增长率和农业 GDP 增长率相近，分别为 2.5% 和 3.3%。撒哈拉以南非洲的年均人口增长率仍然为 2.3%，远高于上述其他地区，人均 GDP 增长率很低。换言之，与更加成功的其他地区相比，撒哈拉以南非洲虽然表现出贫困城市化，但是不存在结构转型的证据。

表 13-1　　　　　　　　　GDP 增长率和农业 GDP 增长率（%）

	GDP 增长率 （1990—2000）	GDP 增长率 （2000—2004）	农业 GDP 增长率 （1990—2000）	农业 GDP 增长率 （2000—2004）
低收入	4.7	5.5	3.1	2.7
中等收入	3.8	4.7	2.0	3.4
东亚和太平洋	8.5	8.1	3.4	3.4
南亚	5.6	5.8	3.1	1.9
撒哈拉以南非洲	2.5	3.9	3.3	3.6

　　资料来源：世界发展指数，世界银行。

　　部分学者认为农业增长是经济增长的核心动力（Timmer，2007）。如果非洲农业增长率很高，即使当前的增长率不能作为农业快速转型的证据，也可以作为希望的象征。因此，关键在于提高农业生产率，实现增长起飞。标准理论模型着重关注农业和其他部门之间是否存在投入和产出之间的联系（Johnston and Mellor，1961）。《世界发展报告 2008》倾向于上述观点，主张在当前以农业为基础的经济中农业高增长速度是经济起飞的途径。虽然历史经验表明农业在欧洲工业革命开始阶段的促进作用很大以及农业增长是东亚和中国经济增长的基本要素，但是还很难确认农业增长是经济起飞的必要条件，经验证据模糊不清。

历史学家还在极力争辩 18 和 19 世纪时农业生产率快速增长的农业革命是否为英国及其后来欧洲其他国家工业革命和随后经济发展的关键原因（Crafts，1985；Allen，1999）。劳动生产率开始提高的时间充满争议，一些人认为远远早于流行观点（Allen，1999），另一些人甚至认为英国在 1560—1850 年农业没有任何生产率提高的迹象，因此作为经济增长先导的作用微乎其微（Clark，2002）。农业劳动生产率提高可能是工业革命及其导致的劳动力市场竞争的结果而不是工业革命的先导（Gantham，1989）。关于欧洲和 17—19 世纪期间长江三角洲农业生产率的最新比较表明，中国的土地和劳动力的农业生产率接近欧洲当时表现最好的国家（英国和低地国家），这一发现进一步反驳了农业发展状况允许欧洲工业化起飞的观点。毋庸置疑的是政策转变在近来中国农业增长之中发挥了重要作用，但是这并不一定能够扩展到亚洲其他国家的成功经验中去。例如，韩国并没有在农业生产率方面进行投资，但是成功地实现了快速工业化（Amsden，1989）。

包括非洲在内的发展中国家普遍认为农业和增长之间的联系很大（Staatz and Dembele，2007）。尽管有可能，但是很难找到证据，这主要是方法上的问题。时间序列的计量结果对于特定国家而言受到联立性困难的影响，而面板数据分析只能得到模棱两可的结果（世界银行，2007）。大多数分析都依赖于模拟模型（例如基于可计算一般均衡模型、投入—产出模型），这些模拟模型又不得不依赖严格和未经证实的行为假设以得到结果（Dorosh and Haggblade，2003）。

充分的证据表明农业增长有助于经济增长向贫困人口倾斜，但这一结果可能依赖于特定背景。例如，中国农业增长对减贫的贡献比工业和服务业增长高 4 倍（Ravallion and Chen，2007）。有利的土地分配制度在其中发挥了重要作用，这在东南亚其他国家如越南得到了相关经验的证实。印度的经验传递了更加微妙的信息：在减贫效果上农业增长的作用与服务业增长基本相同，尽管非农业增长的作用在那些农业生产率高的省更加明显 （Ravallion and Datt，1996，2002）。此外，Foster 和 Rosenzweig（2004）的证据表明，印度农业生产率增长最慢地区的农村非农可贸易部门的增长率反而最高。

关于农村贫困的模式和演变的讨论有利于促进关于非洲的深入分析。贫困在农村最严重，但这是着重关注农村和农业的充分理由吗？成功的减贫并不简单等同于较高的农业增长率。最多只能认为在与增长相关的快速减贫时期农村的增长对于减贫可能很重要，但成功的经济增长一定与超过农业部门增长的非农部门增长有关。

无论如何，这意味着要理解农村贫困的变化不能天真地单纯关注农村和农业的发展。此类分析应该考虑城乡联系并且在总体增长和变化的背景之下展开。可以说第一个系统分析这类问题的是刘易斯模型（Lewis，1954）。该模型是城乡互动理论的重要部分，尽管该模型关于城市背景下市场发挥作用尤其是激励和决策的本质进行了一些特定假设。后来的很多研究已经使得此类分析更为精练，很多文献都关注的问题是：如果在开始时很多经济活动和劳动力都分布在农业和农村中，那么在此状态下如何实现增长和减贫？在最新研究中，这些问题在某种程度上已经被遗忘了。

然而，相对于 20 世纪 70 年代和 80 年代，发展中国家农村的状况和背景已经发生了巨大变化。在世界上的大多数发展中地区中特别是撒哈拉以南非洲，以市场为导向的改革（让价格机制发挥作用）取得巨大发展。非洲的农业和农产品市场已经发生了巨大变化，国内及国际贸易正在日趋自由化。全球化、不断提高的开放度、商业化农业投资、市场化正不可逆转地稳步改变着整个环境。商品价格尤其是谷类价格的居高不下为农业提供了新的机遇。所有这些因素为回答下面的问题提供了一个新的背景：农业是否可能和应该成为增长的动力？农业是否可能和应该在增长的背景之下成为减贫的动力？

二、非洲农村和农业增长在经济增长和减贫中的作用

很多关于农业增长对减贫的重要性的分析都是基于简单的假设。例如，因为贫困人口从事农业，所以农业是减贫的基础。与此不同的是从关于贫困的数据得到的基本结论：经济的全面繁荣伴随着更少的人口依赖农业谋生。关键的问题却是如何以一种可持续的方式将劳动力从农业部门中转移出来。

本章的分析基于 Eswaran 和 Kotwal（1993a，1993b，1994，2002），它们是该问题中分析最清晰的文献，它们尽管包括精彩的经济理论分析但却没有任何方程。埃斯瓦兰（Eswaran）和科特瓦尔（Kotwal）研究的相关性体现在提出有价值的问题并给予回答；尽管其他很多人提出类似的问题和观点，但是却很少有人像埃斯瓦兰和科特瓦尔那样简明而令人信服。我将在本部分结合印度的情况简要总结埃斯瓦兰和科特瓦尔的主要观点并请读者品味他们的分析。然后我将讨论这些结论对于世界其他地区尤其是非洲的适用性。

埃斯瓦兰和科特瓦尔的分析可以被看成是一个一般均衡框架之下的刘易斯模型，舍弃了刘易斯原始模型中的一些最困难的假设，而现在的很多研究仍然保留了这些假设。简言之，去除了农村劳动力市场上存在农业剩余劳动力的假设，因而没有剩余劳动力可供剥削。而且工业劳动力在农业总产出下降时不会以更多的工业品替代粮食的消费。

（一）理论框架

埃斯瓦兰-科特瓦尔模型假设一个两部门经济，即工业和农业。存在两种商品，即衬衫和粮食。两部门的生产受到各自规模报酬不变的技术限制，农业生产同时使用劳动和土地。农村经济中存在地主和工人，工业部门存在工人。

关键假设是偏好采用字典式排序方法：工人首先消费足够数量的粮食，然后消费衬衫。关键假设满足恩格尔效应，即富裕人口在必需品上的消费比例更低，但是显得更加极端。换言之，对于极度贫困人口而言，工业品价格下降不足以诱导消费者削减生活必需品的消费。尽管实际上该假设并不直观，但是它慎重地认为贫困与生活必需的粮食消费的剥夺相联系。正如埃斯瓦兰和科特瓦尔所证明的，放松该假设不会从根本上改变结果，但是减少了不同技术约束下的二元经济在理论含义和其他发展方面的冲击力。经济的初始禀赋不平等，富人拥有土地等财产，穷人只能出卖劳动力。穷人只消费粮食，因为他们没有足够的财富来满足基本需求；一旦满足了粮食的消费需求，就不再过多消费粮食。因此存在一个粮食消费的最高水平，而穷人只消费粮食。

进一步假设存在出清的城乡一体化的劳动力市场。这意味着在农业或工业部门工作没有差异：与刘易斯模型相反，劳动力市场不是完全分割的，而是一体化的。产品市场出清，需求等于供给。所有关于市场的假设说明如果劳动需求上升导致实际工资增加，贫困将减少。换言之，贫困人口的实际工资上升与否决定贫困率是否下降。然而，背后的运行机制是什么？基于以上假设，可以发展出一个通用的模型以比较在不同战略下如何实现减贫目标。理解不同战略在什么背景和环境下是减贫的有效方式有助于我们理解农业和农村发展的重要性。

第一，在一个封闭经济中，应该考虑通过全要素生产率（TFP）提高来实现（中性）的工业部门技术进步。在上述假设之下，埃斯瓦兰和科特瓦尔证明了相同数量的劳动力能够生产更多的衬衫。衬衫的价格下降，但是贫困人口并不关心这些更便宜的衬衫，因为他们还没有足够的食品。其结果是没有任何人有激励转移出农业部门，不然粮食供给将下降、食品需求将上升。最终，只有富人从全要素生产率的提高中受益，富人有足够的粮食而且已经消费了衬衫，由于价格下降，富人可以消费更多的衬衫。工业部门的劳动边际产品上升，但是衬衫的价格下降。就业没变，并且工资、食品价格和穷人的实际工资与之前相同。虽然工业部门的全要素生产率提高了，但是贫困状态依然维持原状。

第二，考虑一个封闭经济和中性的农业技术进步。相同数量的劳动力生产更多的粮食。这将显著影响所有工人：相同数量的工人拥有更多的粮食。一旦有更多的粮食可供消费，一些人将跨越食品消费的临界值，开始购买和消费衬衫。结果导致衬衫价格上升。这对工厂扩张生产和雇佣更多劳动力来承担额外的生产任务提供了激励。劳动力需求增加将导致更高的名义工资。农村的工资也会随之上升，粮食价格由于产量上升会略有下降，而且穷人脱贫后会将其部分需求转移到衬衫上。在均衡状态下，劳动力会从农业转移到衬衫的生产中，实际均衡工资的上升意味着贫困的减少。

两种情形的结果形成鲜明对比，结论是在一个封闭经济中，农业增长对于减贫至关重要，而工业增长没有影响。需求联系是关键因素，但是对于减贫而言需求联系只是通过穷人的消费实现。Mellor（1999）一直强调该过程的重要性，但是不同之处在于：不仅是增长的联系，同时也是贫困的联系。农业成为减贫的核心动力。

以上结果深受开放性假设的影响。在一个开放经济中，关于需求和供给的约束对于可贸易品而言无关紧要。粮食可以进口，衬衫可以出口。因此，如果假设两种商品都是可贸易品，只有世界价格水平才会起作用。

我们现在回顾一下两种情形。首先，考虑工业进步的影响。相同数量的劳动力投入能够生产出更多的衬衫，但是价格维持不变，因为世界的价格不变。工厂存在扩张生产的刺激，因此劳动力需求和名义工资都会上升。即使粮食供给下降，在粮食可以进口的情形下工人也可以从农业向非农业转移。最终劳动力的农业边际产品也上升，城乡的名义工资和实际工资都上升。粮食进口与实际工资一起增加意味着消费的粮食更多、某些工人开始消费衬衫。结果是贫困下降。其次，农业技术进步的影响与工业进步类似。对于实际工资和产出的联系而言，需求联系无关紧要，实际工资上升，更多的人购买衬衫。

简而言之，减贫可以通过任何相对于国际的国内竞争能力的提高来实现，这与封闭经济存在本质上的差别。这也同时产生了经济的脆弱性：贸易伙伴的生产率提高以及相对经济竞争力（比较优势动态化）的丧失将对贫困产生不利影响（即工业和农业的衰退）。保持高水平的生产率并超越贸易伙伴非常重要。在 20 世纪 90 年代早期第一波走向开放经济浪潮的背景下，埃斯瓦兰和科特瓦尔强烈认为印度在这方面存在极大潜力，尤其是工业领域的科技进步，而且即使在农业和农村部门进步有限的情况下，开放的贸易模型也有利于减贫。与此同时，农业领域的科技进步也发挥重要作用。

虽然分析相对简单，但是模型说明了一些核心问题。第一，在任何背景下，关于减贫定义的确定性特征似乎与非农部门逐渐吸收劳动力相关联。关于农村贫困，没有什么特定的性质，只不过是经济增长缓慢的典型标志，同时也是增长动力不当的标志。第二，为了理解农业部门在减贫中的地位，有必要考虑开放经济情况下的状况。如果是封闭经济，农业增长对于减贫非常重要。特别值得说明的是，相对于工业进步而言，农业增长在给定需求联系的条件下能够更直接地实现减贫。在开放经济中，情形并非如此。全球化背景的出现改变了我们关于农业地位的动态理解：开放经济提供了更多的机会，同时需要合理理解随之而来的陷阱和风险。第三，把劳动力、生产技术和部门的异质性引入模型不会改变上述模型的基本逻辑（Eswaran and Kotwal，1993a）。然而，如果科技进步不是中性和劳动密集型的，而是劳动替代型的，该模型预测到技术进步的减贫作用更为微弱，因为劳动力需求和真实工资上升的幅度更加有限。Eswaran 和 Kotwal（2002）扩展了模型，引进了服务业部门和不可贸易商品部门，互动作用更加微妙，但是不影响主要结论。

这对于农业增长有什么重要含义？一般而言，这很重要：在很多背景之下，这是最适合的减贫机制。然而，需要注意的是，农业部门的科技进步包括逐步采用新的投入品，例如新的品种、肥料和种子。这包含一些令人不太愉快的算术，农业方面的很多进步本身基本上是一次性的。例如，对于特定作物而言，采用新肥料只能一次性提高 20％的产量，但是不能实现每年持续的收益增长。任何增长效应都将极大地依赖于广泛的关联效应。一些人认为发展中国家的这些关联很普遍（Mellor，1999），正如基于特定的国家采用特定的方法获得的经验证据，例如依赖于关于行为的强假设的可计算一般均衡模型。

关于印度的证据虽然具有启发性，但不是结论性的。Datt 和 Ravallion（1998，2002）以及 Ravallion 和 Datt（1996，2002）基于 1995 年以前的省际均值数据讨论了印度增长和减贫的经验，该时期处于印度经济逐渐开放之前，虽然印度在 1980 年末的总体增长已经加速。换言之，印度是一个相对封闭的经济。该研究的第一个发现是，基于增长和贫困的部门构成，农业增长对于减贫十分重要，而工业增长并没有影响。显然，这是上文模型直接预测的结果。上述证据证实了农业收益增长极大地影响贫困。

第二个发现是，减贫深受特定（地区内）初始条件的影响。可以用关联效应来解释这种现象：其他条件相同，较好的禀赋如科技水平会导致更高的经济增长率，其作用方式是经济体的自我强化。证据表明关键的初始条件包括较高的健康和教育水平（与工人的潜在生产率相关）、农村地区较好的初始禀赋（包括没有土地的人较少、初始收益较高，反映了较高的科技水平）。该证据显然与普遍提高工人生产率因素的影响一致，不同的是通过农业部门发挥这些因素的增长作用。这与封闭经济模型的预测相符，虽然并不证明该模型完全正确地代表真实情形。

印度经济的开放以及成功融入世界经济消除了埃斯瓦兰-科特瓦尔模型中关于需求关联的根本约束。不管生产率进步是劳动密集的还是中性的，生产率提高出现在哪个部门对于减贫已经不太重要。近年来其他部门在研究与开发上的巨大投资为减贫提供了新的可能，虽然高科技服务业投资的减贫作用主要是通过与低技术含量部门如建筑业的增长联系实现的。

（二）非洲的适用性

上述结果适用于撒哈拉以南非洲吗？在埃斯瓦兰-科特瓦尔模型中，如果增长是由农业部门劳动密集型或者中性技术进步的增长驱动的，那么这种增长的减贫作用十分巨大。土地在非洲多数国家的分布不存在高度不平等。非洲国家没有土地的人相对较少，一些国家如埃塞俄比亚土地分布极其平等。生产率的提高有利于贫困农民，因此增长的减贫作用十分巨大。非洲农业环境的变化，如生产要素市场和产品市场的自由化，尤其是消除了很多对农村的歧视，使得减贫潜力得以实现。"非洲绿色革命"具有巨大的回报。

然而，农业增长促进经济增长和减贫的必要性并非确定不移。正如上述模型所示，在开放经济中，减贫对于农业进步的绝对依赖消失了，因为需求与农业的关联不存在了：其他部门劳动密集型的增长同样能够促进减贫。为了评估农业增长的重要作用，需要考虑非洲的增长机会。

Ndulu等（2008）提供了以三种方式描述撒哈拉以南非洲国家增长机会的基本模型；Collier（2007）也采用了类似的描述。研究人员区分了三种具有不同经济增长机会的国家：首先，资源丰富型国家；其次，沿海或位置优越型国家；最后，内陆资源贫乏型国家。每类国家在推动经济增长和减贫过程中都将会遇到完全不同的困难。

对于资源丰富型国家而言，关键问题是怎么管理财富：怎样将国家控制的潜在财富转换为持续的共享式繁荣的基础。它们面对的关键问题是荷兰病以及治理问题，更可能爆发暴力冲突，如尼日利亚、安哥拉和刚果。

对于沿海国家或者位置优越型国家，它们面临的挑战完全不同。它们没有自然资源，所以没有直接的财富来源，需要创造财富。它们充分利用两种生产要素：人口和位置优势。非洲的很多沿海国家，特别是加纳、科特迪瓦、肯尼亚和南非，就是此类国家。它们主要的挑战是怎样利用优越的地理位置提供的机会。沿海国家在原则上应该利用世界贸易的机会，所以首要任务是建立贸易基础设施，制定市场制度和规则，对技术进行投资，支持高质量劳动力市场的形成。这些挑战完全不同，但是全球化提供了重大机遇。如果没有利用自身的优势，沿海国家将落后，但是潜在的优势仍然存在。

内陆资源贫乏型国家受制于产业集聚效应：它们几乎没有什么可以提供的，而且只能完全依赖于邻国克服困难。如果位置优越或者资源丰富的邻国经济落后或处于战争冲突状态，将使情况变得更糟。这些因素都将产生负的外部性。例如布隆迪、布基纳法索和埃塞俄比亚。

那么，什么时候农业增长是必要的？农业增长在该框架下的地位如何？首先，考虑资源丰富型国家。农业不太可能成为增长的必要来源。然而，此类经济需要实现经济多样化，建立自己的生产能力，农业可以在这方面发挥重要作用。在此背景下，以农业增长推动总体经济增长的负担不存在了，集约化或多样化的努力可以更加向扶贫倾斜，包括关注小农农业，例如支持新技术和高劳动生产率的生产活动。但很显然有很多方法来促进国家财富分配，而刺激农业增长很难说是首要的。而且，在农村地区投资，包括基本服务如健康、教育和基础设施，是再次分配的有效方式，并且从长期来看（相对于狭隘地关注农业而言）具有更高的回报率。例如，确保投资集中在高潜力领域的压力相对更小。

其次，考虑沿海或位置优越型国家。沿海或位置优越型国家具有利用世界经济机会的最佳地理位置。通过劳动力市场、技能、规则和投资环境保持比较优势是重中之重。农业的作用类似于开放经济中的埃斯瓦兰-科特瓦尔模型：工业化进步是利用贸易机会的最佳路径和最佳工具。农业的作用主要是辅助性的：当贸易导向型增长开始起飞时，作为从农业退出的途径，农业进步具有很大意义。如果能够促进熟练劳动力被吸收进合理的部门，通过健康和教育投资提高农村劳动力技能最为有效。印度尼西亚在 20 世纪 70 年代晚期和 80 年代的经验让人联想起它积极的农业政策以及城市工业经济部门最终大量吸收劳动力的过程。对非洲经济而言，主要挑战是克服其被世界经济边缘化的不利地位；相对于东亚很多经济已经建立起工业基础的国家而言，非洲国家作为后来者处于不利地位。虽然需要对制造业发展的特殊支持才能实现潜在的地理位置优势（Collier and Venables，2007），但仍然是增长的最佳途径。

最后，内陆资源贫乏型国家又面对一个非常不同的困难。在很多情形下很多国家的农业基础非常薄弱，如埃塞俄比亚和布基纳法索。而且它们在世界经济中被边缘化的风险非常大。这类国家主要依靠位置优越型邻国给它们带来一些贸易导向型机会，包括劳动力迁移。在积极的政策方面，空间很小：基础设施和技能的投资是正确的，但是作为投资的子领域，它们在很长时间内的排序仍然很靠后，因为位置优越型邻国还没有融入世界经济。结果，看待这些经济的最佳途径是将其作为封闭型经济，而忽略其贸易自由化的努力。正如模型所预测的，农业增长对于经济增长和减贫都十分重要，但是不要期待任何奇迹发生。

积极追求农业技术进步以及促进农村生产率提高的其他方式是促进增长的主要途径，同时对于减贫具有很大影响。农村、农业的发展可能是最困难的，因为这些国家一般处于农业薄弱及落后地区，但农业也是最值得努力的领域。为了减贫，在发展潜力较大的地区促进农业发展（如增长的要求）和在边远贫困地区促进农业增长之间存在重要的权衡取舍。如果商品价格很高，促进增长和减贫之间的紧张关系更加明显，因为提高农业总产出更为重要。

埃塞俄比亚和印度的对比十分鲜明。埃塞俄比亚在最近几年试图实施开放政策，但是位置优越的邻国未能利用贸易机会，因而一般而言埃塞俄比亚与它们的关系比较冷淡（如索马里和厄立特里亚）。这严重限制了埃塞俄比亚的选择空间。埃塞俄比亚最后只好自己建设基础设施和培养劳动力技能，增长只能通过农业系统持续地降低农村贫困率来实现。埃塞俄比亚的人民无法利用与邻国贸易和迁移的增长机会。

印度的一些小块地区甚至省份，如比哈尔省（Bihar），也正如埃塞俄比亚一样面临自然资源匮乏等发展困境。但是印度经济广泛一体化，部分落后省份充分利用了日益提高的开放程度和优越地理位置等方面的优势，而且增长的外部性和就业的机会为落后的省份提供了机遇，降低了当地的贫困率。

即使如此，埃塞俄比亚也不能单独通过农业政策实现奇迹。相对内陆的位置、对降水的依赖等使得农业丰收暂时大幅压低农民的粮食价格，因为出口粮食价格很低（世界粮食价格减去从农场运到世界市场的费用）。例如在 2001—2002 年，在一个短暂的收益增长和地区扩张之后，风调雨顺的天气使玉米大获丰收，但是价格低到丰产变成不丰收。这些事件延缓了农业的转型，对于具有高额运输成本的内陆国家而言，需求增长对避免价格的突然降低十分必要。

三、市场失灵和贫困陷阱

本章第二部分介绍了宏观或者一般均衡模型中关于农业和农村发展在经济增长和减贫中的作用。整个环境的改变特别是发展中国家日益提高的开放程度和市场自由化经济的进程，改变了农业和农村发展在经济增长和减贫中的作用，造成这种状况的一个原因是城乡之间和部门之间的相互作用在分析中得到完美结合。但这个分析是建立在要素和商品市场运行良好的假设之上。正如最近几十年关于农村发展的很多研究所表明的，虽然消除了很多政策造成的市场缺陷（如农产品市场），市场失灵仍然普遍存在。只有不同要素的边际回报相等时资源的分配才是有效的。包括劳动力要素在内的要素市场，对不同的人发挥的作用也不相同，其结果是差异性的形成，如具有不同初始禀赋的人可以利用不同机会（如增长所带来的机会）。农村非市场制度安排的发展可以部分替代或弥补市场失灵，但不可能完全替代。这对于经济增长所能达到的程度而言及对于贫困人口可以参与经济增长的程度而言都很重要。上文讨论过的关于撒哈拉以南非洲不同地区一般经济增长机会的潜在分类不会受到根本影响，因而经济增长的减贫和经济过程的广泛包容性的效应才能实现。

我在本部分将尝试将过去几十年关于家庭和制度的大量微观研究的核心成果应用到减贫和增长的更加广泛的境况中去。核心问题在于：关于农村贫困人口参与乃至对经济增长做出贡献的关键制约因素是什么？最近很多关于农村问题的学术文献探讨了要素市场的市场失灵，如土地、劳动力、信贷和保险。这些成果构成了研究生微观发展经济学教学内容的核心。然而，我们的主要目的是探讨微观问题是否能够被放到增长和减贫的广阔背景中去。

我将考虑的问题是：在已经开始劳动密集型经济增长过程的国家中，什么因素会导致一些农村穷人陷于贫困之中？此外，对于通过增长来减贫且其增长完全依靠农村发展努力的国家而言，如内陆资源贫乏且邻国经济落后的国家，解放农村潜在生产力的需求意味着当我们试图解释什么原因导致某些特定农村地区增长落后时需要特别注意。我重点讨论三种情形，阐释最新理论文献的一般原则和发现，其中一种是经验证据发现的：初始贫困和市场失灵一起使得部分贫困人口持续贫困甚至陷入贫困陷阱。我还会关注市场失灵的三个问题：资本（信贷市场失灵），风险（保险市场失灵），空间外部性（地理诅咒）。

（一）信贷市场失灵和贫困陷阱

最为明显的可以观测到的市场失灵是信贷市场对于完全竞争市场假设的偏离。在完全竞争市场下，任何可盈利的项目都能在当前利率水平下获得贷款。如果市场是完美和有效的，没有银行会要求借款人为贷款提供抵押品。在现实生活中，没有抵押就得不到贷款。抵押要求可以理解为信贷市场处理困扰这类市场的核心问题即不完美信息的重要手段：信息不对称，如道德风险、逆向选择和执行问题。不完美信息意味着贷款人不能从很多项目中区分哪个项目的风险更大，不能知道借款人在获得贷款之后是否会采取当初承诺之外的行动，所以会要求借款人为贷款提供抵押品。抵押品还可以确保贷款的偿还。

如果一些人初始就没有财产，市场失灵对穷人而言极其有害，排除了穷人获得贷款进行有利投资的机会。很多含义丰富的模型如 Eswaran 和 Kotwal (1986) 展示了信贷市场失灵的关键含义：富人不仅通过财产获得更多收入，而且他们能够更加有效地使用财产。市场失灵迫使穷人处于低效的状态，这进一步加剧了初始的不平等。农业部门中普遍存在类似过程，而且通常与信贷市场失灵相联系。模型的一个重要预测是穷人土地的边际回报高于富人，穷人的土地每亩平均产出也高于富人。发展中国家普遍存在耕种土地数量和亩产量之间的负向关系。Binswanger 等（1995）对这方面的证据进行了全面总结，并且寻找不同的解释。土地质量差异是部分原因，但与信贷相关的要素市场失灵也是部分原因。

该模型是一个静态模型，但是它潜在的动态含义在直觉上很吸引人。资产不平等，富人回报更高而且资产增值更快，穷人采用新技术或进行其他活动的回报率更低而且不可能开始财富积累的过程。很多增长模型的基本直觉是一些人陷入贫困陷阱而另一些人不断积累财富。Banerjee 和 Newman（1993）发现资产不平等对于增长的影响与信贷市场失灵相关。当进入不同经济活动存在一定的资产门槛时，那些只有有限资产的人进入特定项目的机会就被排除而陷入贫困陷阱，而另一些人则可以进入某些职业并开始攀升。贫困陷阱是一种均衡结果，如果没有外在的帮助就无法改变状况，如正向的意外收益、收入再分配、援助、市场运行方式的根本改变等。很多其他文献认为贫困陷阱、整体无效率、增长乏力是由信贷市场失灵情况下的贫困和不平等造成的，因而部分人无法利用增长带来的投资机会（Galor and Zeira，1993；Benabou，1996；Aghion and Bolton，1997）。信贷市场失灵模型同时也是《世界发展报告

2006》的中心内容；该报告还讨论了这个模型的引申含义的相关证据。

如果信贷市场失灵导致农村的贫困陷阱或投资不足普遍存在，这会抑制经济增长。此外，如果经济增长加速，但是有利的机会需要一定的投资门槛（例如家庭成员迁移成本、有利项目的沉没成本），那么信贷市场失灵将会使穷人无法享受到经济增长带来的好处。虽然证明信贷导致贫困陷阱很困难，但是在非洲农村存在进入成本的证据（特定项目）以及资产（投资资产有限）导致家庭拥有更少的有利组合（Dercon，1998；Barrett et al.，2005）。

如何用政策干预信贷市场还不清楚。对信贷市场的干预一直是受到偏爱的干预手段，如近年来的小额信贷，当然其他很多干预措施对于解决信贷市场失灵可能也很有效（Besley，1994）。贫困群体是否从小额信贷中获益最多同样不清楚（Amendatriz de Aghion and Morduch，2005）：这需要等待从最有影响的小额信贷产品的评估得到更多的发现（Karlan and Goldberg，2006）。对于非洲而言，关键问题是小额信贷作为一种培养农村穷人参与经济的手段是否被过度高估了：在农村环境中，小额信贷被看作帮助农村穷人脱离农业生产而进入受到限制的非农经济活动的手段。虽然信贷市场的限制将农村贫困群体排除在一些有利可图的机会之外，但是大规模的减贫不可能通过越来越多的人从事独立经营活动来实现。很多国家实现高收入和低贫困的途径是提供更多雇佣工作岗位、不断把农村劳动力转移到工业和服务业部门。从长期来看，对健康、教育和技能的投资将获得高收益，对于资源丰富和制造业出口导向的非洲国家而言更是如此。当然，允许部分人从事农业或非农业的经营活动会有助于经济转型的完成，但是靠大规模人群从事创业经营活动不大可能是成功的经济转型之路。

此处存在一个困境：只要经济还没有起飞、劳动力需求没有加速，此时援助穷人从事创业经营活动就有助于减贫。在非洲的很多国家，教育回报率随着教育水平的提高而不断增加：小学很低，更高程度教育的回报率更高

（Soderbom et al.，2006），因而在劳动需求很低的 20 世纪 80 年代和 90 年代投资教育不是脱离贫困的快捷途径；如果经济增长具有可持续性，这种局面将会改变。小额信贷为穷人提供了脱离贫困的可能，但是如果没有经济增长，小额信贷本身还不是大规模减贫的有效途径。在很多情况下，小额信贷不应只面向创业活动，而应更多地面向普通的家庭金融需求，这会使小额信贷的作用更加有效（Karlan and Mullainathan，2007）。

（二）保险市场失灵和风险诱导型贫困陷阱

另一个过多影响贫困群体的严重市场失灵是贫困群体面对风险时保险和保护的缺失。完全保险市场（或更准确地说，完全或然市场）的存在是现实中不成立的另一个假设。与导致信贷市场失灵的原因相同，不对称信息和执行问题也是发展中国家保险机制覆盖率有限的主要原因。穷人即使愿意，也无法为他们面对的风险获得任何保险。

没有保险的风险导致穷人的很多困难。发展中国家频发自然灾害、干旱、冲突、动乱以及经济冲击，如物价上涨和货币危机。健康问题和农作物虫害更为广泛。这些都被看成暂时性问题，急需临时解决方案，如安全网的建立，之后回到更加根本的问题即发展。政策制定者也认为这些社会问题不应该转移他们刺激经济增长和降低社会贫困的注意力。然而，这是误导，越来越多的证据表明风险和冲击是低增长的原因，低增长又造成贫困人口收入增长缓慢甚至陷入贫困陷阱。集中关注贫困人口有助于增长和平等，在任何情况下都是确保贫困人口分享经济增长成果的工具。

发展中国家的家庭发展出了一套复杂的机制以应对风险。典型的是两种措施：风险管理策略和风险应对策略。风险管理策略包括通过选择项目组合优化并降低风险以实现管理风险的目的。例如，选择低风险的活动或者通过不同的风险搭配多样化风险组合，如种植耐寒作物、进行小额交换或者收集柴火、季节性迁移等。风险应对策略包括处理收入下降风险的后果。两种常见的方法是：通过储蓄实现自我保险，通常在急需时出售耕牛和其他牲畜；非正式互助机制，小组成员或社区成员在互助的基础上在急需时提供转移性资助（Fafchamps，1992）。

这些策略都有成本：收入风险管理策略导致平均收入降低和收入波动变大，收入风险应对策略调整财产组合应对风险通常要求持有低收益的流动性资产，放弃生产性的固定投资。这影响了贫困人口的长期收入，并且削弱了脱离贫困的能力。实际上，越来越多的证据表明这些策略意味着贫困人口遭受严重的效率损失，而富人一般受保险、财产和信用的保护不需要承担损失（Dercon，2002）。Morduch（1995）展示了在印度因为在一定的环境下风险太高而无法采用更有利润空间的技术。即使存在生产性投资机会，农民仍然持有牲畜作为预防风险的措施（Rosenzweig and Wolpin，1993）。Rosenzweig 和 Wolpin（1993）发现印度样本中最富的五分之一人群和最穷的五分之一人群之间的效率损失差距超过 25%，这是由于面对风险而调整资产组合所致。在埃塞俄比亚，Dercon 和 Christiaensen（2007）发现穷人很少采用现代投入是因为他们很少获得与风险相关的投入贷款，因为即使由于降水导致作物歉收，他们也会被强制偿还上述贷款。在长时期内，这些结果导致大量效率损失，极大地影响穷人。

这些风险管理策略会使穷人陷于贫困：为了避免极端贫困，他们被迫放弃盈利但有风险的机会，也就放弃了脱离贫困的机会。即使如此，他们并不能完全保护自己：虽然很多证据表明风险管理策略能够减少消费和营养水平的波动性，但是它们仍然无法处理一些严重的重复发生的冲击，如那些影响整个社区、地区甚至国家的冲击（Morduch，1999；Dercon，2002）。这些没有保险的冲击破坏家庭财产，迫使家庭财产受到严重损失。他们甚至可能跌落到一定的水平之下，落入贫困陷阱之中，例如由于风险策略需要避免更加严重的穷困或其他。

日益增多的证据表明在发展中国家上述过程是导致持续贫困和永久处于贫困陷阱的重要原因。Jalan 和 Ravallion（2003）利用来自中国的数据检验贫困陷阱是否存在，虽然没有发现纯粹的贫困陷阱，但是发现家庭需要很多年才能从一次收入冲击中恢复过来，而且贫困人口的恢复更加缓慢。Dercon（2004）利用埃塞俄比亚农村的面板数据发现非洲也存在相关证据，没有保险的冲击与持续贫困有关，前四年的降雨量冲击影响当前的增长率，甚至 1984—1985 年饥荒是 20 世纪 90 年代家庭收入增长率的解释因素之一。而且，埃塞俄比亚农村的一种重要储蓄方式是牲畜，它们平均需要 10 年才能恢复到 1984—1985 年饥荒之前的水平。Elbers 等（2007）利用基于模拟的计量模型校准了一个增长模型，并用津巴布韦农村的数据直接测算了风险和风险反应。他们发现风险大幅降低了增长，降低了 40% 的资本存量（稳定状态）。三分之二的损失是由于家庭试图最小化风险影响所采取的策略所致。Barrett（2005）基于肯尼亚牧民的牲畜持有量发现了贫困陷阱的证据。

健康和教育也由于没有保险而受到冲击，其长期影响的证据也越来越多。例如，干旱对于儿童的永久影响已经被详细阐述：更低的成年身高、更差的教育质量、更低的永久收入。例如，在津巴布韦农村 20 世纪 80 年代早期的儿童遭受干旱和战争的影响，永久性收入损失了 7%～12% 甚至更多（Dercon and Hoddinott，2003）。

所有这些证据都表明发展中国家农村没有保险的严重后果，尤其对贫困人口而言。如果造成上述现象的根本原因是市场失灵且该失灵由于贫困而加重，那么显然存在一种既能减贫又能刺激效率和增长的干预措施；无论如何，这些干预措施能够保证穷人更加有效地参与经济增长过程。在工业化国家特别是欧洲国家，保险市场失灵问题在很大程度上被统一的社会保障和大量的根据需要而设计的直接转移支付解决了。对于发展中国家而言，这很可能是无效的，因为高昂的行政成本和高度的信息要求。简言之，这种社会保障体系不存在。

有很多应对措施可以考虑，如减少农村家庭的风险（例如预防性健康服务，或者更好的农业用水管理），加强现有应对措施（例如投资设立更多的储蓄产品，或者运行更好的针对牲畜的资产市场），改进保险形式，拓宽社会安全网的保护范围。虽然每种措施都有自己的优缺点，近年来采用了很多针对保险的有价值的创意，即使其潜在的收益并不是很大。

（三）空间外部性

市场失灵的另一个普遍原因是空间外部性的存在。如果经济或其他交易产生的社会收益或社会成本在交易主体的考虑范围之外，那么就存在外部性。标准的案例是生产导致的环境污染，因为环境污染不在商品的购买者和销售者的考虑之内。发展中国家的一个更广泛的现象是，以外部性的概念理解特定地理区域处于落后的状态——贫困的邻居、贫困的地区和贫困的邻国。如果仔细观察发展中国家的表现，就会非常震惊地发现一些国家——主要是非洲国家——正在日益被边缘化，伴随着低经济增长、持续的人口增长和持续贫困。虽然研究得较少但同样重要的是即使在高增长国家，仍然存在系统性落后的地区，从收入增长和贫困降低角度看这些地区没有从总体经济增长中获益。中国和印度的特定区域正是这种类型。虽然描述得较少但依然真实的是，类似非洲国家的增长和减贫方面的地区间差距在这类国家也存在。

关于工业集群化及地理位置的理论对上述地区间差距现象给予了很好的解释，这些理论预测企业为了追求地理外部性带来的不断增加的回报而集中于同一地区（Fujita et al.，1999）。其推论是某些不那么具有竞争力的地区会失去增长的机会：不仅这些地区得不到所急需的投资，而且这些地区现有的资本也会为追求利润而逃离该地区。那些失去增长机会的地区就遭受了那些成功地区的负面外部效应。显然这也是一种贫困陷阱：尽管这些地区起初没有差异，但是那些失去增长机会的地区只有依靠外部帮助或大规模的努力才能脱离贫困陷阱。这些地区遇到了吸引或者留住资本方面的门槛。

其他解释同样强调与特殊的当地环境相关的外部性，例如公共产品、公共产权资源和私人财产等当地禀赋。如果经济起飞也面临一定的当地禀赋门槛，那么禀赋贫乏的地区难逃贫困。要证实这一点很难，但在中国以及其他一些国家还是有一些证据。对于非洲而言，Christiaensen 等（2005）根据很多国家的证据讨论了非洲地理位置偏远对于增长和贫困的影响。

上述外部性也是市场失灵的一种形式，影响着财产较少的贫困人口，不过在这里财产的定义是广义的，即包括当地公共产品和环境。给定已经确认的贫困陷阱，上述经验证据论证了"贫困地区"项目的合理性，即贫困地区需要大规模投资项目来增加地区或社区的资本存量。然而，这些经验研究缺少充分的细节以及关于外部性如何发生的说明。因而需要更多的证据来引导乃至指出哪种干预手段更为有效。

例如，很多农村"贫困地区"的主要特征是偏远，主要与缺乏道路和通信基础设施相关。最普遍的捐助政策指向是为贫困地区修筑道路。虽然这种捐赠无疑为偏远地区带来了一些好处，但这不一定是一个地区实现经济起飞所需要的。在一些国家，证据表明捐赠修筑道路确实是一项合理的措施，但是，历史经验表明虽然在发展中国家修筑道路是承认当地经济增长潜力的一种标志（例如经济作物或煤炭），但不是增长的主要原因。相反，例如灌溉、健康和教育对于释放增长潜力更加重要。

无论如何，少量努力是没有帮助的，为了使落后地区经济起飞，大规模投资是跨越起飞门槛的必要条件。也许创造更多迁移的机会是更好的政策。然而，这不但成本很大而且可能困难不少。如果劳动力迁移面临的门槛也很高，那么很多农村贫困人口将无法抓住其他地方的增长机会。但这不过是前面潜在农村贫困陷阱的例子，解决方案需要仔细考虑城乡背景以及其他关联，只关注农村地区是无效的。

四、结　语

与大多数发展中国家相反，撒哈拉以南非洲在过去几十年里增长缓慢、贫困率居高不下。由于多数贫困人口生活在农村，也许会认为农业增长和农村发展政策是增长和减贫政策的核心。

本章在非洲背景之下利用宏观部门之间的联系和微观视角讨论了一些核心问题。基于 Eswaran 和 Kotwal（1993b）的模型框架以及 Ndulu 等（2008）关于非洲增长机会的证据，我得出结论认为：在非洲对于内陆资源贫乏型国家而言，农业增长很重要，虽然农业增长本身也很难实现。在其他国家，尤其是位置优越的、有利于制造业和出口或者资源丰富的国家，农业不是经济增长的主要约束。虽然农村发展可能是实现经济缓慢转型的重要措施，但是农业不会成为经济增长的发动机。

然而，上述分析基于运行良好的要素和商品市场，没有考虑初始禀赋对贫困人口利用经济增长机会的影响。但是农村完全市场的假设是不合理的。大量证据表明即使经济起飞，贫困人口仍然被排除在有利的机会之外，无法摆脱贫困，甚至落入贫困陷阱。农村发展政策以贫困人口以及刺激贫困人口从事的农业生产为目标，可能是促使经济增长更具包容性的一种方法。我充分讨论了信贷和保险市场失灵以及贫困地区的空间效应，并分析了排斥贫困人口的机制。相关合理发展政策措施的证据仍在不断出现，因而需要更多的试验和研究。

第十四章

前瞻性最优救助资金分配方案 *

一、引 言

Collier 和 Dollar（2001，2002）这两篇具有深远影响的文献实证地提出了一个在贫困国家中分配世界援助的模型，并最大限度地分析了如何减少贫困。该模型广为各个救助机构了解，深刻影响了著名救助机构的行为。

然而，实际的救助分配方式不断与 Collier-Dollar（C-D）模型发生背离，即使那些以减少世界贫困为目标的救助机构也是如此。背离的一个显著特征是对非洲的救助超出了 C-D 模型建议的数量，导致对其他落后地区特别是南亚地区的救助不足。非洲委员会（2005）和千年发展计划（2005）进一步强调了该现象。可是鉴于非洲发展缓慢并难以实现千年发展目标（MDG），2005 年 G8 和联合国千年首脑会议却继续呼吁增加对非洲的援助。

下文将论证出现这种显著背离的原因正是 C-D 模型没能完全契合救助者（以及纳税人）减少世界贫困的偏好。C-D 模型遗漏了时间变量，导致判断不

---

* 作者简介：阿德里安·伍德（Adrian Wood），英国剑桥大学博士，牛津大学教授，英国国际发展部前首席经济学家。

同国家对援助的迫切程度仅仅依据当前的贫穷程度，然而救助机构和人们更关心的是（基于理性和道德上的理由）当前以及未来的贫困程度。值得注意的是，救助机构追求千年发展目标导致给予非洲过多援助而对亚洲贫困地区援助不足的原因是：（1）救助机构希望减少当前和未来的整体贫困程度；（2）它们认为非洲减贫的速度远低于亚洲贫困地区。

救助机构在救助分配过程中试图协调偏好和理念，千年发展目标与C-D模型不仅在理论上对长短期的考量不同，而且目标导向型的千年发展目标与最大化约束下的C-D模型存在着实践上的差异。本章旨在综合C-D模型和千年发展目标并提供一个博采众长的模型。

图14-1揭示了综合二者的基础所在，纵轴表示一国的贫困人口数量（贫困率乘以人口），横轴表示时间，从现在到未来T。C-D模型分配救助时只依据初始贫困人口数量H_0：一国初始贫困人口数量越大，就应该被分配越多的救助。而以千年发展目标为基础的分配方案则主要关注H_0到H_T之间的斜率，一国贫困减少得越慢就越应该获得救助。下文将详细阐释该观点。

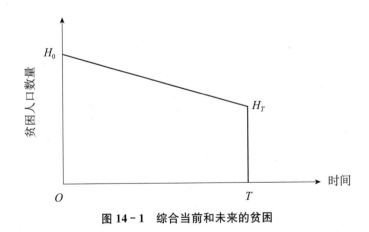

图14-1　综合当前和未来的贫困

二、根据地区数据进行例证

虽然 C-D 模型被应用于国家间的救助分配，但是该模型也适用于区域间的救助分配。表 14-1 采用世界银行的地区分类，将中国和印度分别作为独立的地区，分成共计 8 个地区。以 2004 年为基期，表 14-1 展示了每个地区救助分配的数值。贫困数据包括初始人数比例、预计的贫困人口减少率（2004—2030）和收入弹性（2004—2015）都来自世界银行。本章将人口加权的地区平均 CPIA 分数作为 P^i 的代理变量。

表 14-1 　　　　　　　　　　　**影响救助分配的变量**

		2004 年每天消费为 1 美元的贫困人口(%) (1)	2004 年人口（百万） (2)	2004 年平均人均收入(千美元，PPP) (3)	2001 年平均 CPIA 分数 (4)	预测 2004—2030 年贫困率降低(%) (5)	2004—2015 年估计的贫困收入弹性 (6)
撒哈拉以南非洲		41.1	719	1.9	3.3	−0.3	−0.7
南亚		32.0	1 448	2.8	4.0	3.4	−1.4
	印度	35.8	1 080	3.1	4.2	2.9	−1.1
	南亚其他地区	28.8	368	2.0	3.6	7.3	−3.8
东亚		9.1	1 870	5.1	3.9	9.6	−2.3
	中国	9.9	1297	5.5	4.1	9.7	−1.9
	东亚其他地区	8.8	574	4.0	3.6	9.2	−3.7
拉丁美洲		8.6	541	7.7	4.0	0.8	−1.7
欧洲和中亚		0.9	472	8.4	3.2	2.7	−1.7
东亚和北非		1.5	294	5.8	4.0	1.8	−2.5
发展中地区		18.4	5 344	4.6	3.8	2.1	−1.3

表 14 - 2 展示了一个最优救助分配。第（1）列数据是每个地区初始贫困人数，数据来源于世界银行（见表 14 - 1），第（2）列是在贴现率为 0、期限为 25 年（对应于 1990—2005 年的千年发展计划和 2004—2030 年的贫困预测表）情况下的减贫调整项。政策制定者赋予每年贫困程度相同的权重，且不考虑期限外的情况。第（3）列是在进行援助之前的未来贫困的"贴现值"。

表 14 - 2　　　基于减贫调整的 C-D 模型的救助分配情况（$r=0$，$T=25$）

		2004 年每天消费为 1 美元的贫困人口（百万）(1)	减贫调整项(2)	未来贫困的贴现值(3)	救助总额的最优比例（%）(4)	贫困—GNI 比率（贫困人口/百万美元）2004 (5)	2004 年救助总额实际比例（%）(6)
撒哈拉以南非洲		298	26	7 785	32.5	222	37.1
南亚		62	17	7 746	67.5	113	10.4
	印度	86	18	6 873	26.0	115	1.5
	南亚其他地区	76	12	873	41.6	141	8.8
东亚		169	9	1 603	0.0	18	10.7
	中国	128	9	1 205	0.0	18	1.9
	东亚其他地区	41	10	398	0.0	22	8.9
拉丁美洲		47	23	1 060	0.0	11	10.1
欧洲和中亚		4	18	81	0.0	1	16.9
东亚和北非		4	20	89	0.0	3	14.8
发展中地区		985	20	18 443	100.0	40	100.0

第（4）列是最小化世界未来总贫困贴现值［第（3）列数据最后一行］的地区间救助分配方案。世界救助总额根据救助机构 2005 年的承诺约为 1 000 亿美元，资金分配方案的百分比是救助资金绝对数量的百分比。分配方案是基于 C-D 模型中的 H_{0i}（α_{0i}），并使用 Collier 和 Dollar（2002）变型 I 里面的 b_3、b_4 和 b_5（分别是 0.54、0.02 和 0.31）。

中等收入地区在表格的下半部分（东亚、拉丁美洲、欧洲和中亚以及东亚和北非）没有获得救助，甚至拥有超过 1 亿贫困人口的中国也没有获得救助。该结果与 Collier 和 Dollar（2001，2002）相似，尽管地区加总数据掩盖了中等收入地区的低收入国家而夸大了该问题。其产生原因是，对 C-D 模型中的 H_{0i}（α_{0i}）而言，救助只能通过增加国家收入减轻贫困，从而更有效的救助方式是将救助分配给那些每 1 美元国民收入对应穷人数量（H^i / Y^i 或者 h^i/y^i）更高的地区——H^i / i^1 是一个指示变量。正如表 14-2 第（5）列所示，中等收入国家相对非洲和南亚获得援助较低的原因，既是因为较低的贫困数量 h^i，也是因为较高的国民收入 y^i。

低收入地区间的救助分配乍看让人惊讶。尽管存在着前瞻的减贫目的以及相对南亚更慢的预期减贫速度，非洲地区仅得到总救助的 1/3。印度尽管拥有 5 倍于南亚其他地区的初始贫困人口数量以及更慢的预期减贫速度，印度得到的援助也少于南亚其他地区。对于该结果的解释是，不同地区对援助的利用效率不同成为影响分配的主导因素，抵消了在需求迫切程度方面的差异。一个低的 CPIA 得分和一个低的贫困弹性的组合导致非洲地区获得的减贫救助大幅减少。印度的远低于南亚其他地区的贫困弹性和稍高于南亚其他地区的 CPIA 评分，使得把救助更多地分配给南亚其他地区而不是印度更有效率。

表 14-2 的最后一列是援助分配的实际情况，显示了援助分配的实际情况与理论预期的巨大差异。中等收入地区获得了总救助金额的一半，与理论预期中完全不给中等收入地区救助相比较，证实更多的援助分配并不以减少贫困为判断标准，而是有着其他种种判断标准（Alesina and Dollar，2000；Collier and Dollar，2002）。低收入地区的分配也同样存在着差异：印度实际上获得的援助仅占低收入地区总援助的 3%，即世界总援助的 1.5%，远低于预期中 26% 的世界总援助份额，反映了其中存在的偏误；并且非洲实际获得的救助额是南亚其他地区的 4 倍，而在理论上的最优分配中，二者的比例不会如此悬殊（尽管非洲地区实际获得的援助份额非常巧合地与理论上的最优份额相似）。

表 14-3 是本章的核心内容，展示了如何在具有不同贴现率和时间跨度的情形下对低收入国家进行救助分配，表格中间行和表 14-2 的假设一样都是 0 贴现率、25 年期的情形。表格上面 2 行表示更少考虑未来的情形：C-D 模型作为本模型的特例之一，其期限仅为 1 年，在第 1 行列出其结果；一个 25 年期限和 10％贴现率的组合情形展现在第 2 行。表 14-3 的最后 2 行展示的是更加重视未来的情形：表 14-2 中虽然也假设了 0 贴现率，但期限设定为 25 年，而此处的第 4 行和第 5 行则将期限分别拓展为 50 年和 100 年（这正是千年发展目标作为本模型的特例，最大限度地看重未来的减贫情况）。

表 14-3　　　　　　　　　r 和 T 的不同取值对于救助分配的影响

	救助比例（％）			
	非洲/低收入国家 (1)	印度/低收入国家 (2)	OSA/南亚 (3)	非洲/(非洲+OSA) (4)
未来无权重 ($r=0$，$T=1$)	0.0	34.7	65.3	0.0
未来部分权重 ($r=10\%$，$T=25$)	14.0	33.1	61.5	20.9
未来较大权重 ($r=0$，$T=25$)	32.5	26.0	61.6	43.8
未来大量权重 ($r=0$，$T=50$)	67.2	12.2	63.0	76.5
未来绝对权重 ($r=0$，$T=100$)	100.0	0.0	n. a.	100.0

注：OSA 表示"南亚其他地区"。

表 14-3 第（1）列显示了非洲在低收入国家救助额中所占的份额（同时也是在整个世界救助额中所占的份额，因为中等收入国家按照模型分析没有获得救助）。第一行，救助的目标是减少当期的贫困，尽管拥有 40％低收入国家的贫困人口，非洲竟然完全没有获得救助。鉴于表 14-1 中非洲的 CPIA 分数和贫困弹性，以及对 C-D 模型中对"救助促进经济增长功能"的假设参数值，对非洲进行的任何救助都毫无效率可言。这一结果与 Collier 和 Dollar（2001，2002）不同，

在那两篇文献中，即使完全不考虑未来，非洲地区仍然被分配了大量援助，主要由于 C-D 模型中的贫困弹性比表 14-1 中的数据更有利于非洲。

然而，从表 14-3 第（1）列由上往下看会发现，尽管非洲的救助效率是非常低下的，在逐渐变得更加前瞻的模型中，对非洲分配的救助份额迅速上升。假设 $r=0$，$T=25$，非洲获得的救助份额从 0 增长到了约 1/3，当 $T=50$ 的时候，救助份额增长到了 2/3 强，当 $T=100$ 的时候，非洲获得了全部的救助。印度获得的救助在低收入国家救助中占有的份额［第（2）列］相应减少，但南亚其他地区所占南亚的相对比例［第（3）列］变化不大，而非洲占非洲和南亚其他地区的相对比例［第（4）列］迅速增加。

表 14-4 中的数字变化说明了救助者的不同目标对救助分配结果的影响。在表 14-4 中，r 和 T 保持不变，第一行是基准情形，和表 14-3 相同。下面 2 行改变 b_3 和 b_5，分别增加和减少分配政策质量的敏感性分数［这是 Collier 和 Dollar（2002）中的变型 III 和变型 IV］。接下来的 2 行改变 b_4，分别增加和减少救助的报酬递减率。最后 1 行将 b_3、b_4 和 b_5 都恢复原状，令所有地区的贫困弹性一致等于 -2，正如 Collier 和 Dollar（2002）所假设的。

表 14-4　　救助分配对于 C-D 救助—减贫方程参数的敏感性

	参数值			救助比例（%）			
	b_3	b_4	b_5	非洲/低收入国家	印度/低收入国家	OSA/南亚	非洲（非洲+OSA）
基准	0.54	−0.02	0.31	32.5	26.0	61.6	43.8
政策质量敏感性							
高质量	−0.93	−0.02	0.42	15.1	45.9	45.9	27.8
低质量	−0.15	−0.02	0.21	52.4	1.1	97.7	53.0
救助报酬递减							
快	−0.54	−0.04	0.31	24.2	50.8	33.0	49.1
慢	−0.54	−0.01	0.31	33.6	0.0	100.0	33.6
所有地区贫困弹性=−2							
	−0.54	−0.02	0.31	74.9	25.1	0.0	100.0

　　表 14 - 4 的后 4 列展示了前述变量的种种变化带来的影响，主要考察了 4
个方面，和表 14 - 3 的考察内容相同（所有的变化都是建立在不给中等收入地
区任何救助的基础上）。比如，更少的政策敏感性分数大幅度增加非洲地区获
得的援助，减少印度获得的援助使其接近于 0，并使南亚获得的援助也略有增
加。相比之下，更高的救助报酬递减速度使得印度获得的份额翻倍，而南亚其
他地区（在更大程度上）和非洲地区获得的救助减少。消除贫困弹性的变化对
印度基本上没有影响，但原本更加具有贫困弹性的南亚其他地区获得的救助减
少至 0，而非洲获得的救助份额从原本的 1/3 升至 3/4。

　　Cogneau 和 Naudet（2007，Table 5）的文献表明，他们提供的前瞻救助
分配模型也对贫困弹性的变化十分敏感。他们还指出，正如表 14 - 4 的最后一
行所示，在将各地区的贫困弹性统一设定为 -2 之后，按照 C-D 模型的 H_{0i}
（α_{0i}）进行估计，非洲将得到几乎所有分配给低收入地区的救助（虽然这仍然
不能解释为何 1/3 的救助被分配给了中等收入地区）。当 Cogneau 和 Naudet 允
许贫困弹性随国家不同而变化时，非洲只能获得低收入地区救助的一半份额
（在目前的计算中，如果使用基准参数值，并令 $r=0$，$T=35$，则非洲也将获
得低收入地区救助的一半份额）。

　　总的来说，表 14 - 4 给出的在地区间进行救助分配的比例在很大程度上
取决于未来世界减贫目标的时间跨度。如果只考虑短期情况，完全不给非洲
地区分配救助是可以理解的，因为将救助分给非洲以期实现减贫目标是非常
低效的。相反，如果考察一个相当长的时段，将救助全部分配给非洲地区也
是可以理解的。而表 14 - 4 中的数据则提示我们，对最优救助方案存在的分
歧可能是由于对救助在减少贫困方面起到的效果的认识不同而产生的分歧所
导致的。

三、在实际中的应用

图 14-1 明确揭示了本章的主旨：合理分配救助以高效解决贫困问题，必须同时兼顾解决现在和未来的贫困。本部分将探究该观点能否以及如何在救助机构分配过程中应用。

建立一个所有救助机构都能接受的模型并不现实，每个机构特定的分配惯例难以取代。这些惯例在不同机构间由于其所处环境不同而大相径庭。影响机构惯例的环境既包括政治环境（比如减贫在机构目标中所占的分量），也包括行政环境（比如在救助过程中存在多边或双边合作，以及在双边合作中是否有多个机构参与）。大多数文献只能为此提供一些改进的建议而已。

救助机构应用简单的分配公式而不是复杂的最优化模型，虽然这些简单的分配公式背后其实都有一定的模型作为支持。典型的救助分配公式中的分配比例 S^i，是基于一些国家的贫困程度以及政策质量而综合制定的。

$$S^i = h_0^i N_0^i P^i \gamma \tag{14.1}$$

$h_0^i N_0^i = H_0^i$，即贫困的数量（贫困率乘以人口），P^i 是政策系数，γ 是政策的重要性。一些救助机构的分配公式还包括诸如救助对减贫的效果等变量，此时 $P^i \gamma$ 可以被看作对救助效率的综合度量。

和 C-D 模型一样，式（14.1）只关注目前的贫困情况，相对于以减少贫困为目标的机构，倾向于减少非洲的救助，因此并没被采用（或调整后使用）。同样，这样的公式也与千年发展计划的目标冲突。解决的方法主要是通过调整衡量贫困的方法，使现在与未来的贫困都被纳入衡量体系中。公式调整为：

$$S^i = h_0^i D_{rT}^i N_0^i P^i \gamma \tag{14.2}$$

$$D_{rT}^i = \frac{1 - e^{-(r + \Delta_H^i)T}}{r + \Delta_H^i} \tag{14.3}$$

D_{iT}^{i} 是各国的减贫调整项，在以前，Δ_H^i 是对未来 T 年贫困减少速度的预计，r 是当前政策制定者相对于现在贴现未来贫困的贴现率。

修正后的式（14.2）和式（14.3）可以被应用于救助机构认为最好的任何贫困衡量指标。贫困率 h_0^i 可以是任何指标（如贫困人口等）以及基于任意贫困衡量维度，前提是该指标以合理的方式综合为单一的指标（千年发展目标就是这么做的）。减贫速率 $\Delta_H^i = \Delta_h^i - n^i$ 必须根据制定的贫困率指标计算，并调整人口增长的影响。

修正后的公式存在一个明显的操作问题：如何预测每个国家减贫的成果？我们很难期望每个救助机构都亲自做出全面的预测，也不能期望改善援助协调的目标。一个较好的方法是由大型国际机构比如世界银行提供一个所有救助者共同使用的预测结果。在该领域基于人均收入的贫困预测成果（World Bank，2007a，Table 2.3）和不基于人均收入的千年发展计划实现程度的预测成果（World Bank，2007b）都已有出版。

测算未来的救助应当考虑到各国未来减贫的速率 Δ_H^i。正如上文所解释的，式（14.3）基于简化假设：某一时期的救助将减少未来的贫困程度却不改变未来的减贫速率。实际上，救助机构有理由相信，现在对各国所分配的救助将潜在地提高各国未来的减贫速率 Δ_H^i，比如救助可能会消除某些贫困国家发展的瓶颈，因此应该针对这些国家设定一个向上调整的减贫速率 Δ_H^i。

修正模型的另一个操作问题是如何选择方程中的 r 和 T，不同的选择将影响各国调整项的相对大小（给定各国的预测减贫速率）。政治家和其他高级政策决策者不太可能明确地说出自己的偏好在模型中的具体初始参数值，但他们的偏好参数值可以从他们在 r 和 T 不同的各种分配方案之间的选择中推断出来。他们更可能接受模型中经常使用的参数值，甚至所有的救助机构或许都会同意发展援助委员会框架下设定的 r 和 T。

一个有吸引力的选择是设定 $r=0$，$T=25$。将期限设为 25 年基于一定的现实基础，因为它正好可以匹配 1990—2015 年的千年发展目标。而 0 贴现率则有助于获得对未来贫困更大的关注程度。甚至在接下来的 25 年中，人们将更加关注当下的贫困，当然这里几乎没有关于千年发展目标的讨论。

从前文对数据的分析中可以看到修正后的式（14.2）的用途，表 14-5 是根据与表 14-3 相同的贴现率 r 以及期限 T 计算出来的分配方案，其中假设 $\gamma=2$。表 14-5 的前四列和前面的表格相同，都显示了应当如何将救助在低收入地区进行分配。最后一列数据表示分配给中等收入地区的救助份额，尽管以减贫为目的的救助者不希望救助流入中等收入国家，因为这些国家可以自行支付减贫所需要的费用，并可以通过国际资本市场来融资。

表 14-5   **基于减贫调整项公式的救助分配**

	救助比例（%）				
	非洲/低收入国家	印度/低收入国家	OSA/南亚	非洲/（非洲＋OSA）	中等收入国家
A. 基于收入的贫困指标					
未来无权重（$r=0$，$T=1$）	29.8	61.3	12.7	77.0	23.7
未来较大权重（$r=0$，$T=25$）	39.0	55.6	8.7	88.0	16.9
未来大量权重（$r=0$，$T=50$）	47.9	48.5	7.0	92.9	14.3
未来绝对权重（$r=0$，$T=100$）	62.2	35.6	5.9	96.6	11.8
B. 贫困人口指标，印度受到调控					
未来无权重（$r=0$，$T=1$）	73.0	5.3	80.5	77.0	43.1
未来较大权重（$r=0$，$T=25$）	84.2	4.3	72.7	88.0	30.5
未来大量权重（$r=0$，$T=50$）	89.3	3.9	63.3	92.9	23.7

续前表

	救助比例（%）				
	非洲/低收入国家	印度/低收入国家	OSA/南亚	非洲/（非洲＋OSA）	中等收入国家
未来绝对权重 （$r=0$，$T=100$）	93.1	3.6	47.9	96.6	16.7
C. 人均收入贫困指标					
未来无权重 （$r=0$，$T=1$）	33.7	48.0	27.7	64.7	38.7
未来较大权重 （$r=0$，$T=25$）	44.7	44.1	20.2	80.0	30.2
未来大量权重 （$r=0$，$T=50$）	54.4	38.1	16.5	87.8	25.9
未来绝对权重 （$r=0$，$T=100$）	68.5	27.1	14.1	93.9	20.9

在表 14-5A 的第 1 行，一个较低的期限 T 带来的结果与未修正式 (14.1) 得到的结果相似：非洲地区只获得了低收入地区总救助的约 30%，而印度地区则获得了 61.3%。在考虑对贫穷的不同程度的关注时，将期限 T 增加到 25 年，使非洲得到的份额增加了约 10%，并减少了印度地区获得的救助。将 T 增加到 50 年，使非洲地区获得的份额与印度接近；而将 T 增加到 100 年，使非洲地区获得的份额增大至 62.2%，并使印度地区获得的份额减少至 35.6%。

总体而言，表 14-5 的结果和表 14-3 十分相似，然而参数的选择对最终分配份额的影响小了很多，尤其是对非洲而言。此外，中等收入地区在表 14-3 中无法得到任何救助，而在表 14-5 中，中等收入地区获得了可观的救助。由于二者的减贫目标是相同的，表 14-3 与表 14-5 的差异源于二者对救助在减贫过程中所起到的作用的理解不同。更准确地说，对于 H_{0i}（α_{0i}），表 14-3 的测算是基于 C-D 模型的一个特例，而表 14-5 则使用了救助者行动中潜藏的分配公式。C-D 模型假设救助只能通过使国家发展来减少贫困，而救助者认为救助可以被分配给特定的国家中的贫困人群。

由于在实践中救助者对分配给印度的救助进行了调控，表 14 – 5B 展示了假设印度只获得了世界总救助份额的 3％时其他地区获得的救助份额。此时非洲地区获得的救助占低收入地区的份额显著上升，比如，在 $r＝0$、$T＝25$ 时，非洲获得的份额从 39％上升至 84.2％，而对印度救助数量的调控也使得南亚其他地区获得的救助占南亚地区获得救助的比例上升（在本例中从 9％上升至 73％），但并没有改变非洲地区和南亚其他地区获得救助份额的比例。

虽然修正的式（14.2）对任何衡量贫困的标准都是有用的，但是从分配公式得到的分配结果往往取决于衡量贫困的标准，不同的标准将会改变各国相对贫困的程度（或者改变各国的减贫速率）。为了证明该观点，表 14 – 5C 展示了当衡量贫困的标准为目前大多数救助者所使用的"平均每单位资本带来的收入"时的结果，正可以和表 14 – 5A"按照收入测算的贫困人数"得到的不同结果进行对比。这两部分数据的产生在计算等方面都是相同的（两个部分都未对印度获得的救助数量进行调控）。

从表 14 – 5A、表 14 – 5C 的比较可以看出，印度在改用"贫困人数"作为衡量标准的时候会显得更富裕一些，获得的救助更少，进而降低了印度在低收入地区总救助中获得的份额，增加了另外两个地区获得的份额，其中非洲地区增加的份额不大。而在改用"平均每单位资本带来的收入"作为衡量标准时，南亚其他地区相对于使用"贫困人数"作为衡量标准时更加贫困。

四、结　语

本章希望解决的问题是：以减贫为目的的救助机构给非洲地区分配的救助要多于 C-D 模型所建议的最优数量以及 C-D 模型与千年发展目标存在着冲突。为此，本章指出，C-D 模型只考虑当下的贫困程度，而救助机构（以及千年发展目标）是前瞻的——既关心当下的贫困，也考虑未来的贫困。

本章对 C-D 模型进行了改进，使其既保留了 C-D 模型的优点从而保证了分配的效率，也将未来的贫困纳入了模型之中（这意味着模型贴近了救助者的目标）。本章也针对救助者对分配公式进行具体的修正：增加了贫困调整项。这一修正使救助者的决定更加一致（避免他们为非洲进行单独的配额），并减少了分配公式与千年发展目标之间的冲突。

上述改进尚不能完全解决救助分配过程中的种种问题，因为无效率或者对当前和未来贫困的关注程度不同仅仅是人们在救助分配方面产生分歧的原因之一，即使那些认为救助的主要目的是减少世界贫困的人们也未必能认可当下的救助分配，因为他们在贫困衡量标准方面并不能统一意见。此外，更根本的是他们或许对救助以何种方式减少贫困的认识不同。

因此，本章只是部分地改进了在国家间进行救助分配的模型，而救助分配本身也只是促进救助事业这一问题的一个组成部分。本章假设全球的救助数量是外生的，而且没有探讨如何才能高效地将救助发放到需要救助的地方，当然也没有讨论何种救助形式最有利于消除世界贫困。本章所涉及的内容虽然相当有限，但仍值得一读，因为它将加深我们对时间维度和以穷人为中心的救助目标方面的理解。

第十五章
国际发展融资理念演变分析 *

一、引　言

　　传统援助方的经济衰退、新兴援助组织的迅速崛起以及全球性问题的不断出现这三大因素既影响着国际发展援助理念的转变，也影响着国际发展融资范围的拓展。首先，受 2008 年以来全球金融危机以及欧债危机的影响，传统援助方在提供以及增加官方发展援助（official development assistance，ODA）数量方面面临着极大的挑战。其次，新兴援助组织，包括中国、印度等新兴经济体以及比尔及梅琳达·盖茨基金会等私人基金的迅速扩张，既为国际发展筹资拓宽了渠道，也与传统的官方发展援助的理念有着明显的不同。官方发展援助被看作北方发达国家对于南方发展中国家的"施舍"，而中国则一直强调发展援助的"双赢"。在"施舍"理念下，援助应该同贸易、投资等商业活动区隔开来，因为商业活动是为了谋求援助方狭隘的自身利益（徐佳君，2012）。在"双赢"理念下，中国利用投资、援助和贸易三者相结合的方式开展国际发展合作。

　　新的筹资形式和渠道的出现也体现了这种筹资理念的转变。为弥补传统的

　　* 作者简介：余漫，北京大学博士后；夏庆杰，英国巴斯大学博士，北京大学经济学院教授，北京大学经济与人类发展研究中心主任；王小林，博士，复旦大学六次产业研究院副院长，教授。

区域性金融机构在发展中国家的基础设施建设投资领域的巨大缺口，完善其在亚太地区的投融资和国际援助职能，亚洲基础设施投资银行（以下称"亚投行"）在中国的主导下于 2015 年 12 月在北京成立。亚投行的投资重点主要聚焦在铁路、公路、港口、电气电网、通信以及油气运输等部门。截至 2015 年 3 月，法国、德国、意大利、卢森堡、瑞士和英国等传统援助方相继同意加入亚洲基础设施投资银行。与类似拟议成立的区域多边开发机构如金砖国家开发银行以及上海合作组织开发银行等金融机构在地缘和经济互联性等方面并不完全相同，亚投行将在合作共赢的理念下运作。而且其对基础设施建设投入资金的侧重，以及上述传统援助方的支持，在一定程度上也表明了国际发展筹资的理念正在向着弥补世界银行、亚洲开发银行等老牌多边援助机构资金不足，强调社会事业、扶贫开发的先天缺陷，降低投融资成本和为经济合作伙伴的经济社会发展提供最急需和强有力资金支持的融资目的的方向发展。

20 世纪 90 年代初制定的千年发展目标（Millennium Development Goals, MDGs）将于 2015 年到期（United Nations，1992），2012 年召开的"里约＋20"可持续发展大会制定了可持续发展目标（Sustainable Development Goals, SDGs）（United Nations，2012），涵盖 2015 年后发展议程（Post-2015 Development Agenda）的全部内容，建立在千年发展目标的基础上，并将其扩展成 17 个，实现这些具体目标需要更多的资金支持。上述国际经济形势的转变、新兴经济主体和筹资形式所带来的新的筹资理念，迫切要求重新梳理国际发展融资理念，建立一个更宽泛和更加适应国际环境及形势的发展援助体系。

2012 年 12 月，OECD 下设的发展援助委员会召开高级别会议。在这次会议上，包括 OECD 成员国等发达国家，国际货币基金组织，世界银行和联合国开发计划署等其他联合国部门等多边国际机构，亚洲和非洲开发银行等区域性金融机构，以及中国、巴西、印度、印度尼西亚和南非等作为观察员身份的众多与会者，进一步明确了拓展新的发展融资理念和构建新发展援助筹资方法的途径（OECD，2013），并且提出了广义发展援助（total official support for development，TOSD）的概念。

本章研究的问题是：国际发展融资是如何由官方发展援助（official development assistance，ODA）向广义发展援助（广义官方发展援助）演变的？这些演变体现了怎样的发展融资理念的转变？为了回答这些问题，本章采用文献研究法，对国际发展援助的筹资理念及其演变进行分析。本章第二部分分析官方发展援助的发展和演变；第三部分分析广义发展援助（TOSD）针对官方发展援助（ODA）中非赠款部分资金的"优惠性"标准的改进；第四部分分析广义发展援助对私人部门资金态度的转变；第五部分得出相应的结论。

二、官方发展援助的发展和演变

（一）官方发展援助制度的建立

1948 年，马歇尔领导创造了欧洲经济合作组织（OEEC），目的是援助欧洲战后重建，监督援助资金的分配。[①] 官方发展援助成为国际政治经济领域的重要合作形式。1958 年，在瑞士日内瓦举办的世界基督教会联合会上提出了"……至少将 1％的国民收入用于一些（特殊的）目的，这个世界会是一片更有希望的图景"的倡议，这应该算是第一个有关官方发展援助数量的目标。值得注意的是，其时，1％的目标包含了私人的部分，但在当时并没有精确的手段来度量援助数量，也预测不了私人领域的资本流动量，而这部分私人部门的援助资金几乎占到现在援助总量的一半以上。

1961 年，在欧洲经济合作组织的基础上，成立了经济合作与发展组织

---

① 详见 OECD 官方网站。

（OECD）以及发展援助委员会（Development Assistance Committee，DAC）
来协调援助政策，制定国际发展援助的规则，并通过"同行评议"的方式来促
进"最优"援助政策的实施（OECD，2013）。

为了测量和评价各国的援助，发展援助委员会于 1969 年正式启用官方发
展援助（ODA）这一概念，并于 1972 年明确了官方发展援助的几个特征：
（1）由官方机构提供（包括州和地方政府及其执行机构）；（2）主要目的是促
进发展中国家经济发展和社会福利；（3）优惠特征，赠予比例不低于 25%
（使用 10% 的基准贴现率）；（4）发展援助委员会规定的受援方名单；（5）包
括双边援助和多边援助。这标志着官方发展援助制度的正式建立。

（二）援助规模规则的确定

荷兰经济学家、诺贝尔经济学奖获得者、时任联合国开发计划署主席的
简·丁伯根（Jan Tinbergen）估算了发展中国家到 1972 年为止要达到预期增
长率所需要的资金数量，同时提出包括优惠（concessionality）和非优惠
（non-concessionality）资金在内的官方援助资金目标应当占各国 GNP 总量的
0.75%。这个目标随后被皮尔逊委员会（Pearson Commission）修订，最终确
立了除去非优惠资金援助净值占 GNP 总量 0.7% 的援助筹资规则。至此，官
方发展援助的筹资目标被正式确定（OECD，2010）。

"0.7% 规则"的承诺在 1970 年的联合国大会上得到了正式承认，即"每
一个发达国家都应当逐渐增加它对发展中国家的官方发展援助数量，最低限度
也要在 20 世纪 70 年代中期达到 0.7% 的目标"。截至 2010 年，只有瑞典、荷
兰、挪威和丹麦四个国家达到了这一目标。2012 年发展援助委员会（DAC）
成员提供的发展援助数量的加权值为 0.29%（见图 15-1）。

在冷战结束之前，官方发展援助的统计口径基本上是按照 1972 年的定义
执行的。在冷战结束之后，特别是随着苏联的解体，东欧社会主义国家纷纷转

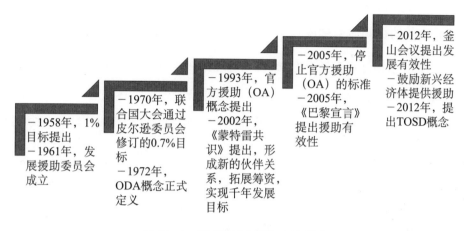

图 15-1 官方发展援助概念的发展

型，援助方大规模缩减了援助资金的规模。发展援助委员会于 1993 年对官方发展援助进行了口径上的重新定义，除了按照 1972 年的定义外，明确两部分援助资金不计入官方发展援助（ODA）：一部分是对"更先进"的发展中国家和东欧国家的援助不计入 ODA，并将这部分援助资金称为"官方援助"（official aid，OA），以区别于针对"传统"受援方的 ODA[①]；另一部分是其他官方资金（other official flows，OOF），主要指受援方虽然符合受援方名单条件，但援助不是以"发展"为主要目的，如军事援助、和平援助等，或资金不符合"优惠"条件。并再次明确，针对传统的发展中国家，其援助数量目标是达到捐助国国民收入 0.7% 的目标。

官方发展援助理念和统计口径的变化，实质上反映了官方发展援助更加强调"发展"，并明确把"军事"援助和对东欧原社会主义国家"政治转型"的援助不计入官方发展援助。这套标准于 2005 年停止使用，但有五项源于 1972 年的 ODA 概念的核心元素依然定义着当前的 ODA：（1）资金类型（包括股权、赠款、贷款或技术合作）；（2）资金来源（援助方的官方机构）；（3）受援方（符合发展援助委员会制定的受援方名单）；（4）与发展或福利目的相关的援助活动；（5）优惠特征。

---

① 详见 OECD 官方网站。

（三）当前的援助体系构成

尽管目前国际社会针对 ODA 体系存在诸多争议，但是争论的焦点，比如公共和私人资源、优惠特点等，均在 1972 年所确定的上述核心元素中有所体现。如图 15-2 所示，2012 年，发展援助体系由四个部分构成：（Ⅰ）官方发

Ⅰ. 官方发展援助（ODA）（A＋B）	**126 881**
ODA 占 GNI 的比例（％）	**0. 29**
A. 双边官方发展援助	88 550
其中：一般预算支持	721
对国家非政府组织的核心支持	1 482
投资项目	7 363
管理成本	6 667
其他支持*	4 650
其中：在捐助国的难民	4 340
B. 援助给多边机构	38 331
其中：联合国	6 635
欧盟	11 932
国际开发协会	7 682
区域发展银行	3 931
Ⅱ. 其他官方资金（OOF）净值（C＋D）	9 792
C. 其他双边资金（1＋2）	10 729
1. 官方出口信贷	3 787
2. 股权和其他双边资产	6 941
D. 多边机构	−937
Ⅲ. 私人志愿组织赠款	29 753
Ⅳ. 在市场方面的私人资金（长期）（1＋2＋3＋4）	307 990
1. 直接投资	207 138
2. 私人出口信贷	9 299
3. 双边证券组织投资	92 433
4. 多边机构的有价证券	−881
Ⅴ. 总资金流（长期）（Ⅰ～Ⅳ合计）	**474 415**
总资金流占 GNI 比例（％）	**1. 07**

图 15-2　发展援助总的官方和私人资金流（百万美元）

资料来源：参见经合组织关于发展援助总的官方和私人资金的文章，http://www.oecd.org/statistics/。

展援助（ODA）1 268.81 亿美元，占捐助国国民收入的 0.29%，其中双边官
方发展援助 885.50 亿美元，多边机构 383.31 亿美元；（Ⅱ）其他官方资金
（OOF）97.92 亿美元；（Ⅲ）私人志愿组织赠款 297.53 亿美元；（Ⅳ）在市场
方面的私人资金（长期）3 079.90 亿美元。总资金流为 4 744.15 亿美元，占
捐助国国民收入的 1.07%。

（四）官方发展援助的数量变化

官方发展援助体系的确立，起到了动员援助资金由发达国家流向发展中国
家，并促进千年发展目标的实现与 0.7% 规则相结合，以达到运用官方发展援
助共同推动全球发展的重要作用。2000 年，千年发展目标在联合国千年峰会
上的制定，促使官方发展援助的数量呈现出稳定增长的趋势；在 2000—2010
年的十年时间里，ODA 的数量由 780 亿美元增加到了 1 255 亿美元，增长了
60.9%（见图 15 - 3）。

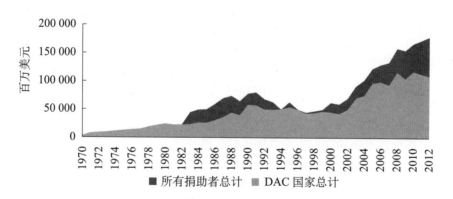

图 15 - 3　OECD DAC 官方发展援助（ODA）（1970—2012）

资料来源：参见经合组织关于发展援助总的官方和私人资金的文章，http：//www.oecd.org/
statistics/。

2005 年八国集团首脑在格伦伊格尔斯召开峰会，确定了援助时间表并
决定截至 2010 年增加 500 亿美元官方发展援助，并明确将其中的 250 亿美

元投向非洲，加上当年对尼日利亚和伊拉克的大幅度债务减免和人道主义援助，2005 年的 ODA 数量一度达到了峰值；在随后的 2008 年，由于全球经济危机的影响，食品和石油价格的飙升使得传统援助方的 ODA 占 GNI 比重的平均份额下降到不及 0.3%。而且，如图 15-3 所示，近年来，传统的 OECD DAC 国家不再是国际发展援助中的"一枝独秀"，实际上自 2000 年起，有记录的非 DAC 成员（主要是新兴经济体）的发展援助数量一直在稳定增长。

三、TOSD 对"优惠性"标准的讨论与改进

除赠款（grant）之外，ODA 的另一个组成部分是"优惠贷款"（concessional loans）①。这部分官方援助资金主要是指符合 25% 的赠款（以 10% 的贴现率计算）比例的贷款。由"贴现率"及"优惠贷款比例"两个指标决定的"赠款元素"②（grants elements，GE）所涉及的数量标准自 20 世纪 70 年代援助规则确立以来，几乎未做过改进（IMF，2003）。③

越来越多针对 ODA 资金使用有效性的质疑集中在其"优惠性"是否真正实现了帮助最需要的国家并使之受益的问题上。一方面，最不发达国家需要更多的优惠资源来帮助它们实现发展目标；另一方面，尽管流向最不发达国家的赠款比例在不断增加，但是 ODA 中 40% 的赠款依然不断流向中等收入国家（Dadi et al.，2011）。因此，需要更具有甄别性的标准，比如，根据一国的经

---

① 在现有统计体系下，这部分符合"赠款元素"标准的贷款占 ODA 总量的 30%。
② 详见 External Debt Statistics：Guide for Compilers and Users 的附录 3。
③ 实际上，自 20 世纪 80 年代早期起，旨在改进 ODA 的"优惠性"这类"约束"发展援助理念的标准的新概念，如官方发展融资（official development financing，ODF）和官方发展基金（official development funding）等被陆续提出，但始终未能得到广泛应用。

济情况决定优惠贷款的配置，或是将更多的赠款瞄准最不发达国家，提高援助资金使用的有效性。目前的赠款元素所确定的资金"优惠性"能够在多大程度上决定援助效果，并没有明确的结论（OECD，2011）。下面以金砖四国[①]与发展中国家之间的经济合作为例，对此进行说明。

与传统援助方注重"社会性支出"[②]的援助资金类型不同，巴西、印度和中国等新兴经济体在国际合作中更多强调"发展合作伙伴"，而非"捐助者"。国际货币基金组织的研究报告（IMF，2012）指出，金砖四国的援助活动集中在基础设施领域，以支持生产性活动的筹资较为常见，更多地使用了"非优惠"属性的贷款，甚至是利用外商直接投资对发展中国家进行基础设施建设的支援。但是，与贷款是否"优惠"并没有关系，低收入国家的政策制定者对中国等金砖国家将它们视作贸易和投资伙伴，而非援助接受方的做法表示了肯定。[③] Agenor 等（2006）以及 Guasch 和 Straub（2008）的研究也表明，基础设施等领域的改进对经济的增长具有显著的促进作用，尤其是通信、电力、交通网络的改善，能够对经济增长起到最大限度的促进作用；而投资规模的扩大也可以通过提高生产率从而提高外部竞争力。[④] 比如，提高铁路运输能力与农业投资结合在一起，将对受援方的农业出口起到重要的正面促进作用。这种建立在"南南合作"所确立的平等、团结、互利等特征的合作关系基础上的以"双赢"为特点的合作方式，超越了官方发展援助，将投资特别是社会资本考虑在内，这种发展合作方式越来越被认为更有利于促进发展（王小林，刘倩

---

① 传统意义上的金砖四国包括巴西、俄罗斯、印度和中国。这里的讨论将俄罗斯排除在外。2010年南非加入后，改称"金砖国家"。

② 发达国家所倡导的发展援助资金类型不同，多以食品援助、紧急救援和人道主义援助等强调"慈善"（charity）特性的资金为主。

③ 详见《卫报》关于卢旺达总统、尼日利亚和赞比亚官员的观点的陈述。

④ 当然，一些有关援助的研究阐述了在提高通胀和货币升值压力方面，国际援助也有可能在出口竞争力上施加相反的作用。但也有学者指出，目前阶段新兴经济体对基础设施的援助活动的数量，仍处在减轻受援国的国内生产成本、提高生产效率进而正面影响供给的阶段。

倩，2012）。因此，甚至有研究报告指出，ODA 中对于"优惠性"的判别准则实际上并没有划分明显界限的必要（Anna Thomas et al.，2011）。

除了对援助效果并没有实质性影响以外，资金的"优惠性"实际上对援助行为中的重要因素——援助动机也缺乏明确界定。这是因为援助动机不一往往会导致各援助方对"优惠性"的不同理解，而这实际上也使得界定"优惠性"本身成了一个难题；另外，动机不一容易导致各国在发展资金的使用和归属方面存在差异，从而不能在"是否为有效（解决发展领域问题的）援助"这一问题上达成一致。比如，2011 年几类有争议的资金，如为本国国内的难民以及为海外学生所支付的学费等补贴的类型等的支出，一共占ODA 总量的 5%，其中难民支出为 45 亿美元，留学生学费等的支出为 23 亿美元，还有其他一些资金，比如以低利率获得、再以符合赠款元素标准的"优惠贷款"形式提供给受援方的资金，实际上并没有在发展领域起到实质性作用，但实际上也被算作 ODA 的一类资金（William Hynes，2014）。这说明，对于"贷款"的属性的度量，重点不在于支付（payments）和偿还（repayments）的标准和行为本身，能够加强援助有效性的标准及使用规则，才是新的衡量"优惠性"的方法以及为这一方法提供指导的援助理念所必须思考的方面。

2014 年 1 月 27 日，在 DAC 成员召开的高级别会议（Senior Level Meeting，SLM）上，与会者针对"优惠性"标准提出了三种可供选择的方案[①]（OECD，2014；David Roodman，2014）。具体地说，TOSD 将用差异贴现率替代赠款元素中的基准贴现率，即使用国际货币基金组织的贴现率（5%）作为"基准因子"，并附加"调整因子"，其中高水平中等收入国家为 1%，低

---

① 具体做法是用差异贴现率（differentiated discount rates，DDR）替代 10% 的基准贴现率标准，摒弃原有的"阈值衡量"理念［Working Party on Development Finance Statistics（WP-STAT）和 Expert Reference Group（ERG）］。

水平中等收入国家为 2%，最不发达国家以及其他低收入国家则为 4%。同样，对于最不发达国家和其他低收入国家来说，援助方所提供的贷款中优惠资金的比例最低要达到 45%，对于低水平中等收入国家来说为 15%，而对于高水平中等收入国家来说则为 10%。

然而，差异贴现率对"优惠性"标准的改进，更多地体现在"精准"的规定上，根据国家收入水平的不同使用不同优惠程度贷款的新标准，确实具有将更多发展援助资金引向最不发达国家及其他低收入国家，从而起到加强援助有效性的作用，但是，发展融资的巨大缺口依然需要动员更多的主体参与到国际发展领域。本章第四部分将从 TOSD 对私人部门资金的支持及其体现出的"共赢"的合作理念的角度对国际发展融资理念的转变进行分析。

四、TOSD 转向鼓励和动员潜力巨大的私人部门资金

官方发展援助在概念上强调援助资金的优惠性与官方性质[1]，因此不鼓励市场化筹资工具的使用，如担保和股权等（OECD，2014）。新兴经济体的发展经验证明，市场化的融资工具[2]确实起到了撬动更多公共及私人部门资金，填补巨大的融资空白的作用。2002 年，《墨西哥蒙特雷发展筹资问题国际会议报告》（United Nations，2002）明确将"FDI"和"其他私人资本流动"列为"除了公私储蓄等国内金融资源以外，促进发展筹资渠道中的重要组成部分"；并在会议决议中指出"支持为发展中国家和转型期经济国家建立新的公共部门/私营部门筹资机制，即可以通过举债和股本参与等方式，让小企业家以及中小型企业和基础设施受益"。2008 年的《多哈宣言》也重申了"私人国际资

---

① 详见 OECD 官方网站，http://www.oecd.org/investment/stats/official-development-assistance-definition-and-coverage.htm。

② 比如担保、夹层贷款和股权等融资手段。

本流动是对国家和国际发展努力至关重要的补充"的观点,同时指出"自蒙特雷会议以来,许多发展中国家并未出现私人国际资本流量增加的情况"的事实(United Nations,2008)。然而,一些研究直接指出,在过去的几十年时间里,国际发展筹资领域最为巨大的变化,就是流向发展中国家的私人部门资金的迅速增加(Girishankar,Navin,2009;World Bank,2013)。

通常所说的发展筹资领域的私人部门并没有统一的定义,从事商业活动的企业①(comprising businesses)、社会企业(social enterprises)、慈善家(philanthropists)、公民社会(civil society)以及学术机构(academic organizations)等非公共部门主体均被包含在内(Paula Lucci,2012)。这些私人部门的资金通过 FDI、国际证券投资以及汇款等形式流入受援方,尽管由于具有获利倾向或较少受公共部门控制的特点而不被鼓励使用,但这类资金在有记录的统计体系中数量巨大。比如,从 2004 年至今,DAC 成员有统计的私人部门资金一直保持在发展援助领域资金总量一半以上的份额(见图 15 - 4)。2012 年,DAC 成员发展援助支出中,用于发展目的的私人部门资金约为3 077.7 亿美元,占官方和私人部门总额的 64.86%(其中"直接投资"占该部分总额的 67.02%)。

另外,2010 年,未被 ODA 体系记录的私人部门资金如 FDI 一半以上流向了发展中国家,总额共计 5 740 亿美元(UNCTAD,2011),是当年 ODA 总量(1 280 亿美元)的 4.5 倍(OECD,2012)。私人部门能够在其产业链上开展活动,比如提供给企业家金融资本和技术支持,帮助当地居民就业,或者为员工提供培训和健康福利,提高其福利水平;除了寻找商业利益与发展目标的契合点外,通过市场渠道惠及更多的穷人;直接采用瞄准低收入群体的方式开

---

① 发展领域的商业企业是具有"逐利"行为的组织,可以依照规模和所有权的区别被划分为中小型企业(small and medium-sized enterprises,SMEs)以及大型国内和跨国公司(large domestic and multinational corporations)。

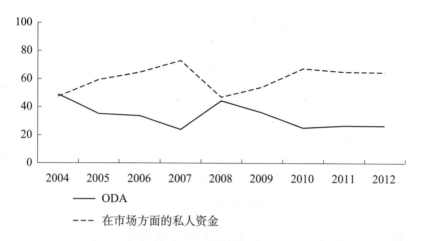

图 15-4　ODA 和私人部门占发展援助支出总额的比例（%）

资料来源：OECD DAC Statistics.

展商业活动，也是一种将私人部门资金纳入发展筹资领域的方法。研究表明，尽管大部分 FDI 集中在金砖国家，但是非洲 2011 年吸引了 800 亿美元的直接投资，尤其是处于最不发达国家之列的安哥拉、莫桑比克、乌干达以及赞比亚，这些国家逐渐成为吸引投资最为活跃的国家（Ernst and Young，2011）。"援助"通常是最不发达国家最大的外部资金来源，但安哥拉、几内亚、马达加斯加、缅甸、尼日尔以及苏丹近年来出现了例外，这些国家的 FDI 已经超过援助并成为本国外部资金的主要来源（UNCTAD，2012）。除此之外，商业目标的短期性，一些与发展有关的长期性目标，比如有关健康、气候变化、环境污染等议题的领域，需要从企业社会责任标准的制定和执行等方面加强。但由于不发达国家往往缺乏健全的政策法规，在国际发展援助活动中存在一定程度的滥用和腐败的现象，因此，公共部门依然应该作为国际发展援助领域的主体，对私人部门资金的使用进行监管，并通过与私人部门建立合作伙伴关系以共同应对风险。

　　私人部门能够分担风险的特点及其高效的资金使用方式，使得"动员并利

用潜力巨大的私人部门资金"成为 TOSD 概念中强调的重点。但是，TOSD
对 ODA 来说应该是一种补充和完善，而并非替代（Lomey，2015），无论通过
加强多边、双边发展机构之间的合作，还是通过担保（guarantee）、混合金融
（blended finance）以及公私合作机制（public-private partnership，PPP）等形
式开展的发展领域合作活动。

五、结 语

TOSD 作为应对新的发展融资理念的需求所提出的概念，并非要将 ODA
取而代之。[①] 一方面，对"优惠性"标准的调整，实际上是对国际社会一直以
来存在的针对官方发展援助的"碎片化""援助依赖"等有效性问题的改进；
另一方面，则是由于潜力巨大却未被记录在当前援助体系内的私人部门资金的
使用，需要得到重视。

与 1969 年官方发展援助概念提出时的国际背景不同，目前，传统意义上
的援助方面临巨大的筹资压力，新的援助主体如雨后春笋般涌现并发挥着不可
替代的作用。从收入水平看，与发达国家相比，新兴经济体对 FDI 有更大的
吸引力（Greenhill and Prizzon，2012），中等收入国家为促进国家发展，能够
从私人部门筹措资金，并转向逐渐依赖私人部门资金的趋势愈加明显；而低收
入国家则仍旧主要依靠传统援助意义上的赠款[②]，同时从非传统援助主体，例
如金砖国家等新兴经济体持续获得诸如 FDI 等的资金。原有的赠款元素所决定的
优惠性并不能确保援助效果，并缺乏对援助方动机的约束。

[①] 正如上文 Lomey（2015）对 TOSD 与 ODA 的关系的论述，笔者在对 OECD DAC 官员的访谈
中，也得到了类似的确认。

[②] 在 2005—2010 年所有的官方援助赠款中，60％的赠款流向低收入国家（Adugna et al.，
2011）。

要保证发展援助的有效性，将资金流引向最有需要的地区或国家，在目前的经济形势和格局下尤为必要。因此，需要改进援助体系中的"优惠性"标准，并动员包括企业、非政府组织等活跃的市场主体和社会组织参与到发展领域的活动中，撬动更多发展资金，保证发展所需筹集的资金。除此之外，发达国家必须全面开放市场、消除不公平竞争，履行《蒙特雷共识》和《多哈宣言》，新兴经济体也需要在这个过程中与发达国家协调一致地解决发展中国家在经济发展过程中遇到的问题，确保新时期的减贫与可持续发展目标的实现。

"2015年后发展议程"将"可持续发展"和"减贫"相结合，其中包含了更多的目标，需要更多的资金支持。对比传统和新兴援助方的发展筹资理念，前者更注重"社会领域"，是一种以"施舍"为导向的发展筹资理念；后者则注重"共赢"。这其中最具代表性的是"金砖四国"（俄罗斯除外）以扩大生产及经济类基础设施投资为主的发展筹资方式，这种理念在帮助低收入水平的国家减轻基础设施瓶颈、增强出口竞争力，以及对受援方的消费者提供商品和服务的能力等方面的成功实践已经得到了验证，这种援助有利于减贫和长期可持续发展的实现。

自《蒙特雷共识》达成以来，国内、国际、公共以及私人部门的资金总量均有所增加，尽管如此，流向最不发达国家的官方发展援助整体上却有所降低。新兴经济体逐渐在国际发展领域崭露头角，坚持官方发展援助仍需强调发达国家的援助责任不能由新兴经济体的发展合作所取代，这是新的国际局势下必须明确的观点；另外，可以以积极推动"南南合作"的发展作为"南北对话"的有益补充，即发展中国家应以"双向共赢"为基本理念开展合作。

第十六章

城市化与贫困：文献综述与概念框架 *

一、引　言

世界上的大多数人口生活在城市，21 世纪城市将容纳所有人口增长。城市化意味着人们工作和生活方式的重大变化，也在提高生活标准、增加寿命、提高识字率、环境可持续及有效利用稀缺的自然资源等方面提供了史无前例的机会。对于城市人口特别是女性来说，城市化意味着更多的就业机会、更低的生育率和不断增加的独立性。然而，城市化并不意味着更均等的财富和生活状况的分配。在很多中低收入国家里，相对于农村贫困而言的城市贫困率在上升。城市贫困与农村贫困有很多差别。由于城市居民更加依赖现金收入来满足日常主要生活需要，因而住房昂贵、基础设施和服务不足、自然环境灾难和较高的犯罪率等问题加重了收入贫困状况。

因而城市化下的贫困已经不再是单纯的收入或消费贫困问题。人类特别是城市人群的生存和发展在不受冻饿之外还需要教育、医疗、生存环境等条件（Sen，1985，1999），因而从多维贫困角度考察贫困问题更有助于弄清楚城市

* 作者简介：夏庆杰，英国巴斯大学博士，北京大学经济学院教授，北京大学经济与人类发展研究中心主任。本章研究受中国国际扶贫中心 2012 年研究项目《城市化与贫困：文献综述与概念框架》资助，在此表示感谢。文责自负。

贫困的根源（王小林 and Alkire，2009；国务院扶贫办，2011）。我国反贫困战略的转型也恰恰反映了单纯从收入角度界定贫困的不足和从多维贫困角度考察贫困问题的需要，从而给贫困问题的研究带来了挑战，即需要国内外学术界从多维贫困的分类（即绝对贫困、教育贫困、健康贫困、环境贫困等）、低收入非贫困人口多维贫困等角度考察和分析贫困问题。为此，本章就城市化和贫困进行文献综述时也把多维贫困方法作为选择国内外相关文献的出发点，并且力图反映出城市化下贫困状况和反贫困政策和措施的多维性。

本章的其他部分为：第二部分"城市化和城市贫困"是本章的核心部分，介绍了城市化与城市贫困的理论分析、城市化和城市贫困的一般性问题、城市化和城市贫民区、城市化和城市贫民区的居住环境、美国芝加哥对贫民区的改造、城市化和城市贫困的其他方面问题；第三部分关注了城市化和农村贫困；第四部分讨论了中国城市化和贫困；第五部分为结语。

二、城市化和城市贫困

（一）城市化与城市贫困的理论分析

Martinez-Vazquez 等（2009）从理论和实证角度考察了城市化对贫困水平的影响，在理论上发现城市化和贫困水平之间存在 U 型关系，高水平的城市化会导致贫困率降低，随后用计量经济学分析结果为这一理论发现提供了证据。

Ravallion（2002）建立了发展中国家贫困人口城市化的一个简单模型，发现贫困人群比非贫困人群城市化速度更快。这个结果得到了 39 国面板数据和印度的时间序列数据的验证。实证结果还表明，城市贫困率比农村贫困率上升的速度要慢。根据这个模型，当发展中国家的一半人口生活在城市时仍将有

60％的贫困人口生活在农村。

Sato（2005）使用具有内生生育率的农村和城市两部门模型分析了城市化和贫困陷阱的关系。在这个模型中，技术进步和人力资本积累是互补的。假设与农村相比，城市具有更好的受教育机会和更为人力资本密集的技术。当没有人力资本积累和技术进步时，贫困陷阱存在。一旦一国经济脱离了贫困陷阱，人力资本积累、技术进步和经济发展将进入内生增长的路径。为使一国经济脱离贫困陷阱和开始发展，需要足够多的人力资本和足够高的技术水平。

（二）城市化和城市贫困的一般性问题

贫困的城市化：Ravallion 等（2007）发现城市化有助于减少贫困，但是没有减少城市贫困。发展中世界贫困人口的四分之三依然生活在农村。然而，贫困本身也越来越城市化。城市贫困人口的增长速度快于城市人口的增长速度，这是城市减贫效果不佳的后果。在 1993—2002 年期间，发展中世界贫困人口减少了 1 亿，其中农村贫困人口减少了 1.5 亿，而城市贫困人口增加了5 000 万。绝大多数拉丁美洲贫困人口居住在城市，而东亚的城市贫困率低于10％（这主要归因于中国的贡献）。在非洲城市化进程中，城市减贫成果不明显，尽管总贫困率略有下降。Rana（2011）发现与其他发展中国家一样，孟加拉国的城市化发展很快，但是由于缺乏有效治理，影响了城市化的可持续性。尽管城市当局对这个问题很在意，但是并没有解决这个问题。这主要是由于不可控制和不可预测的从农村向城市的大规模移民以及对城市贫民生活状况和基本服务可及性的忽略。实际上，农村的贫困问题被转移到了达卡。快速城市化带来的挑战性问题有基础设施服务、基本公共区域和环境的缺乏，环境恶化，交通拥挤和事故，暴力和社会经济上的不安全，等等。关于达卡的案例研究发现：城市中很多人无法得到饮用水。这主要是由于城市供水系统被供应商垄断，政府官员的腐败加剧了这个问题。

亚洲城市化和贫困：在过去几十年里亚洲地区经济获得了大幅增长。然而，该地区的经济增长并没有使所有城市人口受益。亚洲城市贫困的下降速度低于其农村地区，例如在 1993—2002 年期间东亚地区农村贫困率由 35% 下降到 20%，而城市贫困率由 6% 下降到 2%（Ravallion et al.，2007）。事实上，在亚太地区贫困本身正在城市化。在 1993—2002 年期间南亚地区的城市贫困人口由 1.07 亿增加到 1.25 亿。在 2002 年亚太地区的城市贫困人口为 1.42 亿（Ravallion et al.，2007）。于是一个问题就是：尽管经济增长强劲，为什么亚洲国家的城市贫困仍在增加？可能有以下三个原因。第一，城市发展的模式。当地企业、全国性企业以及外资企业等推动了亚太地区的经济增长，但是在这个过程中贫困人口没有参与进来。亚洲城市还缺乏能够使城市贫困人口受益的再分配机制。第二，贫困测算和基线。满足城市四口之家基本物品需求所需要的收入要比农村高。城市贫困的增加是由于收入不足（城市物价高于农村）、房价高企、基本公共服务不可及。很多亚洲国家的城市贫困人口对自然灾害之类的侵害不具有抵抗力。第三，反贫困政策。给定亚洲国家中农村贫困人口数量巨大，政府通常认为贫困是一个农村问题，而不是城市问题。因而，减贫政策的主要目标是农村而非城市地区。随着亚洲城市化的不断演进，各国政府会较好地解决以上问题（Dahiya，2012）。

城市规模和贫困：Ferré 等（2011）根据八个发展中国家（阿尔巴尼亚、巴西、哈萨克斯坦、肯尼亚、墨西哥、摩洛哥、泰国、斯里兰卡）的数据研究发现城市贫困与城市规模存在负向相关关系。不管把贫困线设在哪里，城市贫困在小城市都比大城市更为广泛和严重。Ferré 等（2011）发现在这八个国家里，绝大多数城市贫民居住在中小城市和小镇里。小镇（根据消费计算）的贫困发生率和严重程度被公共设施和服务（基本基础设施如供电、供热、排水、固态垃圾处理等系统）的不可及性所加重。

城市贫困与宏观经济政策：Arimah（2010）发现城市贫民区随着收入增

加而减少，因而为防止城市贫民区的扩大需要通过增加收入计划和支持贫困群体（社会上收入分布最低段 20％的群体）谋生的政策来改善贫困家庭和低收入家庭的经济福利。在实施此类计划时，需要防止中上收入群体从该类计划中获利。城市贫民区还与宏观经济环境相关。加深金融深度有助于减少贫民区的出现，但是对外债务具有相反效应。为达到联合国千年发展目标，相关国家政府需要保持宏观经济稳定，特别是那些在宏观经济政策上缺乏连续性的国家。债务严重的国家应该实施有效的微观经济政策，从而从"重债贫困国家项目"［Heavily Indebted Poor Country（HIPC）Initiatives，其目的是帮助重债贫困国家减少债务］得到支持。快速城市化国家的城市贫民区发生率较高。因而，发展中国家在城市化进程中需要注重可持续城市化原则。在这方面，城市规划需要通过城市开发计划解决贫民区和非正式居住问题，该类再开发计划需要保证提供水、卫生清洁设施、垃圾收集和处理系统、应付罕见大雨的下水道、路灯、人行道和街道（UN-HABITAT，2009）。

Shahbaz 等（2010）发现巴基斯坦的贫困状况受宏观经济波动影响很大。国际汇回款项的增加有助于降低贫困率。城市化有助于减少贫困，但是其作用几乎可以忽略。事实上，城市化的减贫作用在短期内比长期更有效。不断上涨的通货膨胀压力增加了贫困人口用于购买日常用品的开支。农业和贸易的开放降低了贫困，因而有助于改善贫困人口的福利状况。然而，巴基斯坦的经济增长不仅没有减少贫困，反而增加了贫困，只是上层社会得到了经济增长的好处。考虑到税收结构，主要的财政收入都是通过间接税得到的，因而增税导致沉重的负担。此外，政府管理费用开支也导致贫困增加。

城市经济增长与城市贫困：2003 年以来拉丁美洲经历了长时间的持续增长，这对包括贫困在内的社会和市场指标具有正面影响。在所考察的五个国家里很大比例的城市家庭经历了与劳动力市场相关的正面事件，这有助于帮助它们走出贫困。然而，只有一小部分家庭成功脱贫，其他家庭所经历的收入增加不足以使它们脱贫。没有工作的家庭成员得到新工作更有助于该家庭脱贫。人口变化和公共现金转移支付对贫困指标的影响很小。与没有儿童的家庭相比，有儿童的家庭经历较少的正面事件。当宏观经济运行状况良好时，较高水平的劳动力流动和收入变动依然会发生，社会保障体系的不健全给很多家庭带来了困难 (Beccaria et al., 2012)。

(三) 城市化和城市贫民区

在发展中国家，城市化率在 2025 年将达到 56.9%。然而，有将近三分之一的城市居民居住在贫民窟和棚户区。Harpham 和 Stephens (1991) 考察了城市贫困人口生活状况并对他们的患病率和死亡率进行了分析。边缘理论被用于描述发展中国家城市贫困人口的生活方式。Harpham 和 Stephens (1991) 检验了这个理论并且认为目前任何关于发展中国家中处在社会、经济、政治边缘的贫困人口的理论都是不明确的。但可以肯定的是，从健康角度来说，城市贫困人口是被边缘化的。大多数关于城市贫困人口的研究关注他们所处的环境。居住环境对于他们来说是他们生活面临的最大威胁之一。但是，他们生活的其他方面，比如吸烟、饮食、酒精、毒品和就业方面的威胁也严重影响着他们的生活，目前对这些方面的关注较少。

在印度城市化进程加速的同时，城市贫民区的贫困人口以更快的速度在增加。Chatterjee (2002) 估计印度城市贫民区贫困人口的年增长率为 5%～6%。这相当于城市人口增长速度的两倍。印度城市贫民区的特征是拥挤、脏乱、缺乏基本的公共服务（垃圾收集和处理、饮用水、卫生清洁设施）。居住环境的恶劣和缺乏基本卫生服务给贫民区居民的健康造成了恶劣影响。其结果是印度城市贫民区居民的健康状况明显比中产阶级和富裕阶级差很多 (Agarwal et al., 2007)。Chandrasekhar 和 Montgomery (2010) 发现在印度很大一部分城市家庭虽然生活在贫困线之上，但是住房需求依然无法满足。城市贫民区的住房缺口最大，非贫民区的城市家庭也有住房缺口。住房成本约占官方城市贫困线的十分之一。因而，考虑住房成本的大份额，城市贫困线应该修改以反映基本住房需求的成本。

非洲城市贫困最为持续的体现是贫民区的快速扩大。撒哈拉以南非洲城市人口的 62％居住在贫民区。这些贫民区具有最令人遗憾的生存环境条件，如不充足的供水、居住环境的极度肮脏、没有垃圾处理系统或者处理系统的崩溃、过度拥挤和令人绝望的居住条件、居住地面临的很多危险、租期的不稳定以及面对严重健康风险的脆弱性。Arimah（2011）根据联合国人居项目（United Nations Human Settlements Programme）的数据分析发现不同国家贫民区的出现具有很大的不同，更高水平的收入、金融财政的稳定和对基础设施的投资将有助于减少贫民区的出现。反过来，外部债务负担、严重的收入分配不平等、没有计划和管理的城市区域扩大、涉及居民用地提供方面的管制框架的排斥性都会导致城市贫民区的扩大。Lanrewaju 等（2012）考察了尼日利亚的城市住房质量和城市化对城市居住环境退化的影响。不足的基础设施、低标准的住房、拥挤、家庭和工作场所恶劣的通风条件、建筑规则的破坏等不良的居住环境对城市居民的健康有着严重的负面影响。急需改善居住环境的方法，有必要检查并阻止任何对良好居住环境和可持续发展的破坏。

联合国人居报告（UN-HABITAT，2010b）介绍，"亚洲国家正在花大气力争取在 2000—2010 年期间达到千年减少贫民区目标，这个地区的国家政府正试图改善它们的约 1.72 亿贫民区贫民的生活状况；这些人约占全球城市人口的 75％。南亚和东亚在这方面取得了巨大进步，约 1.45 亿人（南亚和东亚分别为 0.73 亿和 0.72 亿）搬出贫民区，即这两个地区贫民区人口总量减少了 24％。东南亚国家也改善了 0.33 亿贫民区人口的生活状况，贫民区人口减少了 22％"。那么亚洲国家是如何达到这个目标的呢？公共部门主要使用五个相互补充的办法：第一，知晓和宣传；第二，长期政治承诺；第三，政策改革和制度性强化；第四，合理贯彻和监控；第五，扩大当地成功项目的规模（UN-HABITAT，2010b）。在城市这个层级上，对改造贫民区的干预主要采取倾向于贫民的政策和战略制定以及物质上的改进。尽管有这些客观的进步，亚太地区在 2010 年还有 5 亿多贫民区人口，即占整个世界一半以上的贫民区居民居住在亚洲城市（Dahiya，2012）。在亚洲数量众多的贫民区问题后面是贫困人口无法得到体面、安全、支付得起的城市用地，缺乏低收入家庭承受得起的住房，以及过度拥挤。此外，非正式的贫民区居住者不能得到充足的基本服务，如饮用水、卫生设施、垃圾收集、能源、交通和医疗服务（Dahiya，2012）。

在很多亚洲国家，住房在国家政策排序中占有重要地位。然而，投到住房建设特别是低收入人群所需要的廉租房的公共资源却很有限。面对大量的住房需求，亚洲经济体的反应可以分为五类：第一，新加坡、韩国和中国香港为避免贫民区的出现贯彻了公共住房政策和建设项目。在新加坡，住房部门为高层楼房居住者提供了 85％的住房。估计 92％的居住者是住房所有人，其余 8％是租户（Joo and Wong，2008）。第二，几个亚洲城市建立了公私合作机制，旨在刺激面向贫困人口的住房建设。在大多数情况下，私有企业在特定地块上开发商业住房的前提是必须根据开发总面积的特定百分比要求建造面向贫困人群的低价住房。显著的例子有中国四川省成都市的住房建设规划（Wang，2001）和印度 Madhya Pradesh 的 Ashraya Nidhi 计划（ASCI-Centre for Good Governance，2006），而印度尼西亚的住房政策要求私有建筑商每建造一栋高成本房子必须同时建造规定数量的中产阶层住房和低成本房子（Zhu，2006）。第三，很多亚洲国家政府驱使私有建筑商建造面向低收入群体的住房。然而这个政策的效果是多面的，原因是私有建筑商倾向于建造面向高收入阶层的住房，由于土地供给有限，因而导致房价上升，从而使建筑商很难满足低收入群体的住房需求。第四，亚洲城市租赁住房占住房市场的 30％（Kumar，2001）。然而，支持住房租赁的政策很少。当住房私有时，租赁住房的大部分被提供给低收入家庭（通过正式或灵活的租赁安排）。尽管租金低一些，租期的不稳定性和低质量的公共设施依然构成问题。第五，亚洲国家（包括柬埔寨、印度、印度尼西亚、蒙古、尼泊尔、巴基斯坦、菲律宾、斯里兰卡、泰国）已经开始了名为"人民进程"（People's Process）的住房和城市升级计划，这项计划是由民间社团发起、由联合国机构如联合国人居项目（UN-HABITAT）和联合国亚太经社会（UNESCAP）提供技术支持（Dahiya，2012）。

亚洲贫困人群面对的住房信贷问题与其他发展中国家相似。城市贫困家庭缺乏放贷机构所要求的稳定收入来源。由于运营成本高昂，房贷机构不愿对贫困家庭贷出小额贷款。尽管如此，很多正规房贷机构试图通过小额信贷机构或者 NGO 作为中介对贫困家庭放款。然而，高运营成本限制了这类计划。亚洲面对城市贫困家庭的住房信贷的不发达反映了各国国内金融市场的结构性弱项、法律和管理框架的扭曲（Dahiya，2012；Bestani and Klein，2005）。

（四）城市化和城市贫民区的居住环境

Dunn（2010）认为绿色基础设施对城市化进程中的供水管理和自然资源保护而言是经济和环境上可行的方法；此外，绿色基础设施对城市贫困人口来说具有额外和独特的益处。当绿色基础设施集中于贫困人口居住区域时（通常不是这样）能够改善城市供水质量、减少城市空气污染、促进公共健康、美化城市和提高安全系数、带来与绿色产业相关的工作职位、有助于城市食品安全。为使绿色基础设施带来的高质量生活和健康方面的好处波及城市贫民区，需要市政当局破除法律和政策壁垒而实施绿色基础设施项目。

Dahiya（2012）把城市基础设施和服务的可及性划分为六个方面：

1. 饮用水的供给

在 1990—2008 年期间亚太城市供水的可及性大幅度改善，该地区的大多数国家已达到联合国千年发展目标中的供水要求。2008 年数据显示东亚和东北亚国家城市在供水方面走在前列，98％的城市居民可以享受供水，紧随其后的是南亚（95％）和东南亚（92％）（WHO and UNICEF，2010）。然而依然存在两个问题需要关注：第一，除东亚和东北亚外，4％~8％的亚洲城市居民得不到有效供水；这意味着尽管总体上供水效率有很大改善，还需要在供水方面完成最后一步以保证所有城市居民都能得到有效供水。第二，孟加拉国、印度尼西亚、缅甸和尼泊尔等国能够得到供水的城市居民比例在 1990—2008 年期间下降了 3％~12％，这意味着相关国家的中央和地方政府需要向新增的城市居民供水（Dahiya，2012）。

2. 卫生清洁设施

在 1990—2008 年期间很多亚洲国家在为城市居民提供可及的卫生清洁设施方面取得了巨大进步。太平洋上的岛国在这方面居于亚洲领先地位，为81％的城市人口提供了卫生清洁设施，接下来是东南亚（79％）、东亚（61％）、南亚（57％）（WHO and UNICEF，2010）。在很多城市，可及的卫生清洁设施的缺乏在一定程度上通过共享这类设施得到缓解。2008 年数据显示，如果把共享的卫生清洁设施包括在内，亚洲城市居民拥有可及的卫生清洁设施的比例要高一些：东亚 91％、东南亚 89％、南亚 77％、太平洋岛国 81％（WHO and UNICEF，2010）。然而供水和卫生清洁设施联合监督项目（Joint Monitoring Programme for Water Supply and Sanitation）就共享设施方面提出了两个严重的问题：卫生清洁设施能否在全天 24 小时内有效可及，以及在夜间使用这类设施的安全性（UNICEF and WHO，2008）。由于共享卫生清洁设施可及性的有限性，联合国千年发展目标认为这类共享设施不可接受。因而，很多亚洲国家在这方面可能无法达到千年发展目标的要求（Dahiya，2012）。

3. 固态垃圾处理

尽管与发达国家相比，亚洲城市贫困居民产生的固态垃圾少一些，固态垃圾管理体系倾向于忽略这些垃圾。其原因如下：第一，城市贫民通常居住在拥挤地段，因而垃圾箱通常不可及。第二，很难组织城市贫民社区收集固态垃圾。第三，由于低可再生性，私有企业和非正规部门的可再生垃圾处理者无法从城市贫民产生的垃圾中获得有价值的可再生资源。第四，由于城市贫民产生的垃圾潮湿且有气味，收集这类垃圾被认为很危险。第五，由于收入低，城市贫民没有能力或者不情愿为收集垃圾支付费用（Laquian，2004）。此外，城市贫民不仅消费的非食品物品较少和生产低质量固态垃圾，而且有规律地收集、处理和再使用废旧物品使得城市贫民在固态垃圾管理体系中占有重要地位。由于非正式部门参与固态垃圾收集和处理，从而为当地市政当局节约了大量资金，因而市政当局和私有企业应该支持非正式部门和基于社区的团体在改进固态垃圾收集和处理上的动议和努力（Dahiya，2012）。

4. 健康

城市贫民大多居住在破败城区，如得不到公共服务的非正式居住区或贫民区。由于这些地区存在各种风险和卫生状况较差，因而居住在这些地区的人口构成亚太地区脆弱人口中的最大群体。"大量证据表明各种传染性和非传染性疾病、伤害、精神失常与不健康的居住环境带来的风险密切相关，这些风险包括破败的建筑、不正常的饮用水供给、低于标准的卫生清洁设施、低质量的燃料和排风设施、垃圾收集和储存设施的缺乏、不正规的食品及其储存和准备、不安全的区域（如接近交通枢纽、垃圾场、污染严重的工业区）"（UN-HABITAT，2010a，2010b；Mercado et al.，2007）。在亚洲，这类不健康居住环境的负面健康影响非常显著。在印度古吉拉特的艾哈迈德巴德（Ahmedabad），城市贫民区的婴儿死亡率是印度农村平均水平的两倍，与农村相比城市贫民区五岁以下儿童更易患痢疾或呼吸系统疾病或死亡于这些疾病。马尼拉贫民区的婴儿死亡率是非贫民区的三倍（Dahiya，2012；Fry et al.，2002）。

城市化提供了更好的就业、教育、医疗和文化并促进了经济增长。但是，快速而无计划的城市增长经常伴随着贫困、环境恶化、人口需求超过城市服务能力。这些情况威胁着人们的健康。数据显示了城市人口面临的一系列健康风险：低质量的居住条件、拥挤、空气污染、受污染的饮用水、工业垃圾、增加的机动车数量、贫困和失业的压力（Moore et al. 2003）。

在撒哈拉以南非洲，艾滋病在城市的传播增加了人们对城市化和贫困之间关系的关注。最近关于肯尼亚首都内罗毕的研究表明城市贫困特别是在贫民区居住与危险性行为相关。尽管危险性行为在阿克拉（加纳）、达累斯萨拉姆（坦桑尼亚）、哈拉雷（津巴布韦）、坎帕拉（乌干达）、内罗毕（肯尼亚）五个城市之间差别很大，贫民区居住者与非贫民区居住者相比往往具有更危险的性行为。贫民区女性的性行为年龄提前、低安全套使用率、多性伙伴等意味着城市贫困对性行为具有较大的影响（Greif et al. 2011）。

Zulu 等（2011）发现在肯尼亚首都内罗毕，贫民区的流动性很大，贫民区内的不同小区居民高度差异化，约 50% 的贫民区居民生活状况较好且在这里的居住历史超过 10 年。贫民区对其居民健康状况的负面影响在贫民生命的各个阶段都有所体现，造成这种状况的主要原因有：第一，环境恶劣和破败的基础设施；第二，由于缺乏支付能力而无法得到预防和治疗；第三，对低质量、非正规、不受管理及不适合贫民状况的医疗人员的依赖。这些因素联合作用的后果是贫民区居民具有较高的发病率、可靠而便宜的医疗服务可及性较差、高死亡率。因而旨在改善城市贫民生活状况的政策和措施应该全面解决贫民区居民在健康问题上面对的深层次的结构、经济、行为及服务方面的问题。如果目前的状况持续得不到改善，那么很难看到肯尼亚和其他面临相同挑战的非洲国家如何实现联合国千年发展目标和成长为中等收入国家。随着撒哈拉以南非洲的城市居民和贫民区贫民数量持续增长，城市居民和贫民的生活状况将对各国在健康、贫困指标及其他发展问题上产生巨大负面影响。建设性的可持续的城市化将推动非洲走出欠发达状况，正如发达国家和新兴中等收入国家的城市化一样。然而，如果以低劣治理和规划、破败的基础设施和公共区域、不断增长的贫困、不断恶化的健康状况为特征的现行城市化状况得不到有效解决，那么非洲城市化的临界点（根据联合国人居部门 2010 年的预测，这个临界点将在 2035 年到来）将会变成咒语。

尽管城市化对城市贫困人口在医疗健康方面具有很多负面影响，换一个角度看，城市化也为改善贫困人口的医疗服务提供了条件，如医疗中心、医疗基础设施和医疗专业人员集中在城市，规模经济和人口集中使得城市能够以低成本供应高质量的饮用水、卫生清洁设施、下水道、健康医疗设施（Sverdlik，2011）。

5. 能源

国际能源署（International Energy Agency，IEA）估计在 2009 年亚洲发展中地区有 6.75 亿人没有电可用（IEA，2011）。2009 年亚洲发展中地区城市用电普及率为 94%，东亚为 96.4%，南亚为 89.5%。由于不稳定的土地使用期限、共享的空间、费用支付责任的不清晰性、低消费水平等原因，低收入社区的能源设施状况很差。不仅如此，城市贫民还要为低质量的煤油灯和生物燃料支付较高的费用。由于反贫困政策更倾向于农村地区，尽管城市贫民是城市经济增长的重要参与者，城市贫民区居民往往被忽略（Modi et al.，2005）。针对能源部门的一个值得重视的教训是：市政当局监管能源供应商的重点是要求它们为所有居民提供能源，要求它们把城市贫民当成潜在客户（Dahiya，2012）。Jorgenson 等（2010）发现在 1990—2005 年期间发展中国家的能源消费增长与城市总人口的增长正相关，与城市贫民区人口比例的增长负相关。发展中国家的城市能源消费与城市贫民区人口比例是城市贫困的结果。

6. 城市交通

亚洲城市贫民与其他地区的贫民一样需要便捷便宜的公共交通，因为他们无力承担接近工作地点的土地、住房或机动车。缺乏考虑的城市和交通规划已经导致亚洲的两种传统城市交通方式——人行道和自行车道的空间下降。由于高人口密度，亚洲城市需要高效率的公共交通方式，但是亚洲城市与发达国家相比在这方面做得不够好。越来越多的亚洲城市"已经开始认识到大众交通的重要性，因而制定和实施了旨在改善车流的政策。几个城市甚至布置了公共汽车、空中交通、地铁网络以满足大众需要，但是很多低收入家庭无力承担公共交通的支出，因而急切需要制定基于便宜、保护环境、机动和非机动公共交通的可持续发展计划"（UN-HABITAT，2010a；Dahiya，2012）。

（五）美国芝加哥对贫民区的改造

Chaskin（2013）考察了美国芝加哥城市贫困人口所居住的城市公共住房的改善状况。旨在解决城市贫困和城市公共住房问题的政策建议强调把贫困人口居住的公共住房分散到非贫困的住宅区或者把以前的公共住房建筑群改为各收入阶层混住的建筑。其背后的动机是把公共建筑群中贫困人口的孤立和劣势聚集状况改变为让贫困人口居住在更安全、更健康、有更多支持和帮助的环境，这样的环境有助于贫困人口接近和得到资源、关系及机会。

芝加哥的收入阶层混同居住计划已经在住宅区产生了惊人的变化，以前这些小区是贫困人口居住的公共住宅群。高耸入云的公共建筑不见了，取而代之的是邻里间朝夕相处的社区，这里具有完全不同的环境：干净、有序、安全、和平的街道和公共区域。原来居住在公共建筑（大高楼）里的贫困人口搬迁到这些新的不同收入阶层混合居住的优良社区，由于安全而减少了精神压力，从而开始追求理想和改进生活状况（Joseph and Chaskin，2010）。

然而，对大多数人来说，这些好处不包括不同阶层的有效一体化、不同收入阶层之间的社会壁垒的破除或者由这种一体化带来的更广泛的益处。在这些新社区里，很多原来居住在公共建筑里的居民经历了更多的审查和入室，因而产生了新的丢失脸面、排斥、孤立现象（McCormick et al.，2012）。构成这些不理想状况的新变化可以从以下方面找到原因：关于下层社会阶层和组织参与活动的假设，后者主要围绕新型社区设计、服务提供、干预以及为促进不同收入阶层一体化和建立新型有效发挥邻里社区功效的参与机会等，给居住在这些社区中的最贫苦家庭带来了新形式的社会排斥。很难逐个分析这些新变化，特别是考虑到在市场战略架构下达到这一政策的核心目标（让贫困家庭脱离贫困和使社区焕发出活力），为达到这个目标就要求这些新型社区具有吸引和留住高收入住户以及获利的能力。

以上分析意味着可能解决社会排斥的几方面行动。其中一个行动是关于社区设计、公共空间的分配、社区开发者和潜在住户的取向，即关于所建社区的类型和居住在不同收入阶层混合社区的性质的取向。尽管引入了新城市人（New Urbanist）原则，新出现的社区在某些方面还不够"城市"。与其说是不同收入阶层混同居住的一体化社区，还不如说这些新建筑区主要是用来居住的。为增加私有空间而限制了公共空间，商业开发被限制在小区建设的最后阶段，大量公共园区的空间或者因构建在这些小区的周围或者因受到管理而出现了可及性问题。但是在公共空间分配和一体化之外，促进不同收入阶层社区一体化还需要在这些社区的居民中培育关于城市的不同取向或者吸引具有这种取向的居民，后者应更愿意把这种城市生活看成"规范的理想"（normative ideal）（Young，1999）、在多样性中寻找快乐、包容、乐见公共区域的广泛可及（Chaskin and Joseph，2013）。

（六）城市化和城市贫困的其他方面问题

城市化与社会稳定：大众传媒把城市的语言、希望、信念传播到农村。城市生活标准要比农村高很多倍，城市的各种机会也远远多于农村。大批农民从农村迁移到城市是一个关键和不可逆转的过程。大批农民在城市住下来，但是当他们关于高标准生活和丰富多样机会的理想得不到满足时，就会带来社会不稳定（Huntington，1968）。

城市贫困中的性别差异：城市贫困带有较为特别的性别色彩，这是由于城市贫困增加了没有收入的家庭工作如清洁、做饭、照看小孩和老弱病的负担。与此同时，以现金为基础的城市经济意味着贫困女性被迫在小小年纪时就得干活挣钱。当经济不景气时，低收入工作往往要求工作较长的时间，但是收入却不增加。公共服务的不足、昂贵的食品、供水不足和交通不便等对女性的负面影响更大。另外，城市贫困的一个重要方面是非收入贫困如时间贫困，还有城市劳动力市场对女性的歧视以及女性很难获得资产等（Tacoli，2012）。

城市化和城市农业的减贫作用：Zezza 和 Tasciotti（2010）认为城市农业一方面在减贫和增加食品数量上的作用不应被高估，原因是城市农业在农业总产量中所占份额有限。另一方面，在非洲的大部分国家及其他农业收入占城市贫困人口收入较大份额的国家里，城市农业具有一定的作用。城市农业有助于改善城市居民的饮食结构。

城市贫困与城市移民：Kundu（2007）发现印度城市贫困家庭可能派出成年成员到其他地方去工作，其目的可能是寻找增加收入的机会。向城市移民是改进经济状况和脱贫的主要方式。移民的贫困可能性低于当地人口。大城市的贫困率比小城市低一些，这可能是由于大城市对外来贫困人口更为严酷，因而减少了对外来贫困人口的吸纳，因而贫困率降低。受教育程度有利于帮助任何群体提高收入和获得更好的工作。

城市贫困与城市犯罪：Massey（1996）发现贫困率每增加一个百分点，犯罪率增加0.8个百分点，当贫困率由20%上升到40%时，暴力犯罪会增加3倍以上。

城市贫困与青少年贫困：Grant（2012）预测青少年（18岁以下）在2030年将占城市人口的60%。大多数城市的青少年尤其是青少年移民居住在没有规划的区域、常处于肮脏的环境中、面临着高失业率。Grant（2012）考察了城市为青少年创造就业的能力，区分了不同的经济部门、正式和非正式就业。城市贫困青少年低水平的正式教育是他们利用城市发展机会的主要限制。但教育不是唯一的障碍。社会经济因素，比如地方市场的力量、个人社交网络都影响这些青少年的就业机会。

城市移民和非移民的贫困差别：Cameron（2012）使用孟加拉国的首都达卡、越南胡志明市和首都河内的数据考察了移民和当地居民的教育开支、儿童学习成绩，且重点考察了贫困家庭的状况。与城市家庭相比，从农村到城市的移民家庭财产较少、居住条件较差、居住地公共学校较少、在居住地社会关系较少、家庭成年成员受教育水平较低。在考虑这些家庭特点的情况下，农村到城市移民家庭教育开支、儿童学习成绩比城市家庭低。这些发现与越南的移民家庭儿童教育受到户口等制度性限制阻碍的说法一致。城市学校的扩展没有赶上城市移民的增加速度。农村到城市移民家庭所面对的教育壁垒与城市贫民家庭类似，后者作为城市的弱势群体很少从城市义务教育中得到好处。

城市化与小额信贷减贫：Bashara 和 Rashid（2012）通过对孟加拉国主要城市的考察发现：城市小额信贷在发展。小额信贷的对象是城市贫困家庭，其影响在统计上显著，其发展前景很可观。小额信贷机构只是看到在它们当前的信贷活动中有无限的需求。

城市非正规部门的减贫作用：印度城市化进程中城市非正规部门的经济活动快速增长。城市非正规经济的工资和就业水平的影响是正面和可观的。非正规部门的城市个体户经历了显著增长。理论模型预期如果贸易保护取消而导致与进口竞争的国内生产部门萎缩，那么非正规部门的工资上升。非正规部门工资的增加有助于减少城市贫困的发生。另外，大量非正规部门就业的存在和高城市贫困率之间有相关关系（Kar and Marjit，2009）。

三、城市化和农村贫困

城市化有助于农村减贫：Calì 和 Menon（2013）使用印度 1983—1999 年
的地区数据发现城市化对周边农村地区具有巨大的减贫效应，城市人口每增加
20 万会导致周边农村贫困率减少 1.3%～2.6%；按照这个估计，在 1983—
1999 年期间城市化会导致农村地区贫困率下降 13%～25%；而土地改革大约
仅解释了 1958—1992 年期间印度农村贫困率下降的十分之一（Besley and
Burgess，2000）。Calì 和 Menon 认为城市化的减贫作用并不是由于农村人口
转移到城市导致的，而是由城乡之间的经济关联带来的。这种城乡关联对农村
的减贫效应主要有四个途径：第一，由于缺乏统一市场，城市扩大过程中食品
需求的增加要由城市周边农村地区来提供，这个途径解释了城市减贫效应的五
分之一；第二，通过进城务工人员给在乡村居住的家人汇款带来减贫效应，这
个途径也可以解释城市减贫效应的五分之一；第三，城市化的其他减贫效应还
有由于农村劳动力进城而导致农村土地/劳动力比例上升；第四，城市区域扩
大通常有利于经济活动多样化从而有利于收入增加。在印度这种城市减贫作用
较小，原因是农村非农就业与农村贫困呈倒 U 形关系。Calì 和 Menon（2013）
认为以上发现有两个政策含义：一是重新评估城市公共投资的减贫作用，这是
由于根据流行的理论，发展中国家的投资应该集中在农村地区，原因是绝大多
数贫困人口居住在农村；鉴于城市化对农村具有巨大的减贫作用，因而在城市
投资应该成为在农村投资之外的减贫战略的一个组成部分。二是上述发现也与
大量劳动力流入城市导致农村发展潜力贫化的流行看法相反，这有助于相关方
面改变对劳动力流入城市的偏见。

Fan 等（2005）通过实证分析发现：在中国，农业增长带来了城乡贫困率
下降，但是农村减贫的作用大于城市。另外，城市经济增长只对城市减贫有作

用，对农村减贫的作用在统计上不显著。在印度，农村经济增长有助于农村减贫，但对城市减贫的作用不显著。相反，城市经济增长只有助于城市减贫。

城市化下投资战略的选择：Dorosh 和 Thurlow（2011）发现强劲的经济增长并没有导致埃塞俄比亚的快速城市化，这可能是由该国特殊的土地制度造成的。Dorosh 和 Thurlow 使用强调国内移民和工业区的城乡经济模型考察了加速城市化的经济意义。数据模拟结果显示加速的城市化有助于促进经济增长、改善农村福利、减少城乡差别。然而，如果缺乏在城市的投资，城市化对贫困户的福利改善会很小、城市收入不平等恶化。与此同时，给城市配置更多的公共资源有利于经济增长，但是这不大可能改善贫困家庭的福利。尽管农业导向的投资计划会降低经济增长速度，但对改善城乡贫困人口的福利状况更为有利。消除国内移民的制度性限制和增加对农村的投资（以减少城市投资为代价）对埃塞俄比亚的未来经济发展和结构转换更为有利。

城市化下城乡贫困的关联：Mohanty（2010）发现在印度的快速发展和城市化进程中，农村减贫计划的失败导致农村贫困人口流入城市。由于来自农村的人口受教育程度较低、技术水平较差，他们只能从事低收入工作，因而依然停留在贫困状态。因此，如果不解决农村贫困问题，城市贫困问题也无法解决。

四、中国城市化和贫困

城市化与城市多维贫困指标：王小林和 Alkire（2009）采用多维贫困测量方法，利用 2006 年中国健康与营养调查数据，对中国城市和农村家庭多维贫困进行了测量。测量结果表明，中国城市和农村家庭都存在收入之外的多维贫困，城市和农村近 1/5 的家庭存在收入之外任意 3 个维度的贫困。中国城市和农村的贫困状况远远高于国家统计局以收入为标准测量的贫困发生率。维度分解结果表明，卫生设施、健康保险和教育对多维贫困指数的贡献最大。对样本地区的分解结果表明，贵州省多维贫困指数最高。城乡分解结果表明，黑龙江和广西的城市多维贫困比较突出。因此，中国下一个十年（2011—2020）的扶贫开发纲要应从多维度识别和瞄准贫困。

国企改革下经济增长对城市贫困的影响：夏庆杰等（2007）侧重于研究处于城镇家庭人均收入变量分布较低端的城镇居民的实际收入。根据包含了政府补贴和转移支付信息的 CHIP 数据，他们揭示了从 1988 年到 2002 年处于各收入分布子区间的城镇居民的生活水平普遍得到提高。夏庆杰等（2007）发现从 1988 年到 1995 年补贴的取消降低了城镇最贫困家庭的实际收入，但是这一收入下降随后被其他收入的增加所超过。可能最让人惊奇的发现是：尽管 1995 年之后出现了大量失业，但是中国城镇的绝对贫困却持续减少，而且不管把贫困线定位在哪里情况都是如此，因而有关改革期间城镇绝对贫困增加的担心是多余的。这一时期由政府提供资金的反贫困措施在不断强化，但其覆盖范围仍然非常有限，而且对该时期贫困和收入不平等的影响也很小。

城市化与城中村：城中村是中国城市化进程中的独特现象。Song 和 Zenou（2012）研究了与城中村的距离是否影响城市房价，发现：距离城中村越近房价越低。城中村具有很多弊端：人口稠密、噪声、污染、公共区域（如街道、人行道、公园）拥挤、自私、到处乱扔东西以及由于拥挤导致的其他社会行为。尽管城市小区与城中村被隔离开，城中村的负外部性依然存在和被考虑在住房价格之内。然而由于城中村中居住着大量农民工，当地政府又不能拆除这些建筑，因而当地政府需要对城中村进行再开发、改善城中村居民的生活状况。

Hao 等（2011）以深圳为例研究城中村问题。他们发现城市中大量农民工的存在并没有导致其他发展中国家常见的贫民区问题。在缺乏政府帮助的情况下，城中村为农民工提供了大量的、便宜的住房。然而，城中村通常被政策制定者拒绝，因而面临被拆迁、开发为正规城市小区。这种政府主导的拆迁和开发城中村项目不仅对农民工打击很大，而且对城市经济也构成冲击，这是由于城市经济的很大部分依赖于劳动密集型产业，而农民工是这个产业的主体。

与拥有城市户口的城市居民相比，城市农民工的居住和生活条件较差。富裕农民工只能支付得起小单元房，而其他人被迫合租、合住。城中村为低收入城市农民工提供了支付得起的住房。深圳的城市化速度非常快，但是那里的农民工住房状况不比其他城市差，甚至比重庆和沈阳还好一些。在深圳，大多数农民工居住在新建筑里。尽管这些建筑的质量比不上官方规划的居民楼，但是比其他城市的低矮民宅要好得多。深圳是从一个小镇发展起来的，因而城中村位于市中心。这个优势使得农民工居住在工作地点附近。由于农民工和当地居民的文化和职业背景类似，因而租期相对稳定，其公共区域尽管比不上正式商用住宅，但价格比较便宜。从这个意义来看，深圳城中村模式为其他国家提供了如何为贫民提供住处的一个选择。当地居民为大量低收入农民工在城中村里提供了便宜的具有现代基本基础设施的住房。这个办法避免了其他发展中国家的城市贫民区问题。深圳城中村模式不同于公共廉租房、自建房以及联合国/世界银行支持的各种政策。这一模式与 Turner（1976）提出的想法有相似之处，即没有政府支持、在满足农民工的多样性需求方面较为灵活、由市场来调节供求、不强调设计标准但是低收入劳动者支付得起。然而这种模式不在正规城市住房市场和市政当局支持的范围之内。国际组织强调的土地权、产权、住房信贷和融资体系等均与深圳城中村的农民工无关。实际上，深圳市政当局曾经试图控制城中村的发展，但是不成功（Wang et al.，2010）。

当城市开始重组和追求高科技及金融发展时，城中村在快速工业化初期的正面作用开始消失。曾经红火的非正式住房市场已逐渐成为阻碍城市发展规划的问题。有人甚至认为城中村是现代城市的癌症，生活环境差且犯罪率高。大城市试图对城中村进行再开发以提高现代城市的形象。然而，再开发计划很少与城中村的农民工协商。尽管表面上再开发的目的是改善农民工的居住环境，但做法往往是拆除地理位置优越而便宜的住房。贫困农民工被推向城市的边缘地带，大城市的城中村再开发往往导致严重的社会分化（Wang et al.，2010）。

在城市老旧小区居住对城市贫困的影响：Wu 等（2010）根据广州、哈尔滨、昆明、南京、武汉、西安六个城市的调查数据发现在老旧住宅区居住的失业家庭是最贫困的。城镇贫困集中在某些特定住宅区。居住在贫困区域会增加一个家庭陷入贫困的可能性。居住在贫困区域和失业使一个家庭陷入贫困的可能性增大。

城市家庭和移民家庭的贫困状况对比：Park 和 Wang（2010）使用对十个城市 2005 年的入户调查数据发现，城市农民工家庭的收入贫困发生率与当地城市居民差别不大。尽管城市农民工的工资率低一些，但是农民工的工作时间长、其家庭非劳动人口少、劳动参与率高。与城市家庭相比，农民工家庭的居住条件差，不能享受社会保障。

制度安排对中国城市化的限制：易宪容（2013）认为户口制度及其附带的各种福利安排的城乡差别、土地制度等制度安排是中国城市化的主要障碍。

五、结　语

本章主要就城市化和贫困研究方面的国内外主要文献进行了分门别类的综述，并试图总结出对我国城市化进程中如何避免城乡贫困问题具有一些借鉴意义的理论和实践。城市贫困与农村贫困有很多差别，其中最主要的差别是城市居民更加依赖现金收入来满足日常基本生活需求。因而城市化下的贫困已经不再是单纯的收入或消费贫困问题。换句话说，从多维贫困角度考察贫困问题更有助于弄清楚城市贫困的根源。

贫困也在城市化，因而城市化下城市减贫任务更为严重。由快速城市化带来的挑战性问题包括基础设施服务、基本公共区域和环境的缺乏、环境恶化、交通拥挤和事故、暴力和社会经济上的不安全等。为避免城市贫困，政府需要制定和保持稳健的宏观经济政策。就城市规模和贫困关系而言，城市贫困与城市规模存在负向相关关系。

发展中国家的城市化率在 2025 年将达到 56.9%，然而有将近三分之一的城市居民居住在贫民窟和棚户区。因而解决城市贫民区的住宅问题就成为解决城市贫困问题的核心。与城市贫民区相关联的问题还有城市基础设施和服务的可及性问题。这主要是由于很多城市对城市贫民区的基础设施和服务提供不足。城市基础设施和服务可以划分为六个方面：饮用水的供给、卫生清洁设施、固态垃圾管理、健康医疗、能源、城市交通。我们也介绍了美国芝加哥对贫民区的改造。这种改造对我国城市公共住宅小区的建设有重要借鉴意义。

在社会保障制度不健全的情况下，城市化进程中经济增长缓慢或者不增长会导致失业率特别是青年失业率增加，从而可能引起社会稳定问题。受教育程度提高有利于帮助任何群体提高收入和获得更好的工作。城市贫困率的上升会导致犯罪率增加。在城市化进程中，城市移民更容易陷入贫困，因为移民的受教育程度低、社会关系少，而且受到很多城市壁垒的制度性限制。移民大多工作在城市非正规经济部门，这些部门的经济活动也具有减贫作用。

关于城市化和农村贫困，印度的经验是城市化有助于农村减贫。在城市化进程中，既需要重视城市贫困，也需要重视农村贫困。

就中国城市化和贫困而言，首先，我们需要从多维贫困角度看待和研究城市贫困问题；其次，健康的经济增长是解决城市贫困的关键。

中国城市化进程中的一个独特现象是城中村。尽管很多人对城中村予以诟病，但是城中村为数以亿计的城市农民工提供了他们能够承受的住房，因而对中国经济发展做出了不可磨灭的贡献。但是随着经济的发展、产业结构的升级，城中村也需要改造升级。在这个过程中应该考虑城市农民工的住宅问题。城市农民工家庭和城市家庭的主要差别是前者的居住条件差、不能享受社会保障。

最后，户口制度及其附带的各种福利安排的城乡差别、土地制度等制度安排是中国城市化的主要障碍。

图书在版编目（CIP）数据

新时代国际经济发展与合作："一带一路"倡议/（印）阿马蒂亚·森等编．—北京：
中国人民大学出版社，2018.6
ISBN 978-7-300-25799-0

Ⅰ.①新… Ⅱ.①阿… Ⅲ.①"一带一路"-国际合作-文集 Ⅳ.①F125-53

中国版本图书馆 CIP 数据核字（2018）第 102685 号

新时代国际经济发展与合作："一带一路"倡议
[印] 阿马蒂亚·森 刘民权 夏庆杰 等 编
Xinshidai Guoji Jingji Fazhan yu Hezuo：Yidai Yilu Changyi

出版发行	中国人民大学出版社			
社　　址	北京中关村大街 31 号		**邮政编码**	100080
电　　话	010 - 62511242（总编室）		010 - 62511770（质管部）	
	010 - 82501766（邮购部）		010 - 62514148（门市部）	
	010 - 62515195（发行公司）		010 - 62515275（盗版举报）	
网　　址	http：//www.crup.com.cn			
	http：//www.ttrnet.com（人大教研网）			
经　　销	新华书店			
印　　刷	涿州市星河印刷有限公司			
规　　格	170 mm×230 mm　16 开本		**版　　次**	2018 年 6 月第 1 版
印　　张	22 插页 2		**印　　次**	2018 年 6 月第 1 次印刷
字　　数	295 000		**定　　价**	68.00 元